Wanderführer
Europäischer Fernwanderweg E 5

- ● **(Atlantik –) Bodensee – Alpen – Adria**
- ● **Konstanz – Bozen – Venedig**
- ● **mit Alternativstrecke Gardasee**
- ● **Wanderwege der**
Europäischen Wandervereinigung

Kompass Wanderführer

Europäischer Fernwanderweg E 5

(Atlantik –) Bodensee – Alpen – Adria
(Konstanz – Oberstdorf – Zwieselstein –
Bozen – Venedig)

Begangen und beschrieben ab Bodensee
von Veit Metzler

Kurzbeschreibung »Atlantik – Bodensee«
von Hans Jürgen Gorges

Deutscher Wanderverlag
Dr. Mair & Schnabel & Co. · Stuttgart

Die große Wanderbuch-Reihe
für grenzenloses Wandern

Umschlagbild:
(© Ulrich Schnabel)
und Bild auf Seite 2:
Blick auf die Memminger Hütte
(© Hubert Ringbeck)

Gesamte Kartographie:
Ing.-Büro Adolf Benjes

11., überarbeitete Auflage 2000

ISBN 3-8134-0170-7

© 1979. **Deutscher Wanderverlag Dr. Mair & Schnabel & Co.,**
Zeppelinstraße 41, D-73760 Ostfildern (Kemnat)
Alle Rechte, auch die der photomechanischen Wiedergabe
und der Übersetzung, vorbehalten.
Satz: Fotosatz-Team, D-70771 Leinfelden-Echterdingen
Druck: Siegfried Roth, D-73277 Owen/Teck
Printed in Germany

Gedruckt auf 100% chlorfrei gebleichtes Papier

INHALT

Der E 5 in Frankreich und in der Schweiz

(Kurzfassung aus »Kompass-Wegweiser: Auf Tour in Europa« Das Handbuch für die Europäischen Fernwanderwege von Hans Jürgen Gorges)

Vom Atlantik bis zum Bodensee

Der E 5 in der Ostschweiz, in Süddeutschland und in Westösterreich

Südliches Bodensee-Ufer Von der Konstanzer zur Bregenzer Bucht

Bregenzerwald und Oberallgäu
Von der Bregenzer Bucht zur Iller

Über die Allgäuer und Lechtaler Alpen
Vom Iller- ins Lech- und Inntal

In den Ötztaler Alpen
Vom Inn- über das Pitztal ins Ötztal

Der E 5 in Norditalien

In den Sarntaler Alpen
Vom Ötz- über das Passeier Tal ins Etschtal

In den Südtiroler Dolomiten
Vom Etsch- ins Cembratal und Fleimstal

Durch die Fleimstaler Berge
Vom Heiligen See und Erdemolosee zum
Lévico- und Caldonazzosee

Über die Trentiner und Lessinischen Alpen
zum Gardasee und zur Adria

Alternativstrecke

Blick zur Cima d'Asta (Hintergrund links)   (© Veit Metzler)

Orts- und Sachverzeichnis
Mit Nummern-Angaben der betreffenden Routen

11

(© Hubert Yseboodt)

Mittelberg-Ferner 9
Mittlere Lessinische Alpen 24.1
Mittlerer Seewisee 8
Mochental = Val dei Mocheni =
Fersental 18
Mölten = Meltina 14
Möltener Joch = Monte di Meltina
14
Möltener Kaser = Cap. di Meltina
14
Moena-Bach = Rio di Val Moena
25.3
Moena-Joch = Forc. di Val Moena
25.3
Moenatal = Val Moena 25.3
Molino, Albergo al 25.7
Montalon-Kette 25.3
Monte Agnello 25.2
Monte Alplat = Verdinser Platten-
spitze 13
Monte Baldo 24, 25.8
Monte Baldo Rifugio 25.8
Monte Borcoletta 22, 25.6
Monte Bondone 24
Montecchio 24.2
Monte Castelberto 24.1
Monte Cimon 25.5
Monte Conca 18, 25.3
Monte Cornetto 23, 25.7
Monte Croce 18
Monte di Meltina 14
Monte Fravort 19, 25.4
Monte Gronlait = Gronlaite 19, 25.4
Monte Lemperperch 18
Monte Maggio 22, 25.5
Monte Montalon 25.3
Monte Obante 24, 25.7
Monte Potteghe 24.1
Monte Prantago = Prantach-Kugel
13
Monte Rovere, Albergo 25.5
Monte Ruioch 18
Monte Sega = Riffelspitze 13
Monte San Pancracio = Kratzberg
13
Monte San Pietro = Petersberg 15
Monte Sparavieri 24.1
Monte Testo 23
Monte Tondo 24.2
Montalon, Monte 25.3
Moos 11, 12
Münsterlingen 1

Munter-Gasthof = Gasthof 3/4-Weg
25.1
Muttlerkopf 6

Nährgebiet 10
Nagelfluhkette 4, 5
Naturnser Sonnenberg 12
Naturschutzpark Texelgruppe 11, 12
Nebelhorn 6
Nova Ponente = Deutschnofen 15

Obante, Monte 24, 25.7
Oberau = Oltrisarco 25.1
Oberlahms-Spitze 7
Oberlochalm 8
Obermaiselstein 5.1
Oberradein 15,16, 25.2
Obersee 2
Oberstdorf 5.1, 6
Oberstockach 7
Oetztal 11
Oetztaler Alpen 10
Oetztaler Gletscherbahn 10
Oetztaler Gletscherstraße 11
Oltrisarco = Oberau 25.1
Osterbach 5.1
Ostertal 5
Oytal 6

Paion del Cermis 25.3
Pala di Santa 25.2
Pala di Cherle 25.7
Palai = Palú del Fersina 18, 19,
25.3, 25.4
Palon, Cima 23
Palú del Fersina = Palai 18,19,
25.3, 25.4
Pancrazio, Monte san = Kratz-Berg
13
Paneveggio 24
Papa, Rifugio Gen. A. 23, 25.6
Parseierbach 7
Parseierspitze 8
Parseiertal 7
Paß, Borcola- 23, 25.6
Paß, Cadin = Passo Cadino 25.3
Paß Cagnon = Passo Cagnon di
Sopra 25.3
Paß, Coe- 22, 23, 25.5, 25.6
Paß, Fugazze- 23, 25.7
Paß, Lavazè = Passo di Lavazè 16
Paß, Portella 19, 25.4

Paß, Redebus- 18
Passer (Fluß) = Passirio 11,12
Passeiertal = Val Passiria 12
Passo Cugola = Kugeljoch 25.2
Passo dei Garofani 18, 25.3
Passo dei Sabbioni 25.3
Passo del Campivel 18
Passo di Occlini = Jochgrimm 25.2
Passo di Occlini, Rifugio di =
  Schutzhütte Jochgrimm 25.2
Passo di Palú o di Calamento 18,
  25.3
Passo di Val Mattio 18
Passo la Portella = Portella-Paß 19,
  25.4
Pasubio 23, 25.6
Peischl-Spitze 7
Pergine 19, 21, 25.4
Petersberg = Monte San Pietro 15
Petersberger Leger 25.2
Pfänder 3
Pfahlbauten am Ledrosee 25.8
Pfandl-Spitze = Cima di Pegno 13
Pfandler Alm 12, 13
Pfandlerhof 12
Pfitschjöchl 12
Pianlargo = Breiteben 13
Piazzo 17, 18
Piazzo Alto 20, 25.5
Pietralba = Maria Weißenstein 15,
  25.1
Piné, Hochfläche von 25.5
Pioverna Alta, Malga 21, 25.5
Piramidi di Segonzano = Erdpyra-
  miden von Segonzano 18
Pitztal 9
Pitztaler Jöchl 10
Plattenjoch 13
Plattenspitze 13
Ponte di Véia 24.2
Porphyr-Gewinnung 18
Portella-Paß = Passo la Portella 19,
  25.4
Portello 24.2
Posta, Cima 25.7
Pozze, Malga 23
Pozzo 25.8
Prantach = Prantago 12
Prantach-Kugel = Monte Prantago
  13
Pra Alpesina, Malga 25.8
Presanella 25.6

Pro-Venetia-Stiftung 25
Pta. Cervina = Hirzer-Spitze 13

Quaras 18

Rabenstein 11
Radein = Redagno 15, 16, 25.2
Raffeingraben 12
Rangiswanger Horn 5.1
Rechtebner Hof 25.1
Redagno = Radein 15,16, 25.2
Redebus-Paß = Passo del Redebus
  18
Refugialgebiete 25.8
Regglberg 16, 25.1
Regnana 18
Reichenbach-Alm 5.1
Rettenbachferner 10
Reute-Jauchen 5.1
Reute 4
Revolto, Rifugio Alpino 24
Rheineck 2, 3
Rheinkanal 3
Rheinspitz 2
Rialto 25
Riedberger Horn 5.1
Riedbergpaßstraße 5.1
Riffel-Spitze = Monte Sega 13
Rifugio = Unterkunftshütte
Rifugio di Passo Occlini = Schutz-
  hütte Jochgrimm 25.2
Rifugio Campogrosso 23, 24, 25.7
Rifugio Chierego 25.8
Rifugio Coe 22, 25.5
Rifugio Fraccaroli 24, 25.7
Rifugio G. Tonini 18, 25.3
Rifugio Gen. A. Papa 23, 25.6
Rifugio Lago Erdemolo 18,19, 25.4
Rifugio Maderlina 17
Rifugio Malga Masi 19, 25.4
Rifugio Monte Baldo 25.8
Rifugio Podesteria 24.1
Rifugio Pta. Cervina = Hirzer-Hütte
  13
Rifugio Scalorbi 24, 25
Rifugio Sette Selle = Rifugio Val
  Làner 18, 25.3
Rifugio Telegrafo = Rifugio G.
  Pona 25.8
Rifugio Toni Giuriolo 23, 24, 25.7
Rindalphorn 5
Rio Manghen = Manghen-Bach 25.3

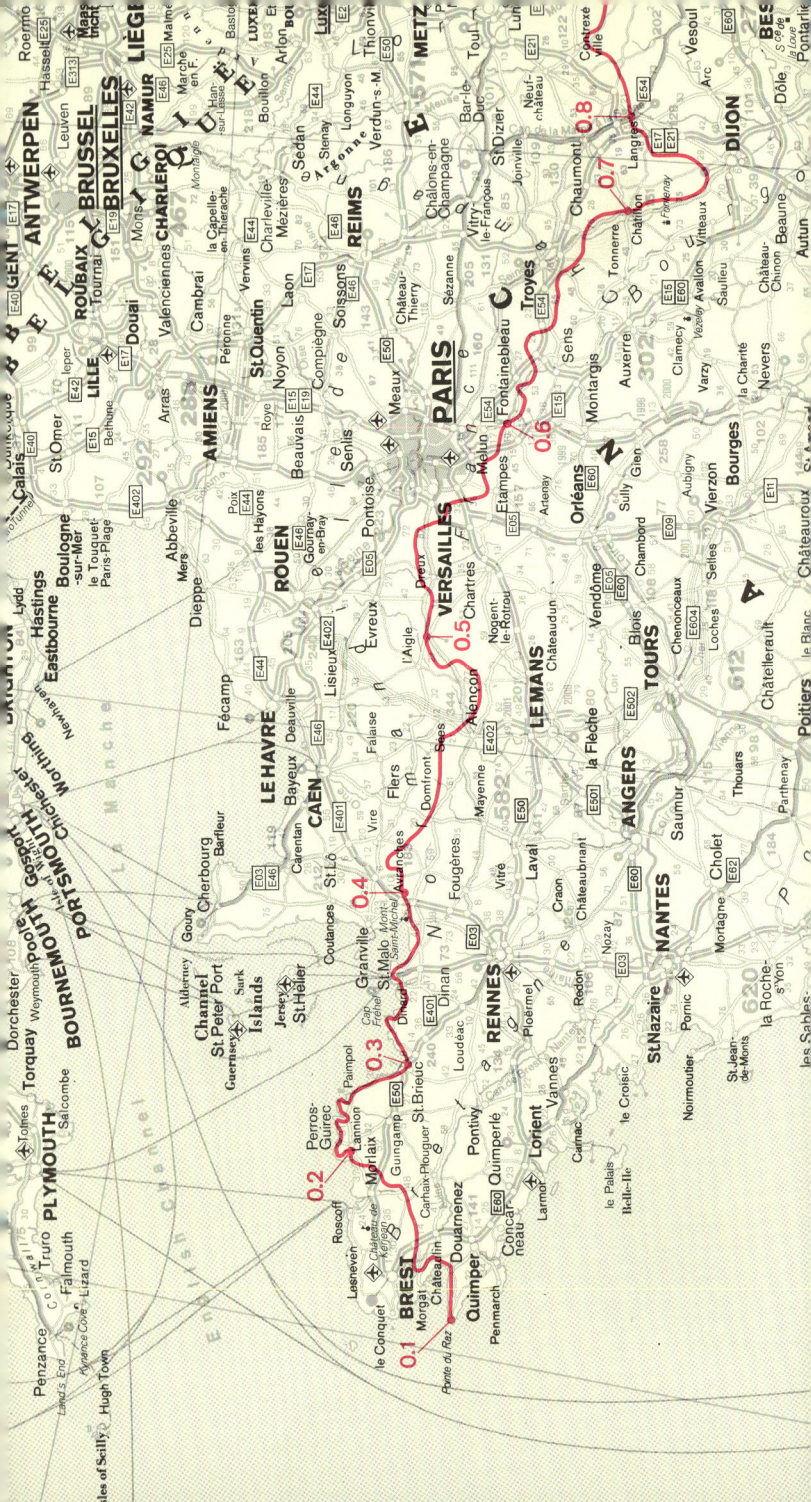

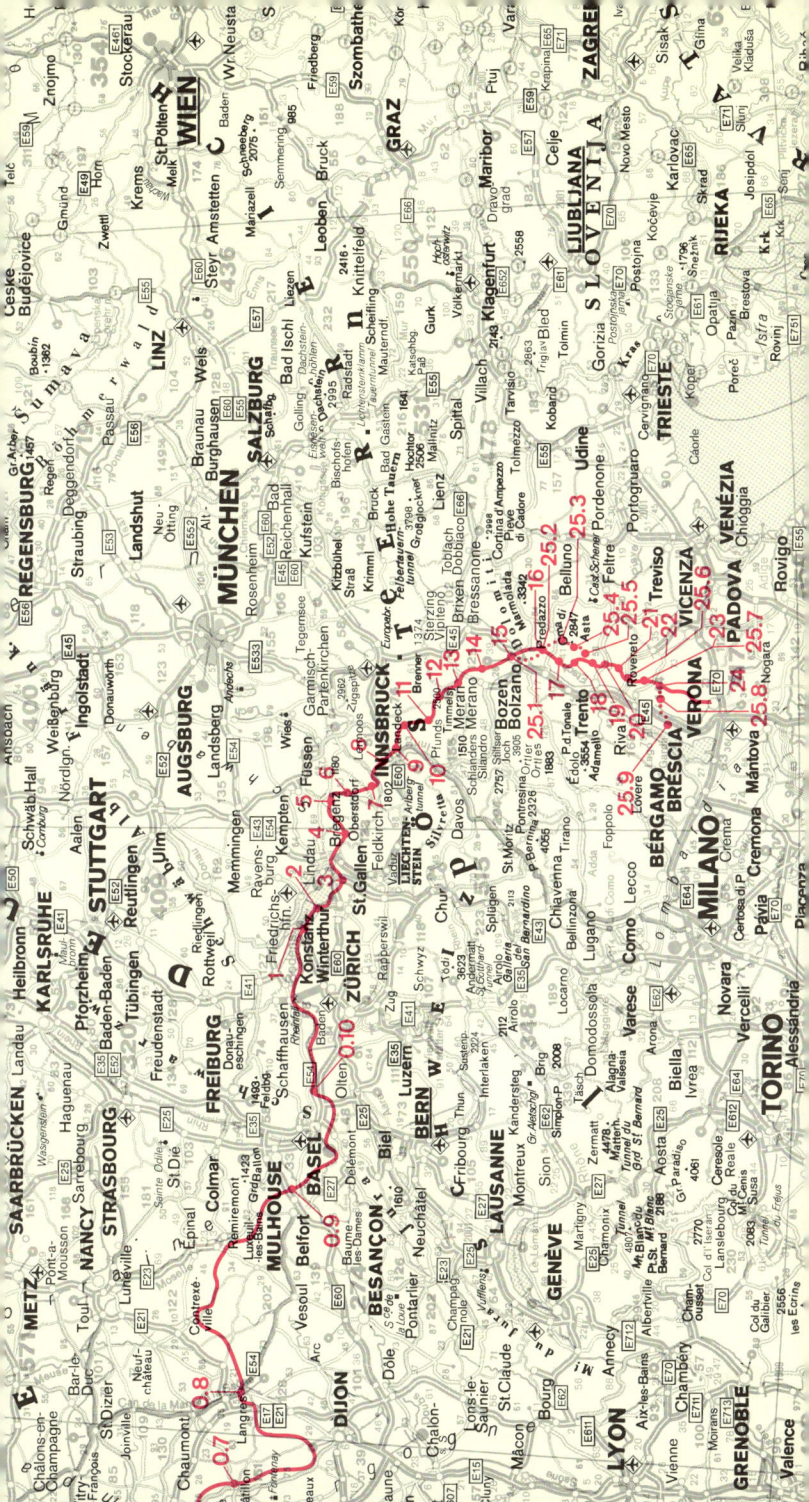

Anschriften

Europäische Wandervereinigung
Wilhelmshöher Allee 157–159,
D-34121 Kassel

*Verband Deutscher Gebirgs- und
Wandervereine*
Wilhelmshöher Allee 157–159,
D-34121 Kassel

Deutsche Wanderjugend
Tannenweg 22,
D-71364 Winnenden

Deutsches Jugendherbergswerk
Bad Meinberger Straße 1,
D-32760 Detmold

Deutscher Alpenverein
Von-Kahr-Straße 2–4,
D-80997 München

*Alpinauskunft des
Deutschen Alpenvereins:*
0 89/29 49 40

Touristenverein »Die Naturfreunde«,
Hedelfinger Straße 17–25,
D-70327 Stuttgart

Österreichischer Alpenverein
Wilhelm-Greil-Straße 15
A-6010 Innsbruck

Bergrettungsdienste
Deutschland: Bergwacht, Holbein-
straße 11, 81679 München

Italien: Corpo Nationale Soccorso
Alpino del CAI
Via Barbaroux 1, I-10122 Torino

Österreich: Bergrettungsdienst
Österreich, Wilhelm-Greil-Str. 15,
A-6010 Innsbruck

Alpenverein Südtirol
Vintler Durchgang 16
I-39100 Bozen – Südtirol

Trentiner Bergsteigervereinigung
(Società d. Alpinisti Tridentini)
Via Manci 109, I-38100 Trient

Italienischer Alpenclub (Club Alpino
Italiano), Via Ugo Foscolo 3,
I-20121 Milano (Mailand)

Italienischer Wanderverband (Fede-
razione Italiana Escursionismo)
Via la Spezia 58 r.,
I-16149 Genova (GE)

Schweizer Wanderwege,
Im Hirshalm 49,
CH-4125 Riehen.

Abkürzungen

AV	= Alpenverein
AVS	= Alpenverein Südtirol
DAV	= Deutscher Alpenverein
EWV	= Europäische Wandervereinigung e.V.
TVN	= Touristenverein »Die Naturfreunde«
DWJ	= Deutsche Wanderjugend
DJH	= Deutsches Jugendherbergswerk
IBV	= Internationaler Bodensee-Verkehrsverein
TGA	= Touristische Gemeinschaft der Alpenländer
SVZ	= Schweizerische Verkehrszentrale
SAW	= Schweizerische Arbeitsgemeinschaft für Wanderwege
ÖFVW	= Österreichische Fremdenverkehrswerbung
ÖAV	= Österreichischer Alpenverein
ENIT	= Ente Nazionale Italiano per il Turismo
FIE	= Federazione Italiana Escursionismo
CAI	= Club Alpino Italiano
SAT	= Sociéta Alpinisti Tridentini

Vorwort

Der E 5, der bereits vom Atlantik her bis an den Bodensee führt, nimmt mit seinem weiteren Verlauf über den zentralen Alpenhauptkamm bis zur Adria unter den insgesamt elf Europäischen Fernwanderwegen eine Sonderstellung ein. Es handelt sich dabei fast durchweg um einen alpinen Weg. Er wurde zumeist auf Alpenvereinswegen durchgehend als E 5 einheitlich markiert.

Der hier beschriebene Teil des E 5 ist ab dem Bodensee ein Wanderweg über die Alpen, der keine Kletterstellen oder Gletschergebiete passiert und somit auch keine Schwindelfreiheit erfordert. Sehr leicht zu Schwindel neigenden Wanderern sollte von den Touren 5, 7, 8, 24, 25.3, 25.7 eventuell abgeraten werden. Trittsicherheit und eine gesunde Konstitution sind jedoch unabdingbare Voraussetzungen für die Begehung des E 5.

Mit dem vorliegenden Band wird eine Bestandsaufnahme vorgenommen. Jede markierte E 5-Strecke (ab dem Bodensee) wurde an Ort und Stelle überprüft und beschrieben. Der Autor nahm sich die Freiheit, auch noch Alternativstrecken zum E 5-Wegverlauf einzufügen, wo diese für den Wanderer eine echte Variationsmöglichkeit bieten.

Alle Details, die darüber hinaus noch für den E 5 von Bedeutung sind, findet der Leser unter »Allgemeines«, bzw. unter speziellen Informationshinweisen und im Nachwort vermerkt. Der Autor ist sich bewußt, daß auch diese Hinweise – wie die gesamte Wegebeschreibung – Veränderungen unterliegen. Das gilt es zu berücksichtigen. Im übrigen sind Verlag und Autor für jeden Hinweis auf wünschenswerte Ergänzungen oder etwaige Unstimmigkeiten dankbar.

Auch der hier vorliegende E-5-Kompass-Wanderführer wäre ohne die tatkräftige Unterstützung durch die ortskundigen Repräsentanten der örtlichen und regionalen Verkehrsämter aller vier Länder kaum mit der nun enthaltenen Fülle an Informationen zustande gekornmen. Autor und Verlag möchten daher nicht versäumen, all jenen, auch für die individuelle Beratung des E-5-Wanderers, unerläßlichen Personen und Institutionen an dieser Stelle ihren besonderen Dank abzustatten. So bleibt nur noch, allen E 5-Wanderern dasselbe unvergeßliche, befreiende Erlebnis zu wünschen – wo immer sie auch »ein- oder aussteigen« – das der Autor als Resumee mit nach Hause nahm.

Allgemeine Hinweise

Der hier beschriebene Abschnitt des E 5 (ab dem Bodensee) ist zum überwiegenden Teil ein alpiner Wanderpfad. Seine »Sicherheit« setzt, wie überall im Gebirge, das diesen besonderen Umständen angepaßte sichere Verhalten des Wanderers voraus.

Es darf in diesem Zusammenhang nicht unerwähnt bleiben, daß nach Ermittlungen der alpinen Vereine seit Kriegsende mehr als 16 000 Menschen in den Alpen tödlich verunglückten, und daß bei dieser Zahl die bis heute verschollenen etwa 300 Bergsteiger noch gar nicht berücksichtigt sind... Unzweckmäßige Ausrüstung, Leichtsinn und Unerfahrenheit sind die Hauptursachen der meisten Bergunfälle. Aber es gibt auch objektive Gefahren:

Das Wetter vor allem ist es, das immer wieder die schönsten Tourenpläne durchkreuzt. Da werden zum Beispiel drei Männer – 31, 34 und 44 Jahre alt – auf dem Heilbronner Weg in den Allgäuer Alpen von einem Wettersturz überrascht. Mühsam kämpfen sie sich im dichten Schneetreiben – es fielen fast 40 Zentimeter Neuschnee – bis zur Bockkarscharte, um dort in 2300 Meter Höhe hinter Felsen Zuflucht zu suchen. Angesichts des strahlenden Spätsommermorgens an diesem 14. September 1978 hatten die drei Bergwanderer weder genügend warme Kleidung noch einen Biwaksack dabei. Der 44jährige erlitt einen Schwächeanfall. Er konnte nicht weiter. So blieb der 31jährige bei ihm zurück, während der 34jährige mit einem ebenfalls in den Schneesturm geratenen Ehepaar unter schwierigsten Umständen (Nebel, teils brusthoher Neuschnee) ins Lechtal nach Holzgau abstieg, um die Bergwacht zu alarmieren. Am frühen Morgen des anderen Tags flog ein Bundeswehrhubschrauber die beiden Zurückgebliebenen ins Krankenhaus. Der 44jährige war infolge Unterkühlung (bei sechs Grad minus) und Erschöpfung bereits tot. Sein bei ihm acht Stunden lang im Schneesturm ausharrender Freund hatte sich Erfrierungen zugezogen. Aber er lebte.

Diesen tragischen Unfall haben wir deshalb so ausführlich geschildert, weil er sich im Prinzip bei jedem Wettersturz in den Bergen immer wieder ereignet. Und weil es dabei in den allermeisten Fällen nicht zur Katastrophe zu kommen braucht, wenn der immer mögliche Wetter- und Kältesturz einkalkuliert wird.

Während in solchen Fällen und auch bei Gewittergefahr der tägliche Wetterbericht und die Auskunft an Ort und Stelle (Hüttenwirt, Einheimische, alpine Beratungsstellen) Vorwarnung geben können, ist das bei anderen objektiven Berggefahren – Lawinen, Steinschlag – nur bedingt oder überhaupt nicht möglich. Hier helfen nur eigene Initiative und Selbstschutz:

- Untrügliche Zeichen für Schlechtwettereinbrüche sind das Aufkommen von Wind in der Nacht und der »Hof« um den Mond. Am frühen Morgen lassen starkes Morgenrot, auffallende Wärme und steigende Nebel ebenso auf Schlechtwetter schließen, wie Frühgewitter, jäh vom Westen her treibende Schleier-, Feder- und Schäfchenwolken und plötzlich weißlich werdender Himmel. Auch unerwartete Beendigung einer Föhnlage oder rasch sich auftürmende, fingerartig nach oben gerichtete Wolkenbänke sind Alarmzeichen. Wer bereits unterwegs ist, sollte umkehren, oder bei der nächsten Hütte Zuflucht suchen. Je früher und rascher, umso besser.

- Zu Steinschlaggefahr kann es nicht nur durch Schneeschmelze und Spätfrost kommen. Auch ausbrechende oder losgetretene Steine (Wild, Bergsteiger) führen ständig zu Unfällen. Daher äußerste Vorsicht am Fuß von Rinnen, Schluchten, Kaminen und bei steilen Aufstiegen im Geröll.

- Bei Hochgewittern sofort alle metallenen Gegenstände in entsprechender Entfernung ablegen. Wassergräben und -läufe meiden. Im relativ sicheren Wald nicht an Bäume anlehnen. Weg von Drahtseilanlagen, Kaminen und exponierten Stellen. Auf freien Flächen platt auf den Boden legen, oder Hockstellung einnehmen. Sollte jemand vom Blitz getroffen und betäubt sein, müssen die Begleiter sofort Wiederbelebungsversuche durch künstliche Atmung vornehmen.

- Lawinen drohen seit Jahren auch immer häufiger mitten im Hochsommer. Auf dem E 5 ist damit aber kaum zu rechnen. Gefährlich ist und bleibt aber überall die Frost-, Neuschnee- und Schneebrettgefahr. Vorsicht vor Ausrutschern auf Altschneefeldern, Grashängen und schneebedeckten Steinplatten. In Höhen über 2000 Meter auch im Sommer Neuschnee möglich! Hauptursache von Ausrutschen und Abstürzen, die drei Viertel aller alpinen Todesfälle ausmachen.

Doch damit sind wir bereits bei den *subjektiven Gefahren,* die ausschließlich durch Fehlverhalten der Betroffenen verursacht werden. Sei es durch mangelhafte Ausrüstung, durch mangelnde Kondition. Ein paar Tage »einlaufen« und Akklimatisation (Gewöhnung an die Höhe) muß allen wander- und bergungewohnten E 5-Aspiranten dringend angeraten werden.

Vor allem ältere Bergfreunde sollten sich in acht nehmen und lieber vor Antritt der Wanderung den Arzt konsultieren, um der

Gefahr des Sauerstoffmangels oder einer Herzattacke unterwegs nicht zu erliegen. Auch das geschieht im Sommer tagtäglich, und leider ist dabei der Herzkollaps keine Ausnahme. Hierbei sollte es sich von selbst verstehen, daß zu Höhenschwindel und Berg-krankheit neigende Menschen – ab 2700 Meter sind dies nach den Erfahrungen des Schweizer Alpenklubs (SAC) gut die Hälfte aller in Städten und Niederungen lebenden Personen – ihre Höhen- und Tiefenschwelle grundsätzlich nicht überschreiten. Bei jähem Schwindel darf man übrigens weder in die Höhe noch in die Tiefe blicken, sondern stur geradeaus den Weg vor sich im Auge behalten.

• Vorsicht in den Bergen ist auch bei allen »versicherten« Brükken, Wegen und Klettersteigen geboten. Brückengeländer, Halteseile und Leitersprossen werden wohl zu Beginn jeder Saison regional überprüft. Niemand aber kann die Garantie dafür übernehmen, daß sich nicht doch eine Befestigung löste oder da und dort eine Sprosse beschädigt wurde.

• Auch die vermeintliche Trittsicherheit in Ehren – aber wer erst übermüdet, geschwächt oder sonst unpäßlich ist, kann schon beim nächsten harmlosen Ausrutscher das Gleichgewicht verlieren und... Glück hat dabei, wer »nur« mit Verletzungen davonkommt und den Abtransport durch die Bergwacht miterleben kann...

• Daß man sich im alpinen Raum strikt an die Markierungen hält und vor allem im unübersichtlichen Gelände keine Abkürzungen riskiert sind Binsenweisheiten, ebenso wie die alpine Faustregel, so früh wie möglich aufzubrechen, schon um den nachmittäglichen Gewitter- und Gefrierrisiken (Schnee »zieht an«) ebenso vorzubeugen, wie der Gefahr ausweglos in Dunkelheit zu geraten.

• Ja, und daß man für den Fall der Fälle am letzten Aufenthaltsort hinterläßt (Quartierleute, Hüttenbuch), wohin die Reise geht, hat ebenso schon manchem Bergwanderer, der unterwegs aus allen möglichen Gründen nicht mehr weiterkam oder sich verirrte, Gesundheit und Leben bewahrt. Unter den Verunglückten sind leider viele Einzelgänger, obwohl die Unfallstatistiken regelmäßig die besondere Gefährdung bei solchen Solotouren nachweisen.

Muß man tatsächlich noch darauf hinweisen, daß halb- und ganz FKK-Eskapaden unter der erheblich stärkeren Sonnenstrahlung in größeren Höhen ebenso gefährlich werden können, wie etwa die jähe Abkühlung in Wildbächen und Gebirgsseen? Und daß die Mitnahme von Kindern in den Bergen ein besonders heikles Problem ist? Und daß nur derjenige alpine Hilfe bringen kann, der alpin erfahren ist und sich in Erster Hilfe am Berg auskennt?

Wer bei einem ersichtlichen Notfall nicht die jeweilige Ortsstelle des regionalen Bergrettungsdienstes alarmiert, macht sich wegen unterlassener Hilfeleistung strafbar.

Auch der Leichtsinn kennt keine Grenzen und noch ist nicht erwiesen, daß das grenzenlose Wandern (vor allem das über die Berge auf dem E 5) dabei eine rühmliche Ausnahme macht.

Zu Beginn des Sommers 1978 verabschiedete der Verband Alpiner Vereine (UIAA) 21 Regeln für das Bergwandern. Daraus sind ergänzend zu den vorstehenden Ausführungen und erweitert durch Erfahrungen des Autors noch folgende Verhaltensmaßregeln gerade auf dem E 5 zu beherzigen:

Sorgfältige Planung jeder Tour. Schon zu Hause Kartenstudium. Besondere Orientierungspunkte und evtl. Notabstiege vermerken.

Langsam, aber zügig und gleichmäßig wandern. Vor allem am Anfang nicht gleich ein hohes Tempo vorlegen, das nur rasch zur vorzeitigen Erschöpfung führt. Bei Tourenzusammenstellungen für Gruppen Zeit und Wege auf den schwächsten Teilnehmer abstimmen. Alle zwei Stunden eine Pause einlegen.

Nach dem Essen sollte man sich nicht gleich Höchstleistungen abverlangen. Lieber öfter kleinere Mengen an Nahrungsmitteln zu sich nehmen und dafür mehr trinken, aber keinesfalls zu kalt und nicht zu viel auf einmal. Salzzufuhr berücksichtigen (besonders an heißen Tagen) und notfalls Zuckerpegel ergänzen. (Arzt fragen).

Unterwegs Naturschutz- und Waldvorschriften beachten. Keinen unnötigen Lärm machen, (Rucksackradio!). Und selbstverständlich nichts wegwerfen.

Beim Biwak auf isolierende Unterlage (Rucksack, Seil, etc.) und wettersicheren Standort (Blitzgefahr!) achten. Enge Kleidungsstücke öffnen, nasse Kleider wechseln, – aber Schuhe anlassen. Bei Notbiwak empfiehlt sich Kauerstellung.

An schönen Tagen mit überfüllter Hütte rechnen.

Die obligatorische Eintragung im Hüttenbuch nicht vergessen.

Schon zu Hause Erste Hilfe repetieren. Sich über Aussehen von Schlangen informieren. Im Nordabschnitt des E 5 können Kreuzottern, im Südabschnitt auch Vipern angetroffen werden.

Bei Schlangenbiß Ruhe bewahren! Oberhalb der Bißwunde abbinden und Wunde ausdrücken. Wunde nicht mit dem Mund aussaugen lassen (Infektionsgefahr). Besser mit spezieller Spritze absaugen (Set mit steriler Klinge für einen Kreuzschnitt). Viel trinken (Milch, keinen Alkohol!) und rasch zum Arzt!

Schlangen sind scheu und greifen nie von sich aus an. Wer mit offenen Augen wandert und Rastplätze am Weg vorher mit einem langen Stecken abklopft, braucht keine unnötige Angst zu haben. Hingegen kann eine rechtzeitig vorher durchgeführte Zecken-Schutzimpfung gegen Meningitis (Gehirnhautentzündung) von Nutzen sein, da wir ein »Zecken-Risiko-Gebiet« durchqueren.

Das alpine Notsignal im *Ostalpenraum* (BRD, Österreich, Südtirol) besteht aus sechs optischen oder akustischenZeichen pro Minute (Wink- oder Blinksignale, Rufe alle zehn Sekunden). Dann eine Minute Pause. Dann Wiederholung. Kommt alle 20 Sekunden, also dreimal pro Minute ein ähnliches Zeichen zurück, so bedeutet das: Verstanden = Rettung unterwegs. Im *Westalpenraum* (Italien, Westschweiz, Frankreich) sind auch andere Notsignale üblich. Und zwar entweder durch Hochheben beider Arme, durch Auslegen eines roten Tuches mit weißem Kreis in der Mitte oder durch Abschießen einer roten Rakete. (Tuch und Raketen in Fachgeschäften). UIAA und IKAR (Internationale Lawinenrettungskommission) empfehlen diese Notsignale, die auf dem E 5 in Südtirol und im Trentino demnach den in den Ostalpen üblichen Notsignalen vorzuziehen sind.

Der tägliche Wetterbericht läßt sich auch unterwegs mit einem Rucksackradio anhören. Der *Bayerische Rundfunk* gibt in »Bayern 3« von 5.30 bis 24.00 zu jeder vollen Stunde anschließend an die Nachrichten entsprechende Informationen durch. Und jeden Samstag spezielle Meldungen für Bergsteiger im 1. Programm von 6.05 Uhr bis 6.25 Uhr. Der *Österreichische Rundfunk* bringt im »Ö 3-Wecker« täglich um 7.45 Uhr einen Alpenwetterbericht, dazu im Winter ergänzend jeden Freitag 14.05 Uhr Schneeberichte. Außerdem kann auf Ö 3 der Wetterbericht zu jeder vollen Stunde (wie in Bayern 3) empfangen werden. Und das »Studio Tirol« bringt mittwochs zwischen 19.30 und 19.50 spezielle Bergsteiger-Informationen.

Radio DRS in der Schweiz informiert täglich dreimal ausführlich über das Wetter (7.00, 12.30 und 19.00 Uhr) und zehnmal zusätzlich in Kurzberichten zum Nachrichtenbulletin um 6.00, 6.30, 7.30, 9.00, 11.00, 14.00, 16.00, 18.00, 20.00, 22.00 und 23.00 Uhr. Im Winter tägliches Lawinenbulletin nach den Mittagsnachrichten um 12.30 Uhr.

Alpin-Telefone leisten mit Auskunft über die regionalen Wetter- und Wegeverhältnisse sowie über AV-Hütten ebenfalls gute Dienste. In *Deutschland* ist es die Geschäftsstelle des DAV in

München. In *Österreich* sind es die ÖAV-Stellen in Bregenz, in Innsbruck und in Salzburg. In der *Schweiz* ist es der Schweizer Alpenclub in Bern sowie die Meteorologische Zentralanstalt Zürich. Und in *Südtirol* ist es der AV Bozen.

Der alpine Raum in Deutschland und Österreich ist wegen beschränkter Öffnung der alpinen Schutzhütten nur in den Sommermonaten begehbar. In Italien beginnt die Wintersaisonpause auch bei Bergbahnen und in den Tallagen meist zwischen 1.–15. September.

Um einen gültigen Durchschnitt in der Ermittlung von Gehzeiten zu errechnen, schlägt Anderl Heckmair in Goldmanns Ratgeber folgendes Verfahren vor:

Wegelänge: Gesamtstrecke in km geteilt durch die Gehstrecke von 4 km je Stunde = Stundenzahl.

Höhe: Summe der Steigstrecken geteilt durch die Steigstrecken von 300 m je Stunde = Stundenzahl.

Wenn sich hierbei unterschiedliche Zeiten ergeben, dann wird zur größeren Zeit die halbierte Zeit der kleineren Zeit hinzugerechnet, und dies ist die Gesamtgehzeit.

Die richtige Ausrüstung

Das A und O sind die Schuhe und der Rucksack.

Mittelschwere Bergschuhe reichen für die E 5-Wegstrecke aus (keine Kletterstellen). Wer trotz des vielfältigen Angebots an wasserfesten Gore-Tex-Materialien (oder ähnlichem) den altbewährten Lederschuh vorzieht, sollte folgendes beachten: Glattleder ist weicher (gut für empfindliche Füße), während Rauhleder sich nicht so schnell abstößt. Ein verstärkter Zehen- und Fersenschutz ist notwendig. Der Schaft darf nicht zu lang sein (Luftzufuhr!), dafür soll das Leder dazwischen so weich und insgesamt so leicht wie möglich sein! Die Sohle muß ein möglichst großes Profil aufweisen, zwiegenäht und biegsam genug sein, um richtig abrollen zu können.

Der Schuh darf nicht zu klein gewählt werden, auch mit dicken Übersocken muß – vor allem beim Abstieg genügend Platz im Schuh sein. Er darf keine Druckstelle seitlich aufweisen. Gute Baumwoll- oder Frotteesocken unter den groben Baumwollübersocken anziehen! Auch sollte der Schuh so geschnürt werden, daß sich die Ferse beim Laufen nicht bewegen kann.

Kein Rucksack ist absolut wasserdicht, daher empfiehlt es sich, die trockenen Wäschestücke in eine zusätzliche Plastikfolie einzupacken oder eine Regenhülle für (über) den Rucksack zu kaufen.

Der Wahl des Rucksacks und der (Ober-)Bekleidung sind beim heutigen Komfort kaum noch Grenzen gesetzt – individuell beraten wird man in jedem guten Fachgeschäft. Ein in die Länge ausziehbarer Rucksack wird sich gerade auf dem E 5 lohnen, da man für den Südabschnitt schon wesentlich weniger Gepäck benötigt als für den Nordabschnitt. Besonders wohltuend sind breite, schaumstoffgefütterte Traggurte sowie ein zusätzlicher Hüfttragegurt.

»Super-Rucksäcke« mit abnehmbarem Kleinst-Rucksack erweisen nur dann wertvollen Dienst, wenn kleinere Touren von einer Hütte aus unternommen werden. Ansonsten bergen sie die Gefahr, daß man einfach zuviel mit auf die Wanderung nimmt. Möglichst viele Reißverschlüsse sind jedoch von großem Vorteil beim häufigen Kleiderwechseln. Ein Traggestell am Rucksack ist Geschmackssache: Auf der einen Seite täuscht es oft ein leichteres Gewicht nur vor und kippt dafür recht gern von einer Seite auf die andere. Ohne Tragegestell schwitzt man mehr, friert dafür nicht so schnell, weil unmittelbarer Körperkontakt gewährleistet ist.

In den Rucksack gehört eine komplette Garnitur »in Reserve«: Baumwollunterwäsche, ausreichend Socken, Hemd, Pullover oder Jacke aus Fleece oder Trockenwolle, Hose. Ferner muß hineinpassen: 1 langer Anorak, 1 Regenponcho, Gamaschen oder eine dünne Skiüberhose, Mütze und Handschuhe, 1 lange Unterhose, 1 Trainingsanzug, 1 kurze Hose, Hüttenschuhe, Turnschuhe, Wasch- und Nähzeug, Ausweis und Auslandskrankenscheine.
Für den Notfall:
1 Stabtaschenlampe, 1 Biwaksack (oder ab 2 Personen ein Biwakzelt) am besten mit eingeschweißter Isolierfolie.

Auch gibt es sog. »Rettungssets« (Inhalt: Rettungsdecke, Signalpfeife, 1 Verbandspäckchen, Sturmstreichhölzer und Traubenzucker.

Eine komplette kleine »Rucksackapotheke« sollte ebenfalls nicht fehlen. Ferner bei Schlangenbiß 1 Absaugspritze. (Siehe bei »Alpine Gefahren«.) Sonnenschutzcreme mit hohem Lichtfaktor.

Sehr nützlich kann ein Leuchtraketen-Abschußstab mit einem ausreichenden Sortiment Leuchtpatronen sein.

Ein Mini-Kochgerät und ein kleiner Alubecher haben schon manchen in Bergnot geratenen Wanderer vor Unterkühlung bewahrt, vorausgesetzt er war entsprechend angezogen und hatte auch den dazugehörigen Notproviant (Suppe, Salz, Tee, Grog, Zucker, Konzentrat o. ä.) dabei.

Marschverpflegung ist auf jeden Fall ratsam: »Outdoor-Nahrung«, Trockenfrüchte, etwas Brotzeit. Kaffeepulver oder Teebeutel sind leicht unterzubringen und ersparen manch langes Gesicht bei den oft horrenden Kaffeepreisen auf der Hütte. Heißes Wasser ist auf jeder Hütte erhältlich. (Anspruch darauf haben allerdings nur AV-Mitglieder).

Vor einer 3wöchigen Selbstverpflegung wird jedoch gewarnt: Erstens verleidet unnötiges Mehrgewicht im Rucksack die Freude am Wandern, und zweitens sind heiße Mahlzeiten auf der Hütte durch nichts zu ersetzen.

Eine möglichst schmal gewählte Biwakrolle aus Schaumstoff und ein leichter Schlafsack, sowie eine Aluminium-Trinkflasche außen am Rucksack befestigt, machen die Ausrüstung vollständig.

Kompaß, Karten und Wanderführer nicht vergessen!

Beim Packen ist darauf zu achten, daß das Gewicht im Rucksack – unten wie oben – zum Rücken hin gelagert ist, da sonst das Gewicht spürbar nach hinten zieht.

Ein Gesamtgewicht von 15 kg ist eigentlich schon fast zu viel – mag es zu Hause noch so gering erscheinen.

Der Autor beobachtete auf dem E 5 wiederholt Wanderer, die sich unter »einem Rucksack der fast doppelt so groß war wie sie selbst« nur noch mühsam fortbewegen konnten.

Um Blasenbildung zu vermeiden, müssen die Schuhe unbedingt schon vor der E 5-Tour gut eingelaufen sein.

Während der Tour niemals die ermüdeten Füße ins Wasser hängen. Dies hat unweigerlich Blasenbildung zur Folge. Sollten dennoch Blasen auftreten: Mit steriler Nadel aufstechen (nicht bei Blutblasen!) und die Flüssigkeit mit Pflaster austrocknen.

Übrigens: Das Hauptpostamt Bozen hat eine Gepäck-Sammelstelle, wohin man frische Wäsche postlagernd vorausschicken, die gebrauchte Wäsche wieder heimschicken und manchen zu dicken Pullover ablegen kann. Das Paket 4–5 Wochen vorher aufgeben!

Ja, und daß ein mitgeführtes Handy (oder gar ein GPS-Empfänger) wohl schon manchen verunglückten oder verirrten Bergwanderer gerettet hat, ist doch ein Segen unserer Zeit. Eine 100%-ige Sicherheit gibt es allerdings aufgrund von »Funklöchern« etc. auch und vor allem in den Bergen nicht.

Der E 5 in Frankreich und in der Schweiz

(Kurzfassung aus »Kompass Wegweiser: Auf Tour in Europa« Das Handbuch für die Europäischen Fernwanderwege von Hans Jürgen Gorges)

Vom Atlantik bis zum Bodensee

0.1 *Bretagne: Atlantik-Küste – Armorika*
Pointe du Raz – Douarnenez – Lannion

Eigenheit Der E 5 beginnt am Pointe du Raz, dem westlichsten Festlandspunkt Frankreichs. Er folgt zunächst der Atlantikküste bis le Faou, durchschneidet dann den nördlichen Teil der Halbinsel durch Armorika (Monts d'Arrée) und erreicht in Plestin-les-Grèves die Kanalküste. Das dünn besiedelte Landesinnere ist hügelig mit Heide, Moor und Wald. Landschaftstypisch sind die Hecken (Bocage), die das Kulturland einfassen. Zur Kanalküste siehe 0.2.

Länge 276 Kilometer.

Markierung Weiß-rot. Pointe du Raz – Douarnenez GR (Sentier du Grand Randonée) 34. Douarnenez – Huelgoat GR 37. Huelgoat – Plouégat-Moysan GR 380. Plouégat-Moysan – Plestin-les-Grèves GR 34D. Plestin – Lannion GR 34. Audierne – le Faou und ab Plestin-les-Grèves Gleichlauf E 9.

Betreuer Fédération Française de la Randonnée Pédestre (FFRP), 14 rue Riquet, F-75019 Paris.

Karten 1:100 000: Institut Géographique National, TOP 100 (alte Ausgabe: Serie verte), Blätter 13, 14.

Führer mit Kartenausschnitten Französisch (1:50 000): bis Douarnenez FFRP-Topo-Guide, Bd. 291, 1997. Ab Plouégat-Moysan Bd. 346, 1998. Für die Strecke Douarnenez – Plouégat-Moysan liegt kein aktueller Topo-Führer vor.

Anmerkung Angaben über Verkehrsverbindung zum Pointe du Raz liegen nicht vor. Nächste Stadt mit Bahnanbindung ist Quimper.

Verlauf Pointe du Raz – Pennéac'h – Primelin – Audierne – Pont-Croix – Meilars – Poullan-sur-Mer – Pointe de Leydé – Douarnenez – Tréfeuntec – Pointe de Talagrip – Ménéz-Hom (330 m) – Argol – Landévennec (Aulne-Mündung) – le Faou – Wald von Cranou – w. Brasparts – St-Rivoal – An Eured Veign (301 m, Megalith-Grab) – Loqueffret – Plouénez – ö. Huelgoat – w. Scrignac – Lannéanou – Guerlesquin – Plouégat-Moysan –

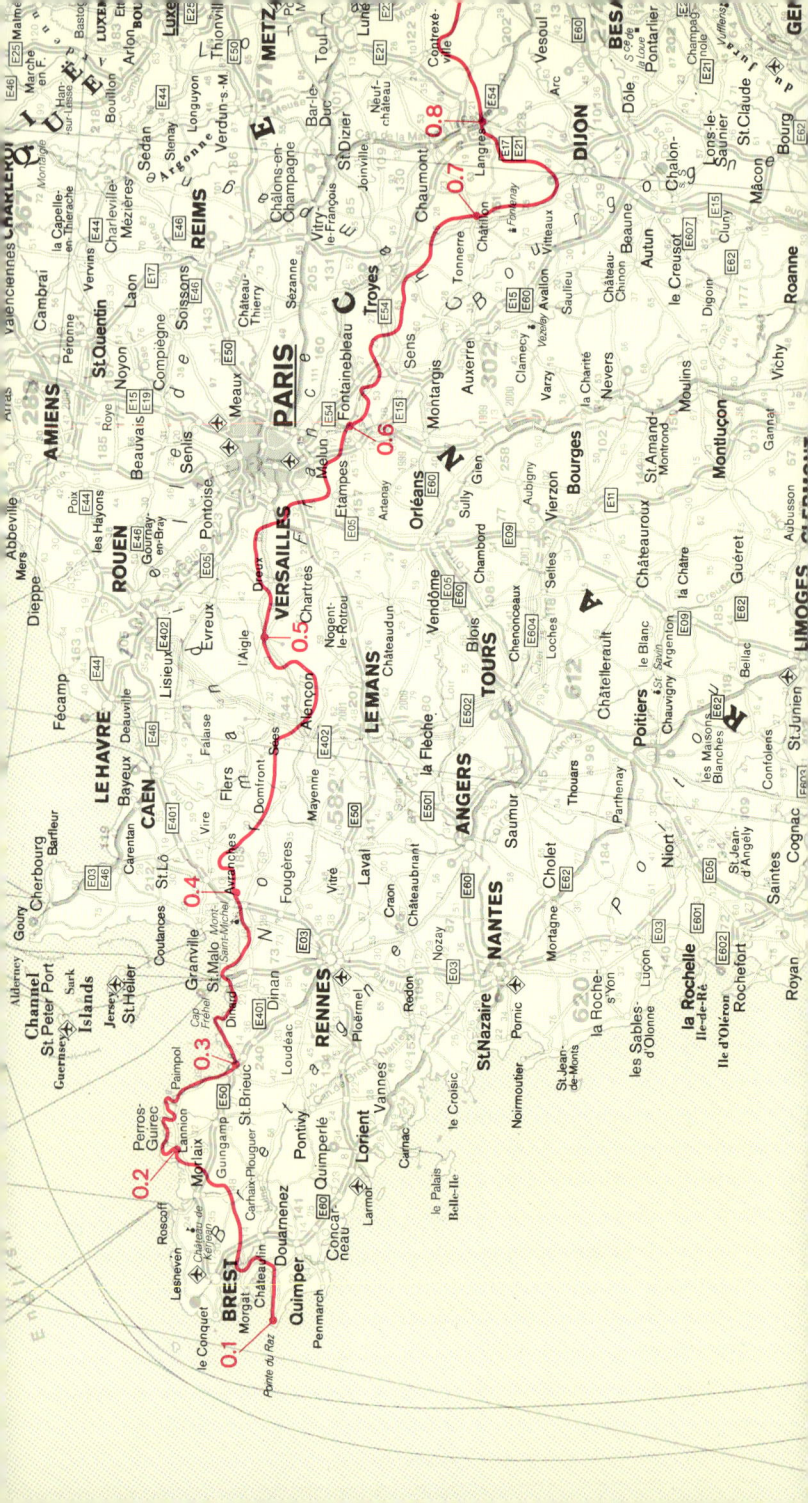

Trémel – Plestin-les-Grèves – Pointe de l'Armorique – le Grand Rocher – St-Michel-en-Grève – Locquémeau – le Yaudet (antike Siedlung) – Lannion. Bahn nach Plouaret (Strecke Paris – Brest).

0.2 *Bretagne:*
Kanal-Küste (Côte de Granit Rose)
Lannion – St-Brieuc

Eigenheit Die Küste im durchwanderten Bereich ist von sehr hohen Gezeiten und mächtiger Brandung bestimmt. Da der Weg weitestgehend der stark zerklüfteten, buchtenreichen Küstenlinie folgt, müssen bei vergleichsweise geringer Luftlinie große Entfernungen zurückgelegt werden.

Länge 285 Kilometer.

Markierung Weiß-rot, GR 34. Gleichlauf E 9.

Betreuer Wie 0.1.

Karten 1:100 000: wie 0.1, Blatt 14.

Führer mit Kartenausschnitten Französisch (1:50 000): FFRP-Topo-Guide, Bd. 346, 1998.

Verlauf Lannion – Léguer-Mündung – Pointe de Bihit – Tréheurden – Dourlin (Ile Grande) – St-Uzec (Planetarium) – Kerénoc – Landrellec – Trégastel – Ploumanac'h – Perros-Guirec – Louannec – Trélévern – Poulpry – Crec'h Avel – Buguélès – Pointe du Château – Plougrescant – Plougiel – Tréguier – Kerbors

Bretagne, Rosa Granitküste   (© Heidi Krumbholz)

35

– le Québo – Lanmodez – Lézardrieux – Pointe de Gouern – Pointe de l'Arcouest – Ploubazlanec – Paimpol – Kloster Beauport – Pointe de Plouézec – Pointe de Minard – Brehec – Kerouziel – St-Quay-Portrieux – Binic – les Rosaires – Pointe du Roselier – St-Brieuc (Yachthafen/Gouet-Brücke). 2,5 km abseits (Markierung gelb-rot) Bahnhof (Strecke Paris – Brest).

0.3 *Kanal-Küste: Golf von St. Malo (Côte d'Emeraude – Mont-St-Michel)* **St-Brieuc – St-Malo – Avranches**

Eigenheit   Mit bis zu 15 Metern hat die Küste hier den größten Tidenhub (Unterschied Ebbe/Flut) in Europa. Bis Cancale ist sie noch stark zerklüftet und buchtenreich (0.2).

Länge   273 Kilometer.

Markierung   Weiß-rot. Bis Mont-St-Michel GR 34, dann GR 223. Gleichlauf E 9.

Betreuer   Wie 0.1.

Karten   1:100 000: wie 0.1, Blätter 14, 16.

Führer mit Kartenausschnitten   Französisch (1:50 000): FFRP-Topo-Guides, bis Mont-St-Michel Bd. 310, 1998, dann Bd. 200, 1998.

Verlauf   St-Brieuc (Yachthafen/Gouet-Brücke) – Cesson – Yffiniac – Hillion (Marinarium) – Pointe des Guettes – la Cotentin – Dahouët – Pointe de Pléneuf – Erquy – Cap d'Erquy – Sables-d'Or-les-Pins – Pléhérel-Plage – Cap Fréhel – Fort de la Latte – Port a la Duc – Pointe de St-Cast – St-Cast-le-Guildo – Château le Guildo – St-Jacut-de-la-Mer – Pointe du Chevet – Lancieux – St-Briac-sur-Mer – St-Lunaire (Pointe du Décollé) – Dinard (Aquarium) – Rance-Brücke – St-Malo/Festung – Rothéneuf (Aquarium) – Pointe du Meinga – Fort du Guesclin – Pointe du Grouin – Cancale – St-Benoit-des-Ondes – Hirel – Mont-Dol – Dol-de-Bretagne – St-Broladre – St-Marcan – Roz-sur-Couesnon – Mont-St-Michel – Bas Courtils – Pontaubault – Avranches (Bahnstrecke Rennes – Caen).

0.4 *Normandie*
Avranches – Verneuil-sur-Avre

Eigenheit In der Normandie herrschen Milchwirtschaft und Obstbau (Calvados) vor. Typisch ist, wie in der Bretagne (0.1) die Heckenlandschaft (Bocage). Im zentralen Teil auch größere geschlossene Waldgebiete.

Länge 336 Kilometer.

Markierung Weiß-rot, GR 22.

Betreuer Wie 0.1. **Karten** 1:100 000: wie 0.1, Blätter 16–19.

Führer Für diese Strecke liegt kein aktueller Topo-Guide vor.

Verlauf Avranches – la Godefroy – le Petit-Celland – Bois de Reffuveille – Cuves – St-Pois – s. St-Michel-de-Montjoie – Perriers-en-Beauficel – Bellefontaine – Mortain – Rancoudray – Forêt de la Lande Pourrie – Fosse Arthour – Kloster Lonlay – Domfront – Forêt des Andaines – Kapelle Ste-Geneviève – Roc au Chien – Bagnoles-de-l'Orne – la Vallée de la Cour – St-Patrice-du-Désert – n. Lignières-Orgères – Carrouges – Forêt d'Ecouves – Signal d'Ecouves (417 m) – Radon – Forges – Semallé – la Fresnaye-sur-Chédouet – Forêt de Perseigne – Aillières-Beauvoir – la Perrière – Forêt de Bellême – St-Ouën-de-la-Cour – Colonard-Corubert – Maison-Maugis – la Chapelle-Montligeon – Bois du Valdieu – Autheuil – Tourouvre – Lignerolles – Forêt du Perche – Bresolettes – s. Randonnai – Chennebrun – Gournay-le-Guérin – les Bois Francs – Verneuil-sur-Avre (Bahnstrecke Paris – Argentan).

0.5 *Pariser Becken – Île de France*
Verneuil-sur-Avre – Dreux – Fontainebleau

Eigenheit Mit dem Pariser Becken erreicht der E 5 die Île de France. Diese steht mit Paris im Mittelpunkt für Zentrum und Inbegriff französischer Kultur. Den Wanderer erwartet eine abwechslungsreiche, teils flache, teils hügelige Landschaft mit ausgedehnten Wäldern (im Wald von Fontainebleau Felsformationen) und zahlreichen Kulturzeugnissen.

Länge 323 Kilometer.

Markierung Weiß-rot. Bis Straße Orgerus – Osmoy GR 22, dann GR 11. In Fontainebleau Kreuzung E 3.

Betreuer Wie 0.1. **Karten** 1:100 000: wie 0.1, Blätter 8, 18, 20, 21.

Führer mit Kartenausschnitten Französisch (1:50 000) für GR 11: FFRP-Topo-Guide, Bd. 121, 1996. Von GR 22 sind lediglich zwei kurze Teilstrecken in Topo-Guides erfaßt: Verneuil – Nonancourt (Bd. 271, 1996) und Houdan – Kreuzung GR 11 (Bd. D078, 1997).

Verlauf Verneuil-sur-Avre – Courteilles – s. Tillières-sur-Avre – Acon – Dampierre-sur-Avre – Nonancourt – St-Rémy-sur-Avre – Mesnil-sur-l'Estrée – Montreuil (*Abstecher nach* Dreux/Stadtrand 3 km) – Schloß Sorel – Forêt de Dreux – Anet – Boncourt – Rouvres – Berchères-sur-Vesgre – St-Lubin-de-la-Haye (*Variante über* Houdan) – Richebourg – Bois de Prunay – Straße Orgerus-Osmoy – Flexanville – Autouillet – Forêt de Beynes – Neauphle-le-Vieux – Mareil-le-Guyon – St-Rémy-l'Honore – Coignières – Dampierre-en-Yveline – Chevreuse (Château de la Madelaine) – Boullay-les-Troux – les Molières – Forges-les-Bains – Machery – St-Chéron – Villeconin – Boissy-le-Sec – Brières-les-Scellés – Étrechy – Naturreservat von Auvers-St-Georges – Boissy-le-Cutté – la Ferté-Alais – Mondeville – Noisement – Soisy-sur-Ecole – Dannemois – Moigny-sur-Ecole – Arbonne-la-Forêt – Gorges de Franchard (Schlucht) – Fontainebleau/Carrefour de la Liberation. Markierungsende, Fortsetzung an der Carrefour de l'Obélisque.

0.6 Seine – Yonne – Pays d'Othe
Fontainebleau – Troyes – Châtillon-sur-Seine

Eigenheit Der E 5 folgt zunächst ein Stück der Seine, um dann entlang Yonne und Vanne den Seinebogen durch die Pays d'Othe abzuschneiden und wieder entlang der Seine ins Burgund zu führen (zunehmend hügelig/mittelgebirgig). Flußauen stehen neben Wäldern.

Länge 276 Kilometer.

Markierung Weiß-rot. Bis Montereau-Fault-Yonne GR 11, dann GR 2 (Sentier de la Seine).

Betreuer Wie 0.1.

Karten 1:100 000: wie 0.1, Blätter 21, 22, 28. In der vorliegenden Ausgabe von Blatt 22 (Serie verte) ist der Weg zwischen Laines-aux-Bois und Rumilly-les Vaudes nicht eingetragen.

Führer mit Kartenausschnitten Französisch (1:50 000): Bis Montereau-Fault-Yonne Bd. 104, 1997. Villeneuve-l'Archevêque – Mussy-sur-Seine Bd. 066, 1998. Ab Mussy Bd. 021, 1998. Für die Strecke Montereau – Villeneuve liegt kein aktueller Topo-Führer vor.

Verlauf Fontainebleau/Carrefour de l'Obélisque – Mont Merle – Veneux-les-Sablons – Moret-sur-Loing – Ecuelles – Villecerf –

Varennes-sur-Seine – Montereau-Fault-Yonne – Cannes-Ecluse – la Brosse-Montceaux – St-Agnan – Villeblevin – Chaumont – Champigny – Pont-sur-Yonne – Gisy-les-Nobles – la Chapelle-sur-Oreuse – Fleurigny – Thorigny-sur-Oreuse – la Postolle – la Charmée – Kloster Vauluisant – Molinons – 1 km abseits Villeneuve-l'Archevêque – Flacy – Rigny-le-Ferron – Aix-en-Othe – Chennegy – Vauchassis – Laines-aux-Bois – St-Pouange (6 km abseits Troyes) – Villy-le-Maréchal – la Vendue-Mignot – Rumilly-les-Vaudes – Virey-sous-Bar – Bourguignons – Bar-sur-Seine – Polisot – Celles-sur-Ource – ö. la Gloire-Dieu – Mussy-sur-Seine – la Jarrie – Massingy – Châtillon-sur-Seine. Bahnbus nach Montbard (Strecke Paris – Dijon).

0.7 Nördliches Burgund
Châtillon-sur-Seine – Langres

Eigenheit Im Burgund durchläuft der E 5 eine weite Schleife nach Süden bis in den Raum Dijon (Côte-d'Or). Vorherrschend ist hügelig/mittelgebirgige Landschaft mit Wald.
Länge 192 Kilometer.

Château de Fontainebleau, Cour des Adieux   (© Schliebitz/Schleicher)

Markierung Weiß-rot. Bis Ste-Foy GR 2 (Sentier de la Seine), ab Ste-Foy GR 7.

Betreuer Wie 0.1.

Karten 1:100 000: wie 0.1, Blatt 29.

Führer mit Kartenausschnitten Französisch bis Ste-Foy: FFRP-Topo-Guide, Bd. 021, 1998. Für die Strecke ab Ste-Foy liegt kein aktueller Topo-Führer vor.

Verlauf Châtillon-sur-Seine – ö. Chamesson – Aisey-sur-Seine – Brémur (Schloß und Zitadelle) – St-Marc-sur-Seine – Meursauge – Quemignerot – Schloß Duesme – Kloster Oigny – Billy-lès-Chanceaux – Chanceaux – Seine-Quelle – Champagny – St-Seine-l'Abbaye – Val-Suzon – Ste-Foy – Saussy – Vernot – Tarsul – Poiseul-lès-Saulx – Avot – Grancey-le Château – Lamargelle-aux-Bois – Vivey – Kloster Auberive – le Haut du Sec (516 m, Fernsehturm) – Perrogney-les-Fontaines – Noidant-le-Rocheaux – Vieux-Moulins – Perrancey – Buzon – Langres (Bahnhof 2 km abseits).

0.8 *Vogesen*
Langres – Remiremont – Montreux (Belfort / Mulhouse)

Eigenheit Der E 5 durchschneidet die südlichen Vogesen in West-Ost-Richtung. Das Gebirge steigt von Westen her nur allmählich aus dem Lothringischen Schichtstufenland an und fällt dann jedoch zum Oberrheingraben bzw. zur Burgundischen Pforte steil ab. In den klimatisch rauhen Vogesen gibt es mehr Laubwald als im gegenüberliegenden Schwarzwald. Der E 5 erreicht Höhen bis 1300 Meter.

Länge 249 Kilometer.

Markierung Bis Ballon d'Alsace GR 7, Ballon – Col du Chantoiseau GR 5 (Gleichlauf E 2), ab Col du Chantoiseau GR E5. Markierungszeichen: Langres – Forêt de Tillonhaye (Straße D 434) weiß-rot, D 434 – La Croisette d'Hérival rot-weiß, La Croisette d'H. – le Hulet gelbe Raute, le Hulet – Ballon d'Alsace rot-weiß, Ballon – Ferme Wissgrut rot, Ferme Wissgrut – Col des Sept Chemins rot-weiß, Col des S. Ch. – le Châtelat gelbe Scheibe, ab le Châtelat rot-weiß.

Betreuer Bis Forêt de Tillonhaye wie 0.1, dann Fédération du Club Vosgien, 16 rue Sainte-Hélène, F-67000 Strasbourg.

Karten 1:100 000: wie 0.1, Blätter 29, 30, 31. 1:50 000: Club Vosgien, Blätter Thann – le Thillot, Sundgau.

Führer mit Kartenausschnitten Französisch (1:50 000) für die Strecke Bourbonne-les-Bains – Ballon d'Alsace: FFRP-Topo-

Guide Bd. 701, 1994. Für die übrigen Abschnitte liegen keine aktuellen Topo-Führer vor.

Verlauf   Langres – Reservoir de la Liez ou de Lecey (Stausee) – Lecey – ö. Oribigny-au-Mont – Marcilly-en-Bassigny – Terre-Natale – les Granges du Val – Bourbonne-les-Bains – Serqueux – Aureil-Maison (s. Lamarche) – w. Serécourt – Alte Römerstraße – ö. Dombrot-le-Sec – Schloß St-Baslemont – Relanges – Darney – Vioménil (Saone-Quelle) – Ménamont (467 m) – Forêt du Ban d'Harot – Rasey – Uzemain – Forêt de Tillonhaye – Mailleron-faing – Remiremont – La Croisette d'Hérival – la Beuille (700 m) – Fort de Rupt – Le Hulet – Col du Mont de Fourche (620 m) – Haut d'Alouette – Col des Croix (680 m, Festung) – les Mines (540 m) – Col du Luthier (Ballon de Seryance, 1150 m) – Col du Stalon – Ballon d'Alsace (1247 m) – Ferme Wissgrut – Col du Chantoiseau – Col des Sept Chemins (620 m) – Tête des Mineurs (928 m) – le Châtelat – Etueffont (440 m) – Anjoutey – Bethonvil-liers – Montreux-Château (2 km abseits Montreux-Vieux, Bahn-station an Strecke Belfort – Mulhouse).

0.9 Sundgau – Basler Jura
Montreux (Belfort / Mulhouse) – Reinach (Basel) – Rheinfelden

Eigenheit   Im Sundgau ist die Landschaft hügelig und meist offen; in den nördlichen Ausläufern des Schweizer Jura verläuft der Weg mittelgebirgig meist durch Wald.

Länge   102 Kilometer.

Markierung   Bis Lucelle/Grenze GR E5, Markierungszeichen: Montreux – Borne des Trois Puissances rot-weiß, Borne des T. P. – Liebsdorf rot-weiß-rot, Liebsdorf – Lucelle gelb. In der Schweiz: Lucelle – Pleigne gelb, Pleigne – Gempen gelb-rot (Jurahöhenwe-ge), ab Gempen gelb; zusätzlich Wegweiser an allen drei Abschnitten. In der Schweiz ist der E 5, wo er nicht auf besonders markierter Strecke verläuft (Pleigne – Gempen), nicht gesondert ausgeschildert, und man muß sich nach den Zielangaben der Wegweiser richten. Beachten Sie die Anmerkung.

Betreuer   Frankreich: wie 0.8 ab Forêt de Tillonhaye. Schweiz: wie 0.10.

Karten   1:100 000: wie 0.1, Blatt 31; 1:60 000: Kümmerly & Frey, Wanderkarte des Jura, Blätter 1, 2. 1:50 000: Club Vosgien, Blatt Sundgau; SAW-Wanderkarte (Landeskarte Schweiz), Blätter 213 T, 214 T, 223T.

Führer   Pleigne – Gempen: Wanderbuch Jurahöhenwege.

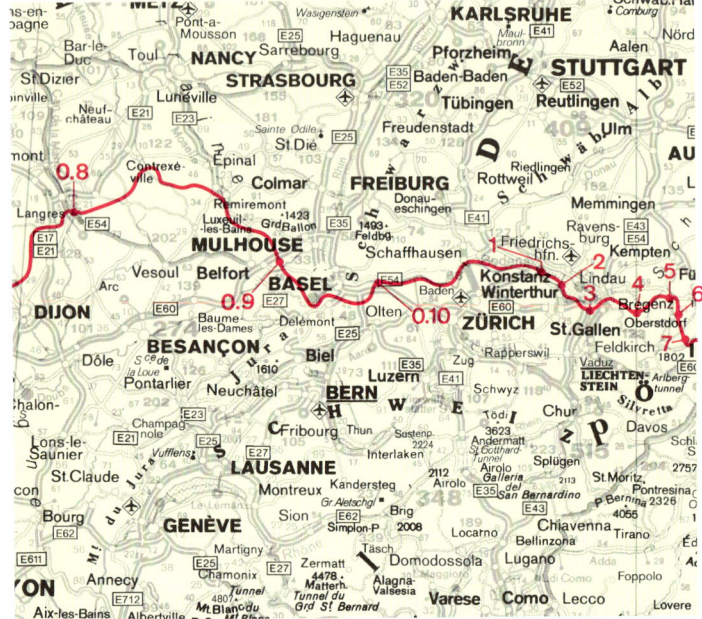

Anmerkung In der Schweiz ergibt sich die genaue, offizielle Führung der E-Wege (keine besondere Ausschilderung) nur aus der Eintragung in die SAW-Wanderkarten (Landeskarten). Diese ist für den E 5, soweit er nicht mit E 4 identisch ist (ab Stein a. Rh.), noch nicht vorgenommen worden. Somit steht derzeit die genaue Führung des E 5 noch nicht fest. Der hier angegebene Verlauf gibt eine zusammenhängende Wanderstrecke zwischen den feststehenden Punkten des Weges wieder; möglicherweise erbringt die genaue Festlegung der offiziellen Wegführung Abweichungen.

Verlauf Montreux-Château – Chavannes-les-Grands – Suarce – Lepuix-Neuf – Courtelevant – Réchesy – Borne des Trois Puissances (511 m) – Vendeline-Tal (kurz auf Schweizer Gebiet) – Pfetterhouse/Grenze – Liebsdorf – Ruine Morimont – Lucelle/F – Grenze – Lucelle/CH (604 m) – Pleigne (809 m) – Movelier (690 m) – Schattenberg (718 m, Kantons- und Sprachgrenze) – Kleinlützel (420 m) – Challmatten (804 m) – Metzerlenchrüx (789 m) – Blauen (837 m) – Blatten (577 m) – Schloß Pfeffingen – Aesch (312 m) – Reinach (Dornachbrügg – Bahnhof Dornach-Arlesheim, 7 km von Basel) – Gempen (676 m) – Liestal/Bahnhof (327 m) – Hersberg (529 m) – n. Olsberg – Rheinfelden (280 m).

0.10 *Hochrhein – Bodensee*
Rheinfelden – Schaffhausen – Kreuzlingen (– Konstanz)

Eigenheit Der E 5 verläuft zunächst auf überwiegend ebener Strecke entlang der Schweizer Seite des Hochrheins (ein kurzes Stück auf deutschem Gebiet). Hervorzuheben ist der Rheinfall. Dann folgt der Weg dem Untersee, der südwestlichen Fortsetzung des Bodensees.

Länge 158 Kilometer.

Markierung Bis Stein gelb (Hochrheinroute). Ab Stein blaue Scheibe mit Kreispfeil (Bodenseerundweg). Jeweils zusätzlich Wegweiser. Bis Stein ist der E 5 nicht gesondert ausgeschildert, und man muß sich nach den Zielangaben der Wegweiser richten. Ab Stein Gleichlauf E 4. In Kreuzlingen Kreuzung E 1.

Betreuer Schweizer Wanderwege, Im Hirshalm 49, CH-4125 Riehen.

Karten 1:75 000: Kompass-Karte, Blatt 1c (ab Stein). 1:60 000: Kümmerly & Frey, Wanderkarte des Jura, Blatt 1 (bis Zurzach). 1:50 000 SAW-Wanderkarte (Landeskarte Schweiz), Blätter 214T, 217T (von den restlichen in Frage kommenden Landeskarten blättern z. Zt. keine Wanderwegausgabe); Topographische Karte Baden-Württemberg (Deutschland), Blätter 9, 10; Kompass-Karte, Blatt 1a.

Führer Für diese Strecke liegt kein aktueller Führer vor.

Verlauf Rheinfelden – Bürgli (Römerkastell) – Wallbach – Mumpf – Brücke nach Bad Säckingen – Sisseln – Laufenburg – Etzgen – Schwaderloch – Bernau – gegenüber Waldshut – Aare-Mündung – Koblenz – Zurzach – Rekingen – Mellikon – Rümikon – Kaiserstuhl – Kraftwerk Eglisau – Eglisau – Rüdlingen – Grenze CH/D – Fähre Ellikon – Balm – Zollhaus – Grenze D/CH – Rheinau – Dachsen – Schloß Laufen/Rheinfall – Neuhausen – Schaffhausen – Feuerthalen – Langwiesen – Kloster Paradies – Diessenhofen – Rheinklingen – Stein am Rhein – Mammern – Steckborn – Berlingen – Mannenbach – Ermatingen – Gottlieben – Kreuzlingen – Konstanz (ursprünglicher Ausgangspunkt, Erinnerungstafel im Stadtgarten).

Der E 5 in der Ostschweiz, in Süddeutschland und in Westösterreich

Südliches Bodensee-Ufer
Von der Konstanzer zur Bregenzer Bucht

1 Konstanz – Kreuzlingen – Münsterlingen – Uttwil – Romanshorn – Egnach – Arbon

Verkehrsmöglichkeiten Bahn bis Konstanz, Schiff von Meersburg. Schiff von Konstanz nach Bregenz.
Parkmöglichkeiten Hafengelände »Klein Venedig«.
Wegmarkierung Kleine, rechteckige Tafel mit der Aufschrift: »Europäischer Fernwanderweg Bodensee – Adria«; Markierung des Bodenseerundwanderweges: nach rechts geöffneter Kreis mit Pfeilspitze und eingeschlossenem blauen Punkt.
Tourenlänge 28 km.
Wanderzeit 7 Stunden.
Höhenunterschiede Insgesamt 46 m.
Wanderkarten Kompass Wanderkarte 1:75 000 Nr. 1 c.
Anmerkung Der Grenzübergang »Klein Venedig« in Konstanz ist nur geöffnet von 8–23 Uhr, der parallel am See verlaufende Übertritt nur am Wochenende bei schönem Wetter.
Wissenswertes Konstanz: Keltische Fischersiedlung, 300 n. Chr. römisch; Historische Bauwerke – im Sommer Seenachtsfest und Internationale Musiktage; im Stadtgarten von Konstanz befindet sich die Erinnerungstafel des E 5. – Romanshorn: Auf der Halbinsel Schloß der St. Gallener Äbte. Arbon: Schloß (restauriert im 15. Jahrhundert) und Schloßturm (unverändert seit etwa 4. Jahrhundert); Museum mit Ausgrabungen aus der Frühzeit.

Konstanz ist mit seiner Nachbarstadt Kreuzlingen Knotenpunkt der Europäischen Fernwanderwege E 1, E 4 und E 5.

Tourenbeschreibung Wer Konstanz (404 m) per Fähre oder Bahn erreicht, hält sich an das nach Südosten verlaufende Bodensee-Ufer. Wir passieren zuerst das Gelände der *Bodenseeschiffahrtsbetriebe* und erreichen im Hafengelände von *Klein Venedig* den Grenzübergang in die Schweiz.

Wer Frühaufsteher ist und vor 8 Uhr die Grenze überschreiten will, muß sich an den Weg durch die Stadt halten: Kurz vor der *Auto-Grenzstelle* landeinwärts zum *Zollgebäude.* Von dort entlang des Grenzbachs zum *Zollamt Emmishofen.* Vom *Zollamt Kreuzlingen* gelangt man geradewegs zum *Güterbahnhof* von

Petershausen

Konstanz

Konstanzer Trichter

B o d e n s e e

N

0 ———— 1 km

Moosburg

Kesswil

Güttingen

13

Ruederbomm

1

Altnau

Land-
Seebach

Seebach

schlacht

Zuben

Herrenhof

Seedorf

Schönenbaum-
garten

Pfahlbau-
reste

Münster-
lingen

Scherzingen

Dettighofen

Oberhofen

Bottighofen

Stichbach

Schlößli

Lengwil

Kreuzlingen

Seeburg

1

Kurzrickenbach

*Pfaffen-
weiher*

Großweiher

Bäterschhusen

Bodensee

Romanshorn

Luxburger

Bucht

Arbon

Scheidweg

Neusätz

Feilen

Frasnacht

Steinloo

Ebnet

Mallisdorf

Fellenbach

Widenhorn

Fetzisloo

Egnach

Neukirch

Birmoos

Chelhof

Luxburg

Salmsach

Langgrüt

Wilerbach

Steinebrunn

Almischberg

Aach

Hueb

Spitz

Hatswil

Holzenstein

Holz

Amriswil

Uttwil

Sommeri

Hefenhofen

Auenhofen

Aach

Seedorf

Kesswil

Dozwil

1 km

0

1

N

Konstanz. An einem Nebenübergang auf der östlich verlaufenden Fahrstraße zum *Kreuzlinger Hafen,* dem Knotenpunkt von E 4 und E 5.

Unserer Route weiterfolgend, lädt der *Gasthof Schützengarten* (früh geöffnet!) zu einem ersten »Schwyzer Morgencafé« ein.

Und dann geht's endgültig los.

Ein Wanderpfad führt durch gepflegte Seeanlagen mit üppiger Ufer-Vegetation und ländlichen Anwesen mit Ententeichen und Tiergehegen zur Landseite hin. Weiterer Orientierungspunkt ist die *Mühle Bottighofen.*

Achtung, der Weg verläuft *quer durch das Mühlengelände* und fällt erst dann wieder *zum Seeufer* ab!

Im Gebiet von *Münsterlingen* Umweg über den *Bahnhof,* da die Psychiatrische Klinik den freien Durchgang am Ufer verwehrt. ($1^1/_2$ Stunden).

Bald darauf kommen wir an einem kleinen *Bootsverleih* vorüber, wo sich (vor allem mit Kindern) Gelegenheit zu einer Bootsfahrt bietet.

Die Wanderung über *Landschlacht, Altnau, Güttingen, Kesswil* bis *Uttwil,* führt durch den schönsten Teil der schweizerischen Bodenseeuferlandschaft. Sie bietet eine ideale Vorbereitung für das spätere Bergwandern und gleichzeitig die Chance, den Alltagsstreß jetzt schon loszuwerden.

Von *Uttwil* bis *Romanshorn* verläuft der Weg leider nur noch in etwa 150 Metern Entfernung vom Ufer, da Privatgrundstücke den Durchgang zum See versperren. Am *Romanshorner Schiff- und Zugbahnhof* sollte man sich spätestens überlegen (falls die ersten müden Füße spürbar werden), ob man nicht mit der Bahn die $3^1/_2$ Kilometer bis *Egnach* zurücklegen will. Viel versäumt man nicht, denn der Weg führt in ziemlichem Abstand vom See immer am (häufig befahrenen!) Bahngeleis entlang.

Wer *Arbon* noch vor 18 Uhr erreicht, kann sich im *Migros-Center* gegenüber dem *Bahnhof* verköstigen: Es gibt dort gute Gerichte zu annehmbaren Preisen. Normale Restaurants, auch kleine Gasthöfe, sind dem Schweizer Lebensstandard angemessen und für den fremden Gast nicht gerade billig.

Übernachten kann man natürlich überall in Arbon und eventuell auch in *Privatunterkünften in Steinach.*

Ja – und angesichts der kaum viel attraktiveren Strecke des nächsten Tages löst man am besten gleich von vornherein eine Fahrkarte nach Rorschach!

2 Arbon – Steinach – Tübach – Goldach – Rorschacher Berg – Schloß Wartensee –Thal – Rheineck

Verkehrsmöglichkeiten Bahn von Arbon über Rorschach nach Bregenz; Schiff von Rorschach über Lindau nach Bregenz.

Wegmarkierung Gelbe Wegweiser mit Standortangabe, Ziel und Marschzeiten ohne Pause; gelbe Rhomben als Zwischenmarkierungen.

Tourenlänge 18 km. **Wanderzeit** 5 Stunden.

Höhenunterschiede Insgesamt 280 m. Steiler Anstieg zum Rorschacher Berg (600 m); steiler Abstieg am Buechberg (475 m) nach Buriet (402 m).

Wanderkarte 1:75 000 Kompass Wanderkarte Nr.1 c.

Wissenswertes Rorschach: Kloster Mariaberg, einer der bedeutendsten Klosterbauten der Schweiz (1484–1519); Schlösser St. Anna, Wartegg und Wartensee. Heimatmuseum im Kornhaus; vorgeschichtliche Abteilung mit Rekonstruktionen von Hütten der Stein- und Bronzezeit. Baugeschichte, graphische Sammlung, Kunstausstellungen.

Rheineck: Ruine Burgstock.

Tourenbeschreibung In *Steinach* trennen sich die Wege: Entweder bleibt man noch am Ufer und geht über *Horn* nach *Rorschach.* (Dafür nimmt man in Kauf, öfter die starkbefahrene Autostraße zu kreuzen). Oder man folgt dem *Bodenseerundwanderweg* bereits *am Ortsanfang von Stein* über *Tübach* nach *Goldach* und erreicht den Schnittpunkt der Rorschacher Strecke am *St. Anna-Schloß.* Dieser Höhenweg bietet einen umfassenden Ausblick hinunter auf die Gestade von Rorschach und hinüber zum deutschen Seeufer bis nach Langenargen und Nonnenhorn.

Am höchsten Punkt (etwa 600 m) folgen wir dem gelben Wegweiser nach *Schloß Wartensee* (50 Minuten; Schnittpunkt 1). Die Strecke ist etwas ermüdend (Teerstraße), die Stille der Dörfer, die Schafweiden und der weite Blick über den Obersee sind jedoch Balsam für die Seele.

1 Kilometer nach *Schloß Wartensee* sehen wir links eine Zwischenstation der Zahnradbahn von Rorschach nach Heiden (Schnittpunkt 2). Auf dem anschließenden *Waldweg* (1^1/$_2$ km) übersieht man schon das morgige Stück der Wanderung: den *Rheinspitz.*

In *Buechsteig* laden ein paar Gasthäuser zum Mittagstisch. In der Mitte zwischen der Straße links nach Staad und rechts nach Thal kommt man am *Schloß Greifenstein* vorbei und erreicht we-

N

1 km

0

B o d e n s e e

Alter Rhein

Rheineck

Thal

Bunet

Schloß Greifenstein

Buchen

Tobel

Altenrhein

Speck

E 60

Schloß Wartensee

Staad

R o r s c h a c h e r

B u c h t

St.Anna-Schloß

Rorschach

Rorschacher Berg

Goldach

Horn

13

Goldach

Tübach

Mörschwil

Arbon

2

Steinach

Obersteinach

nig später das Gasthaus Steinerner Tisch. Von dort abwärts über *Buriet*. Beim Gasthaus Schiff gehen wir rechts, dann links durch Wiesen an einem Bach entlang bis zu einer Brücke. Die Brücke nicht überschreiten, sondern rechts weiter bis zur Bahnunterführung. Vor der Unterführung links zum Bahnhof und weiter geradeaus über die Straßenbrücke nach Österreich. Achtung! Nicht der gelben Raute durch die Unterführung am Bahnhof folgen.

Am *Bahnhof* Rheineck gehen wir rechts vorbei. Weiter auf der Autobrücke über den *Alten Rhein,* wo wir bereits die *Grenze* nach Österreich passieren.

Schnittpunkt 1: Da der Fernwanderweg von *Arbon* bis *Rheineck* nur etwa 5 Stunden in Anspruch nimmt, bleibt Zeit für einen kurzen Abstecher hinauf zum *Fünf-Länder-Blick* (896m) (1 Std.) Von dort hinab nach *Landegg* (734 m) in 25 Minuten. In weiteren 25 Minuten ist man in *Tobel* und von dort dauert es noch eine Stunde bis *Rheineck.*

Schnittpunkt 2: Wer ausspannen möchte, kann mit der Zahnradbahn nach *Heiden* fahren und dort das Heil- und Mineralbad Unterechtstein dieses reizvollen Klimakurortes genießen. Mit der letzten Bahn wieder zurück zur *Ausgangsstation,* reicht es gerade noch zu einem Abendspaziergang von 1¼ Stunden hinab nach *Buechsteig* und von dort am Gasthof Steinerner Tisch rechts hinab auf der etwas kürzeren Straße nach *Thal.* 250 Meter nach dem *Ortsschild* beginnt links die *Bachstraße,* der wir, immer am Bach entlang, folgen bis sie in die *Freibachstraße* übergeht. Nach etwa 50 Metern erreichen wir wieder die *gelbe Rhomb*e des Wanderwegs. Übernachtung.

3 Rheineck – Gaißauer Ried – Fussach – Hard – Bregenz

Verkehrsmöglichkeiten Bahn von Rheineck über St. Margrethen nach Bregenz; Bergbahn von Bregenz zum Pfänder.
Wegmarkierung Tafel des Fernwanderwegs; Bodenseerundwegzeichen.
Tourenlänge 25 km.
Wanderzeit 6½ Stunden.
Höhenunterschiede Keine.
Wanderkarten 1:75 000 Kompass Wanderkarte Nr. 1 c.
Wissenswertes Bregenz: Der Martinsturm, Wahrzeichen und erstes barockes Bauwerk am Bodensee (1599–1602 erhielt er seine heutige Form); Martinskirche (1363); Landesmuseum von Vorarl-

berg: (am Kornmarkt 1) Vor- und Frühgeschichte, Brigantium, Wohnkultur, Sitte, Brauchtum, religiöse Volkskunde, Musikinstrumente, Trachten, Handwerk und Gewerbe, Zunft- und Rechtsaltertümer, Waffen, mittelalterliche und neuzeitliche Plastik, Malerei und Graphik, Numismatik, Goldschmiedearbeiten; Bregenzer Festspiele (Mitte Juli – Mitte August).

Tourenbeschreibung   Unmittelbar nach der *Grenze* links führt ein breiter *Dammweg* am alten Rheinlauf seewärts und mündet nach etwa 3/4 Kilometer bei einer großen *Gaststätte mit Terrasse* in einen normalen Wanderweg, der nach 2 Kilometern rechts in einen *Wiesenweg* abzweigt und ans Bodenseeufer hinführt. Auf dem *Dammweg* genießt man den prächtigen Blick über das gesamte Gaißauer Ried bis zu den Bergen des Bregenzer Waldes.

Ein frohes und stilles Wandern beginnt – trifft man doch hier inmitten dieses *Naturschutzgebietes* kaum einen Menschen: Schilf und Sumpf verwehren den Zutritt zum See (auch angesichts der Lebensgefahr verboten!) und bieten dafür zum Ausgleich zahlreichen Vogelarten Schutz und Brutstätten.

In etwa 1 1/2 Stunden erreicht man eine *Badeanstalt mit Restaurant.* Weiter in Richtung *Rohrspitz* bis zu einem *Campingplatz mit zwei Restaurants.* (Kennen Sie übrigens »Almdudler Limonade«? Original »made in Austria« und eine köstliche Erfrischung!)

Der gut markierte Weg zieht sich jetzt *direkt am Seeufer* entlang, bis wir zuerst nördlich, dann östlich an *Fussach* vorbeikommen. Nach etwa 20 Minuten überqueren wir *auf der Höhe des still-*

Strandweg   (© Amt der Landeshauptstadt Bregenz)

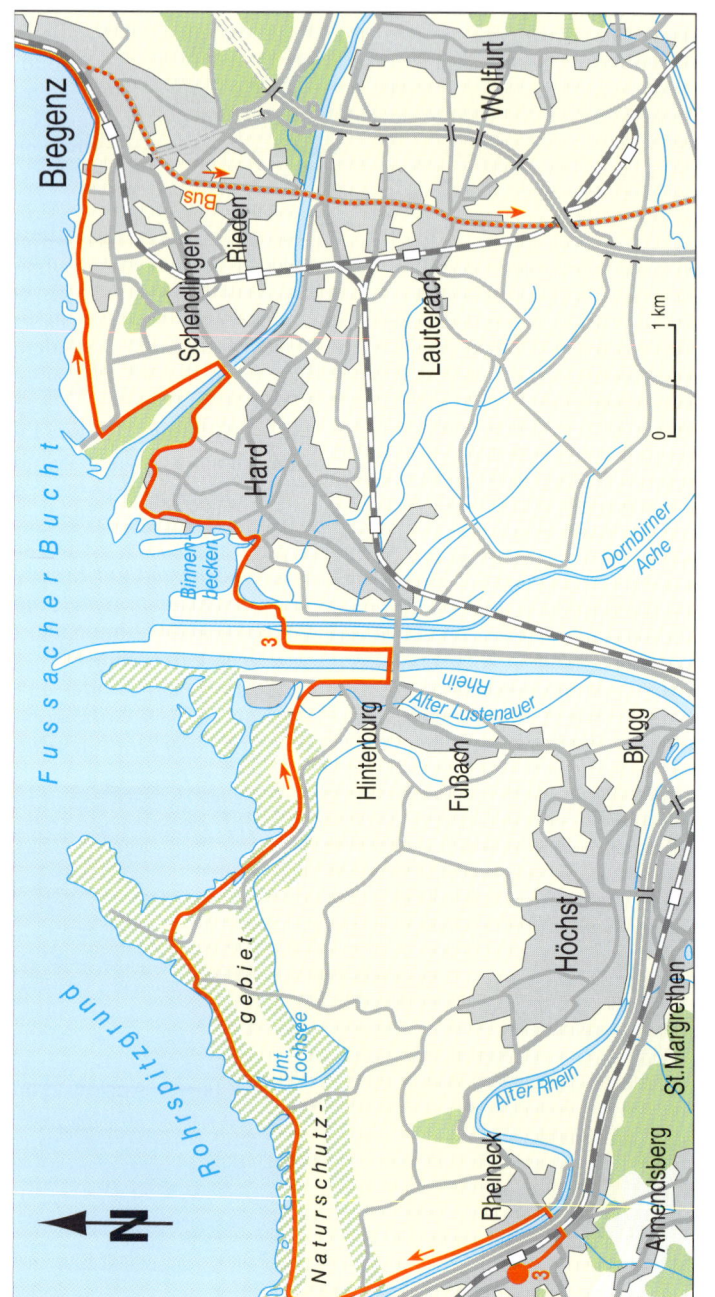

Bregenz

Fußacher Bucht

sng

Schendlingen

Rieden

Wolfurt

Lauterach

Hard

Binnenbecken

3

Dornbirner Ache

Rhein

Alter Lustenauer

Hinterburg

Fußbach

Brugg

gebiet

Unt. Lochsee

Höchst

Alter Rhein

St.Margrethen

Naturschutz-

Rohrspitzgrund

Rheineck

Almendsberg

3

N

1 km

0

gelegten Bahngeleises nach links die *Brücke über den Rheinkanal* und anschließend die *DornbirnerAche.*

Am östlichen Ufer der Ache gehen wir etwa 1 Kilometer weiter. Dann rechts auf *Hard* zu, das wir aber immer am See und am Schiffsabladeplatz, sowie den Werksanlagen und Werften entlang, umgehen.

Schließlich müssen wir am *Delta der Bregenzer Ach* wieder retour bis zur *Straßenbrücke,* überqueren diese und wandern erneut der Strömung entlang auf den See zu. Ein sechs Kilometer langer *Promenadenweg* führt uns zum *Kloster Mehrerau* und weiter zur neuen *Seebühne* und zum *Yachthafen* von *Bregenz* (424 m).

Die Fahrt mit der Seilbahn auf den *Pfänder* (1064 m) sollte man sich nicht entgehen lassen. Und das nicht nur, um noch einmal zufrieden auf unsere Bodensee-Etappe zurückzublicken. Es ist gleichzeitig die schönste und umfassendste Bodensee-»Totale« – auch für Foto- und Filmfans! Und nach dem Besuch des Wildparks lädt das SB-Restaurant des Pfänder-Hotels zur preiswerten Jause ein.

Bregenzerwald und Oberallgäu
Von der Bregenzer Bucht zur Iller

 ### Bregenz – Lingenau – Lecknertal – Staufner Haus

Verkehrsmöglichkeiten Linienbusse von Bregenz über Müsel-bach oder Langen nach Lingenau und Hittisau. Busfahrplan und Auskunft beim Postamt Bregenz. Bergbahn vom Staufner Haus nach Steibis. Auskunft: Verkehrsamt Steibis.

Wegmarkierungen E 4/E 5; rot-weiße Raute von Lingenau bis Hittisau (geht während der Strecke in rot-weiße Streifen über); rot von Höfle-Alm – Staufner Haus.

Tourenlänge 17 km.

Wanderzeit $5^1/_2$–6 Stunden.

Höhenunterschiede Insgesamt 1000 m. Steiler Anstieg von Höfle (1000 m) bis Staufner Haus (1600 m).

Wanderkarte 1:50 000 Kompass-Wanderkarte Nr. 2.

Anmerkung Da bei Schlechtwetter-Einbruch von einer Überquerung der Nagelfluhkette dringend abgeraten werden muß, wird folgende Umgehung empfohlen: Vom Gasthof Höfle auf Güterweg zur nahen kleinen Holzhütte, dem Grenzwacht-Stützpunkt

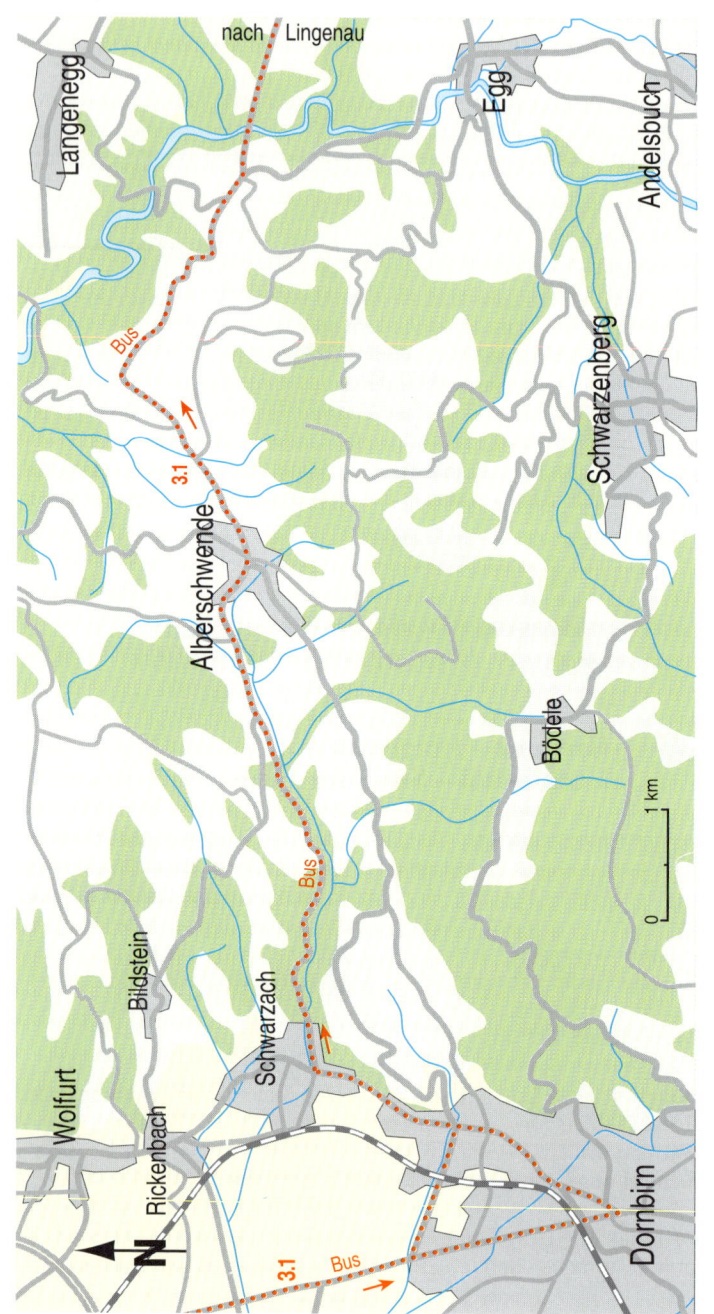

nach Lingenau

Langenegg

Egg

Andelsbuch

Bus

3.1

Schwarzenberg

Alberschwende

Bödele

Bus

1 km

0

Bildstein

Schwarzach

Wolfurt

Rickenbach

Dornbirn

N

3.1   Bus

(siehe Tourenbeschreibung). Dort geradeaus, an der Güterwege-Verzweigung links (rechts bzw. geradeaus lockt ein Schild »nur 40 Minuten bis zur nächsten Sennalpe«). Weiter durch Wald, nach der zweiten Bachüberquerung dem rechts abzweigenden Güterweg folgen. In leichtem Anstieg zur »Schwarzen Lache«, einem Hochmoorsee nahe der Lache-Alpe (etwa 1200 m). – Ab dem Alpgebäude auf Pfadspur durch die Wiesensenke, dann durch Wald aufwärts bis zum Güterweg, welcher die Suraalpe mit dem Scheidwang-Paß verbindet. Auf dem Güterweg geradeaus zur Scheidwang-Alpe (1368 m; 2 Stunden; Einkehrmöglichkeit). – Dann bleibt eigentlich nur noch der asphaltierte Alpweg bis Gunzesried-Säge (1000 m; 2 Stunden; Busverbindung mit Gunzesried und Blaichach) zur Wahl. Siehe auch Anmerkung Tour 5.

Wissenswertes Lingenau: älteste Gemeinde des vorderen Bregenzerwaldes; urkundlich erstmals 1227 erwähnt als »Lindignowe«. – Von Bregenz bzw. schon von Stein am Rhein bis Sonthofen verlaufen die Europäischen Fernwanderwege E 5 und E 4 gemeinsam. Die Höfle-Alm hat am Montag Ruhetag.

Tourenbeschreibung Vom Bahnhof oder Postamt Bregenz bringt uns der Linienbus nach knapp einstündiger Fahrt durch die Orte des Vorderen Bregenzerwaldes bis zum Dorfplatz von Lingenau (685 m).

Links der Kirche auf Teersträßchen hinauf zum *Hochwald* (Höhenweg Nr. 8 nach Hittisau). Blick auf Winterstaude, Mittagsspitze, Hohen Freschen und im Westen zum Pfänder (Fernsehturm). Nach 200 Metern auf *Hohlweg* in östlicher Richtung durch Mischwald auf den *Rotenberg* (995 m; 1¼ Stunden). Nach weiteren 50 Minuten Abstieg über das Ortsende von *Hittisau* (790 m).

Rechts am Schwimmbad vorbei und hinab zur Teerstraße über die *Bolgenach-Brücke*. Weiter rechts haltend ins *Lecknertal*, durch den Weiler *Reute* mit seinem für den Bregenzerwald typischen Bauernhöfen.

Nun etwa 7 Kilometer bergauf zur mautpflichtigen Fahrstraße, am *Lecknersee* vorbei, bis wir die Höfle-Alm erreichen (1000 m; 1¾ Stunden; Einkehr- und Unterkunftsmöglichkeit).

Vom Gasthof Höfle auf Güterweg zur nahen kleinen Holzhütte, dem Grenzwacht-Stützpunkt (siehe Anmerkung). Dort links, kurz bergab, dann auf Güterweg über die Grenze und weiter in leichtem Anstieg bis auf Höhe der Samasberg-Alpe (1209 m; 30 Minuten; Einkehrmöglichkeit bei Milch und Bergkäse).

Weiter auf steilem Hohlweg in den Wald, dann jedoch nicht mehr der alten E 5-Route zur Wälderalpe folgen (Weg durch Hangrutsch zerstört), sondern weiter entlang der tiefen Furche

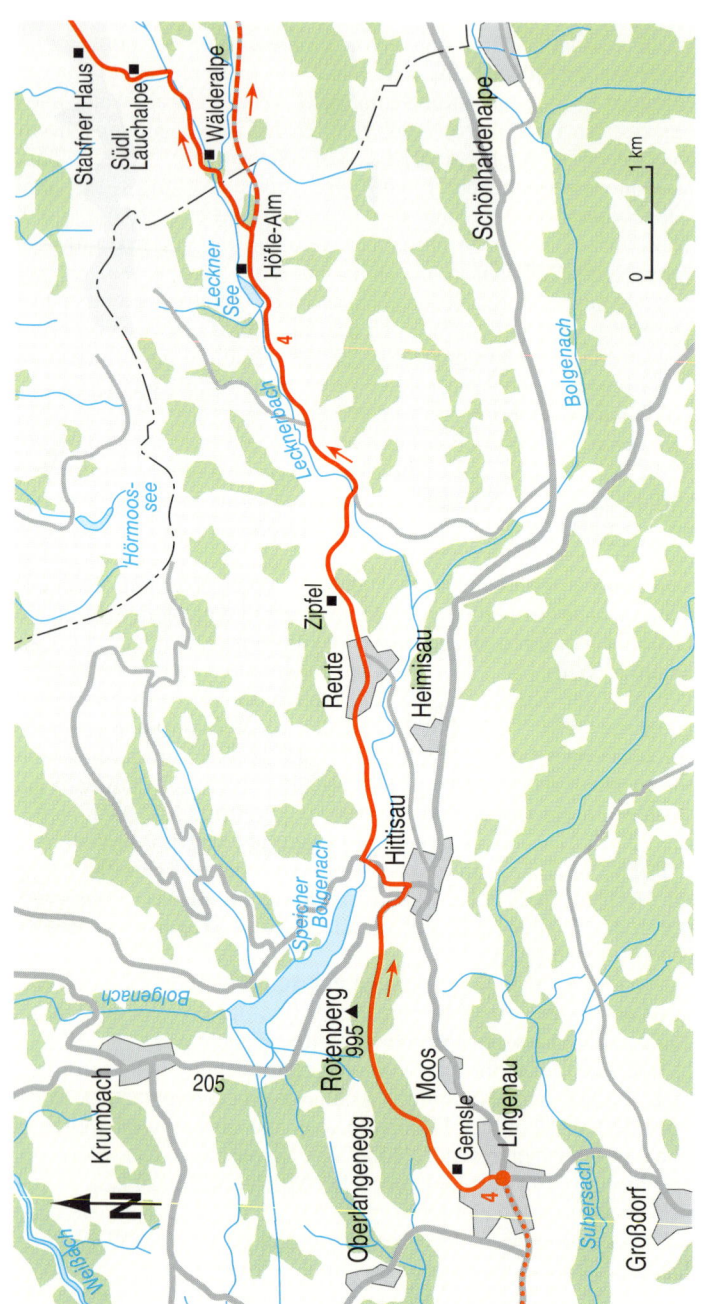

Staufner Haus

Südl.
Lauchalpe

Wälderalpe

Höfle-Alm

Leckner
See

Schönhaldenalpe

1 km

0

Leckenbach

Bolgenach

4

Hörmoos-
see

Zipfel

Reute

Heimisau

Hittisau

Speicher
Bolgenach

Rotenberg
995 ▲

Moos

Bolgenach

Gemsle

Lingenau

Suthersach

Krumbach

205

Oberlangenegg

Großdorf

4

Weißbach

N

des Obergelchenwang-Tobels aufwärts in Richtung Obere Gelchenwang-Alpe. Sobald der Weg die Bachhöhe erreicht, entdecken wir einen Steg, der uns über den Bach an die Südabhänge des Seelekopfs bringt. Nun in Serpentinen aufwärts zur Südlichen Lauchalpe (1419 m); in Kompass-Karten auch »Lochalpe«) und zuletzt durch Alpwiesen hinauf zur Morgen-Alpe und zur Kammhöhe zwischen Seelekopf (1663 m; links) und Hochgrat (1833 m). Rasch über den Nordgrat hinab zu unserem Tagesziel, dem nahen Staufner Haus (1600 m; 1¹/₂ Stunden seit der Samasberg-Alpe; DAV-Unterkunftshaus).

5 Staufner Haus – Nagelfluhkette – Gunzesried – Sonthofen

Verkehrsmöglichkeiten Bus Gunzesried – Sonthofen: letzter Bus um 17.35 Uhr ab Gunzesried-Säge und 17.40 Uhr Gasthof Kreuz (Ortsmitte), Sessellift vom Mittag nach Immenstadt (letzte Abfahrt 16.00 Uhr), Bahn bis Sonthofen und Oberstdorf. Abfahrtszeiten können sich ändern. Bitte *vorher* erkundigen.

Wegmarkierungen Rot, Wanderwegweiser, Markierungen der Europäischen Fernwanderwege E 4 und E 5. Keine Markierung im Abschnitt Gunzesried-Sonthofen.

Tourenlänge 15 km bis Gunzesried, 20 km bis Sonthofen.

Wanderzeit Knapp 5 Stunden bis zum Stuiben (zusätzlich 1¹/₂ Std. Abstieg nach Gunzesried-Säge). 6 Stunden bis zum Steineberg (zusätzlich 1¹/₂ Std. Abstieg nach Gunzesried). 7 Stunden bis zum Mittag (Sessellift; zu Fuß 1¹/₂ Std. nach Immenstadt).

Höhenunterschiede Insgesamt 850 Meter (ohne Auffahrt mit der Hochgratbahn). Zusätzlich 770 Meter Abstieg ins Gunzesrieder Tal bzw. 200 Meter Abstieg bis zum Mittag (Abstieg nach Immenstadt zusätzlich 720 m).

Wanderkarte 1:50 000 Kompass-Karte Nr. 3.

Anmerkungen Ausdauer, Trittsicherheit und etwas Schwindelfreiheit sind Voraussetzung. Nur bei trockenen Wegeverhältnissen und sicherem Wetter!

Wissenswertes Die Wanderung über die *Nagelfluhkette* zählt zu den »Klassikern« der Allgäuer Bergwelt. In stetem, meist steilem Auf und Ab werden *Hochgrat, Rindalphorn, Gündleskopf, Buralpkopf, Sederer, Stuiben* und *Steineberg* (mit Verlängerung auch der *Mittag*) überschritten.

Der Gesamtweg ist schweißtreibend (kein Schatten und kein Wasser unterwegs!) und nicht ungefährlich.

Staufner Haus am Hochgrat, 1708 Meter, DAV-Unterkunfts-haus. Übernachtungsmöglichkeiten in Gunzesried-Säge: Gast-häuser und Pensionen; DAV-Unterkunftshaus Otto-Schwegler-Hütte, 1070 m. In Gunzesried: Gasthof Goldenes Kreuz.

Tourenbeschreibung Vom *Staufner Haus* Aufstieg zur einsehba-ren *Bergstation* der Hochgratbahn. Von dort am *Südgrat* zum Gip-felkreuz des *Hochgrats* (1833 m; 30 Minuten).

Einmalige Gipfelschau auf die Allgäuer Alpen im Südosten, die sich über die Lechtaler Alpen zum Arlberg und bis ins Montafon fortsetzen. Die Berge des Bregenzerwaldes nehmen im Vorder-grund den ganzen Raum von Südosten bis Südwesten ein. Selbst die Bernina ist an klaren Tagen noch im Süden sichtbar. Und wer sich dem Bodensee zuwendet, kann bei günstiger Sicht im Norden das Ulmer Münster erkennen.

Am *Hochgrat,* früher auch Farnach- (d. h. Farnkraut-)grat ge-nannt, blühen entlang der Nagelfluhkette die schönsten Alpen-blumen: Schneeheide, Mehlprimel, Trollblume, Stengelloser En-zian, Silberdistel, Alpenglöckchen – um nur ein paar der bekann-testen Pflanzen zu nennen.

Der *Abstieg* nach Nordosten läßt sich nicht verfehlen: In steilen, aber breiten und sicheren Kehren abwärts zur *Brunnenauscharte* (1624 m; 20 Minuten). Jenseits die Bergwiesen steil bergauf zum *Gelchenwanger Kopf* (1764 m) und weiter zum Gipfelkreuz des *Rindalphorns* (1821 m; 45 Minuten).

Phantastische Tiefenblicke (Vorsicht!) zu der von steilen To-beln durchfurchten Nordseite der Nagelfluhkette! Aber auch un-ser steiler Abstiegsweg zur Gündlesscharte läßt sich einsehen: Zum Weganfang der kurzen Serpentinen und dann mit der gebo-tenen Vorsicht abwärts – ein Ausrutscher hätte wegen der steilen Grasflanken verhängnisvolle Folgen!

Unten ab der *Gündlesscharte* (1542 m; 30 Minuten; Abstiegs-möglichkeit ins Weißach- und Gunzesrieder Tal) ist der nächste anstrengende Aufstieg unvermeidlich: Steil über Wiesenflanken hinauf zum *Gündleskopf* (1784 m; 1 Stunde). Eindrucksvoller Blick hinüber zu den Molasseschichtungen des aufsteilenden Rin-dalphorns!

Nun ohne größeren Höhenverlust, eine etwas unangenehm schräg abfallende Felsplatte querend, hinüber zum *Buralpkopf* (1772 m; 30 Minuten). Dann folgt die etwas längere Querung der senkrecht zum Weißachtal abfallenden *Oberen Sedererwände.* Der Weg ist jedoch überwiegend südseitig durch Gebüsch und Latschen sicher angelegt – trotzdem Vorsicht!

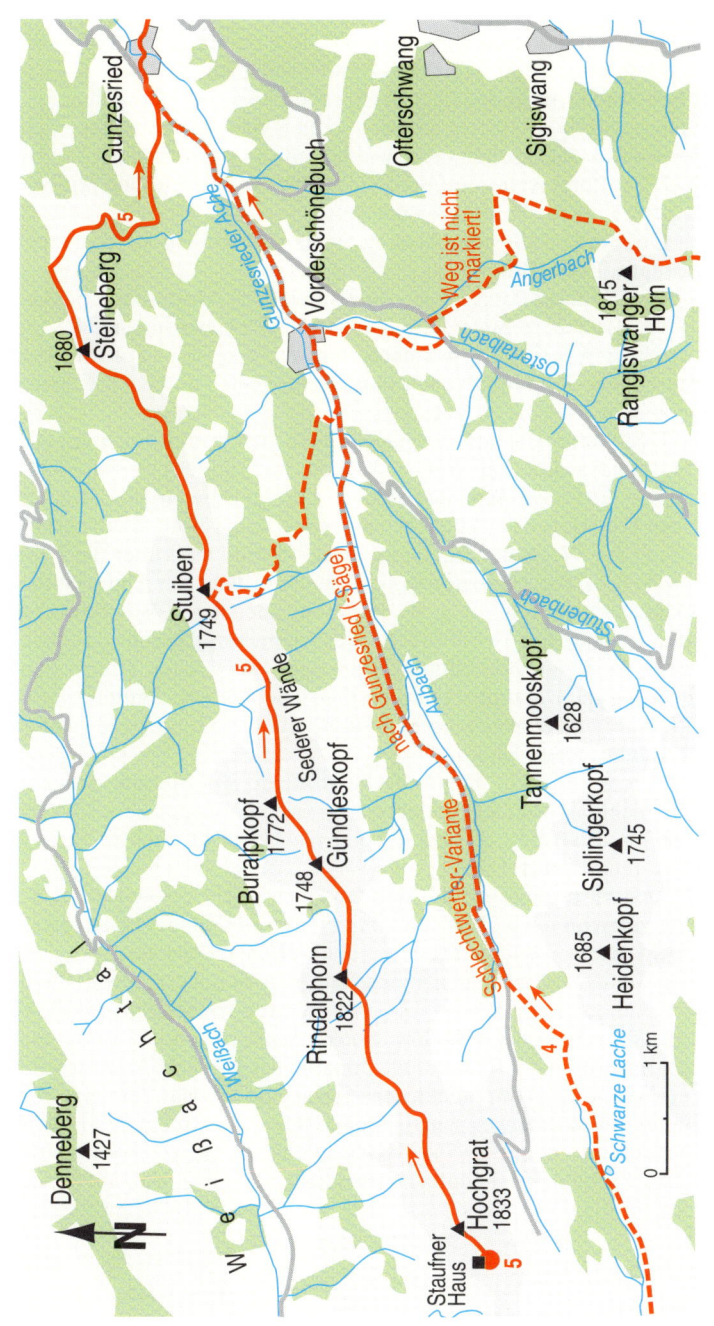

Gunzesried

Steineberg
1680 ▲

Gunzesrieder Ache

Vorderschönebuch

Otterschwang

Sigiswang

Weg ist nicht markiert!

Angerbach

Ostertalbach

Rangiswanger Horn ▲ 1815

Stuiben
1749

Sederer Wände

Buralpkopf
1772 ▲

Gündleskopf
1748 ▲

Rindalphorn
1822 ▲

Aubach

nach Gunzesried (Säge)

Schlechtwetter-Variante

Stubenbach

Tannenmooskopf
▲ 1628

Siplingerkopf
▲ 1745

Heidenkopf
▲ 1685

4

Schwarze Lache

1 km

0

Weibach

Weißbach

Denneberg
▲ 1427

N

Hochgrat
1833 ▲

Staufner
Haus

5

5

5

Nach rund 200 Höhenmetern Abstieg ist der tiefste Punkt des Wegabschnitts (30 Minuten; Abstiegsmöglichkeit über die Rothen- und Ornachalpe nach Gunzesried-Säge – der etwas unangenehme Stuiben-Abstieg läßt sich so umgehen) erreicht. Dann geht es ebenso viele Höhenmeter wieder aufwärts zum *Sederer-Stuiben* (1737 m) und weiter auf dem *Grat* zum fast gleichhohen *Stuibengipfel* (1749 m; 45 Minuten).

Der dann folgende Abstieg ist bei Vertrauen in das lange Drahtseil kein Problem.

Wir kommen dann zur letzten (sinnvollen) Abstiegsmöglichkeit nach *Gunzesried-Säge:* Durch die steile *Gratgasse* hinab zur *Sommerhaus-Alpe* und weiter nach *Wiesach,* geradeaus auf Pfadspur durch den Wald hinab nach *Vorderschönebuch* und nach *Gunzesried-Säge.*

Der Weiterweg zum *Steineberg* zieht sich in stets leichtem Auf und Ab bis zum *Gipfelkreuz* (1660 m; $1^{1}/_{4}$ Stunden).

Von dort nicht dem ausgesetzten Direktabstieg folgen, sondern vom Gipfelkreuz auf dem Anstiegsweg kurz retour, dann südlich hinab zur Weggabelung: Geradewegs könnte man über die *Grathöfle-Alpe* zur *Dürrehornalpe* absteigen (nicht zur Unterkirche-Alpe!). Oder an der o. g. Weggabelung nach links (östlich) und so die senkrechten Felsabbrüche des Steinebergs gefahrlos umgehen. Weiter zur nächsten *Weggabelung,* der letzten (sinnvollen) Abstieg zum Hauptort *Gunzesried:* Die *Vordere Krumbachalpe* und die *Dürrehornalpe* bieten über dem Ort Gunzesried (899 m; 1 Stunde) letzte Einkehr.

Wer weiter zum nahen *Mittag* (1451 m; 30 Minuten; Einkehrmöglichkeit) wandern möchte, spart sich dafür per Sessellift den langen Talabstieg – vorausgesetzt man erreicht noch rechtzeitig die »letzte Fahrt«!

Der Fernwanderer, der den Bus nicht mehr erreicht oder auf ihn verzichten will, kann *am unteren Ortsausgang von Gunzesried* rechts abzweigend den Fußweg übers *Hüttenberger Eck* (Wegweiser, keine Markierungen!) einschlagen. Von dort talabwärts über ein kurzes Stück Wiese auf Traktorenweg nach *Hüttenberg.* An der *Kapelle* rechts und dann bei der *Sennerei* (eigene Emmentaler-Käserei mit Verkauf) links hinab nach *Westerhofen* (Einkehr- und Unterkunftsmöglichkeit). Geradeaus durch den Ort und dann auf Wiesenweg zum Tenniscenter – dort rechts und gleich wieder links über den *Illersteg* nach Sonthofen (742 m; 1–$1^{1}/_{2}$ Stunden; Einkehr- und Unterkunftsmöglichkeiten; Gästeamt in der Stadtmitte).

Empfehlenswerte Variante

5.1 Gunzesrieder Säge – Hörnertour – Grasgehrenhütte – Oberstdorf (– Kemptner Hütte)

Verkehrsmöglichkeiten   Bus vom Riedbergpaß nach Oberstdorf. Stellwagen vom Oberstdorfer Marktplatz nach Spielmannsau (siehe Tour 6). Bus- und Stellwagenverkehr vormittags und nachmittags (Fahrzeiten vorher erfragen). Die Fahrt mit dem Stellwagen dauert etwa 1 Stunde. Für Gäste des Berggasthauses Spielmannsau wird auch ein Kleinbus eingesetzt. Walsertaler Bus mit Haltestelle Jugendherberge in Kornau.

Wegmarkierung   Rot; Wanderwegweiser; Weg Nr. 1 (= Hörner-Panorama-Weg).

Tourenlänge   Gunzesried – Grasgehrenhütte: 12 km; Grasgehrenhütte – Oberstdorf: 12 km; Oberstdorf – Spielmannsau: 7 km; Spielmannsau – Kemptner Hütte: 6 km.

Wanderzeit   Gunzesried – Grasgehrenhütte: 5 Stunden. Grasgehrenhütte – Oberstdorf: 3 Stunden. Oberstdorf Spielmannsau: 2 Stunden; Spielmannsau – Kemptner Hütte: 3 Stunden.

Höhenunterschiede   Rund 1000 m Anstieg bis zum Riedberger Horn; rund 900 m Anstieg zur Kemptner Hütte.

Wanderkarte   1:50 000 Kompass Wanderkarte Nr. 3.

Anmerkungen   Die Wanderung kann beliebig eingeteilt werden: 1. Als Tagestour Gunzesrieder Säge – Grasgehrenhütte. 2. Als Tagestour Gunzesrieder Säge – Oberstdorf (Jugendherberge Kornau oder Spielmannsau). 3. Von Grasgehrenhütte mit Bus und Stellwagen nach Spielmannsau. Übernachtungsmöglichkeiten im *Berggasthaus Spielmannsau*, 1071 Meter, privates Unterkunftshaus mit preiswerten und auch anspruchsvolleren Quartieren. 4. Da der Aufstieg zur Kemptner Hütte an ein und demselben Tag aufgrund erheblicher Lücken im Busfahrplan in der Regel kaum möglich sein wird, empfiehlt sich nach Übernachtung in Oberstdorf oder Spielmannsau folgende Etappeneinteilung des E 5: Am zweiten Tag über die Kemptner Hütte nach Madau. Am dritten Tag über die Memminger Hütte nach Zams, usw.

Wissenswertes   Die *Hörnergruppe* ist ein Flysch-Höhenzug entlang der Westseite des Illertals und liegt den östlich verlaufenden Sonnenköpfen fast parallel gegenüber. Seit jeher gilt die Überquerung der Hörnergruppe zwischen Illertal und Gunzesrieder Tal wegen der einfachen Begehung und der umfassenden Aussicht im Sommer und Winter als eines der schönsten Oberallgäuer

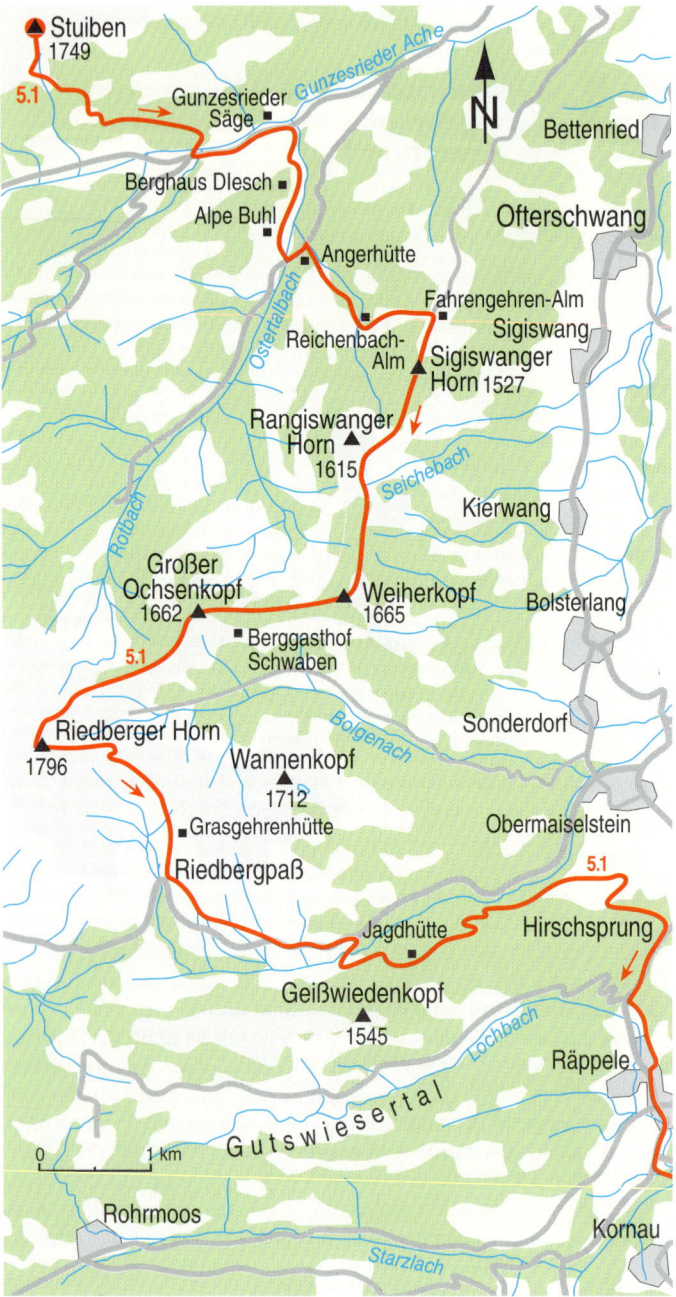

▲ Stuiben
1749

5.1

Gunzesrieder Säge

Gunzesrieder Ache

Bettenried

Berghaus Dlesch

Alpe Buhl

Ofterschwang

Angerhütte

Ostertalbach

Fahrengehren-Alm

Reichenbach-Alm

Sigiswang

Sigiswanger Horn 1527

Rangiswanger Horn
1615

Seichebach

Kierwang

Rotbach

Großer Ochsenkopf
1662

Weiherkopf
1665

Bolsterlang

Berggasthof Schwaben

5.1

Bolgenach

Sonderdorf

Riedberger Horn
1796

Wannenkopf
1712

Grasgehrenhütte

Obermaiselstein

Riedbergpaß

5.1

Jagdhütte

Hirschsprung

Geißwiedenkopf
1545

Lochbach

Räppele

Gutswiesertal

0   1 km

Rohrmoos

Starzlach

Kornau

Erlebnisse. – Höhepunkt dieser Tour ist der rundum freie Gras-
gipfel des Riedberger Horns, wo sich zum Ausblick zu den Allgäuer Hochalpen auch noch die Bregenzerwald-Berge samt einzelnen Ostschweizer Firnbergen gesellen.

Am Christlesee bei Oberstdorf   (© Klaus Puntschuh)

Tourenbeschreibung Vom *Dorfplatz* in Gunzesried-Säge
(950 m; Bushaltestelle) auf dem Güterweg ins Ostertal wenige
Meter, dann links auf dem bezeichneten »*Waldlehrpfad Ostertal*«.
Wandergerecht führt dieser (leider wenig anschauliche) Lehrpfad
am *Ostertalbach* entlang bis zu einem Fahrweg (20 Minuten). Auf
diesem links, an der Anger-Hütte vorbei und über den *Angerbach*.
  Dann rechts auf Wanderweg in gemütlichen Serpentinen durch
schattigen Wald aufwärts. Sobald eine Alphütte (Melke-Hütte)
links auftaucht, rechts aufwärts bis zu einer deutlichen Waldlichtung. Dort wiederum rechts auf einer Traktorenspur durch die
Wiesen aufwärts – rot markierte Stecken in der Wiese zeigen die
Hauptrichtung an.

Bald taucht das *Ofterschwanger Horn* zur Linken auf, welches zwar von einem Skilift verunstaltet, aber seit 1993 von einem Gipfelkreuz aus Holz geschmückt wird.

Entweder auf dem Güterweg rechts des Gipfels und oberhalb des hochwasserträchtigen Angerbach-Tobels direkt weiter zur nahen *Fahnengehren-Alpe* oder links auf Wegspur hinauf zum *Gipfel* des *Ofterschwanger Horns* (1406 m; 1^1/$_2$ Stunden seit Gunzesried-Säge).

Nun beginnt die genüßliche Gratwanderung nach Süden: Zunächst vom Gipfel zu dem Punkt, wo der »*Hörner-Panorama-Weg*« vom Allgäuer Berghof und der Alpweg zur Fahnengehrenalpe zusammentreffen – nach wenigen Schritten bietet die schön gelegene *Fahnengehrenalpe* (1350 m) eine Einkehrmöglichkeit.

Weiter auf dem in den Wald hinauf leicht ansteigenden Weg zum *Sigiswanger Horn* (1527 m), dessen bewaldeten Gipfel wir auf dem Wanderweg östlich getrost umgehen können.

Nahe der *Sigiswanger Hornalpe* (1407 m) und der *Moselalpe* kommen wir zur *Ostseite* des *Rangiswanger Horns,* an dessen *Flanke* der Hauptweg in geringem Anstieg weiter zum *Weiherkopf* leitet. Über den *Gipfel* (1615 m) führt ebenfalls ein Wanderweg rechts ab und sogleich wieder links (der andere Weg führt westseitig um den Berg) und trifft dann wieder auf den Hauptweg (Mehrzeit etwa 30 Minuten, lohnend!).

Wir erreichen dann den *Weiherkopf* (1665 m), an dem ein Skilift vom Skigebiet um das Kemptner Hörnerhaus (1362 m; DAV-Unterkunftshaus) einmündet. Am *Weiherkopf* nach rechts: Im Wald ein kurzes Stück abwärts, dann in westlicher Richtung auf dem *bewaldeten Sattel* zwischen Ostertal (rechts) und Bolgental leicht bergan.

Nach etwa 20 Minuten könnte man links etwa 100 Höhenmeter zum Berghaus Schwaben (1500 m) absteigen. Der Hauptweg, der uns schließlich nach Südwesten direkt zum Gipfel des *Riedberger Horns* leitet (1786 m; 1 Stunde), bleibt stets auf der Höhe des das Bolgental hufeisenförmig umschließenden *Bolgenrückens.*

Nach ausgiebiger Rast ist der Abstieg nach Südosten zum Skigebiet um die einsehbare *Grasgehren-Hütte* nicht zu verfehlen (1447 m; 1 Stunde; Einkehr- und Unterkunftsmöglichkeit).

Der Weiterweg nach Oberstdorf: Von der Grasgehrenhütte hinab zur Riedbergpaß-Straße. Auf dieser rechts, bis nach 500 Metern der Wanderwegweiser links zur nahen Schönberg-Alpe abzweigt (15 Minuten, Einkehrmöglichkeit; bezeichneter Anstieg auch zum Besler-Gipfel, 1680 m, 1^1/$_2$ Stunden, lohnend; man kann auch dem »Oberallgäuer Rundwanderweg« über die Alpe Dinigörgen und Rohrmoos – Gasthaus – bis nach Oberstdorf folgen, etwa 3 Stunden).

Der Weiterweg zur Herzbergalpe verläuft auf einer sich zunächst in den Weiden verflüchtigenden Pfadspur rechts oberhalb der Schönberger Ach. Bald wieder auf deutlichem Pfad zur Alphütte (40 Minuten). Auf Wegspur über steilen Almboden aufwärts zur roten Markierung am Waldrand. Durch den Wald führt ein gut angelegter, nicht mehr so steiler Pfad in 20 Minuten zur *Jagdhütte.* Dort auf den *Königsweg,* der uns, vom Besler (1680 m) herabkommend, nach *Tiefenbach* bringt.

Zuerst geht es eben durch eine *Waldlichtung.* Dann steiler abwärts auf Serpentinenpfad die *Abhänge* des mit dichtem Forstwald bestandenen *Schwarzenberg* hinab. Nach ¹/₂ Stunde werden die Felder des unteren Schönberger Achtals erreicht und in wenigen Minuten die Höfe des Weilers *Haubeneck.*

Weiter zur sichtbaren Fahrstraße hinab. Dort rechts zur sehenswerten *Sturmannshöhle* (978 m; 1¹/₄ Stunden seit dem Riedbergpaß; Eintrittsgebühr).

Weiter am Waldrand in südöstlicher Richtung zur Fahrstraße. Auf dieser rechts. Meist auf Fußwegen links der Straße passieren wir die Felsenenge des »*Hirschsprung*« und kommen nach *Tiefenbach* (887 m; 45 Min.; Einkehr- und Unterkunftsmöglichkeiten).

Durch die Ortsmitte abwärts zur Straßenkreuzung: Dort etwa 200 Meter geradeaus, bis links der Wanderweg Nr. 35 nach Oberstdorf abzweigt.

Über die *Breitachbrücke* und rasch durch Wald hinauf zum Ortsteil *Reute-Jauchen* (zur Jugendherberge Kornau 2 x rechts,

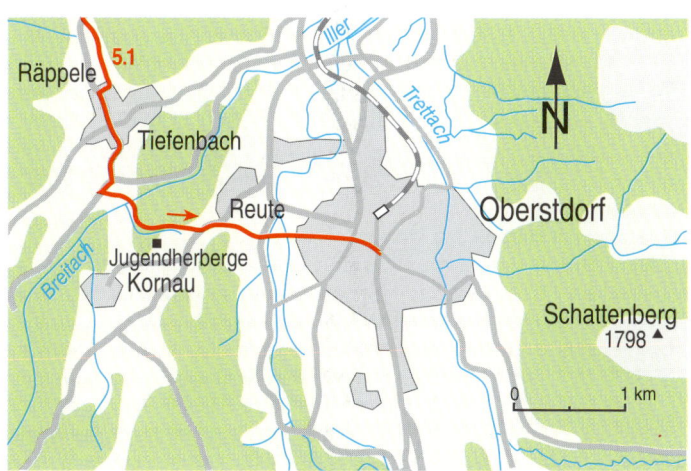

10 Minuten) – nur kurz auf der Fahrstraße abwärts, dann rechts zur Alten Walserstraße und auf der *Schlechtenbrücke* über die Stillach nach *Oberstdorf* (815 m).

 ## Sonthofen – Oberstdorf – Kemptner Hütte

Verkehrsmöglichkeiten Bus und Bahn von Sonthofen nach Oberstdorf; Pferde-Stellwagen von Oberstdorf nach Spielmannsau. Fahrzeiten bitte vorher erfragen!
Wegmarkierung Wanderwegweiser; rote Markierung von Spielmannsau zur Kemptner Hütte.
Tourenlänge Sonthofen – Oberstdorf: 13 km; Oberstdorf – Spielmannsau: 7 km; Spielmannsau – Kemptner Hütte: 6 km.
Wanderzeit Sonthofen – Oberstdorf: 3 Stunden; Oberstdorf-Spielmannsau: 2 Stunden (der Stellwagen braucht etwa 1 Stunde); Spielmannsau – Kemptner Hütte: $2^1/_2$–3 Stunden.
Höhenunterschiede Insgesamt 1100 m; steiler Anstieg von Spielmannsau (983 m) zur Kemptner Hütte (1844 m).
Wanderkarte 1:50 000 Kompass-Wanderkarte Nr. 3.
Wissenswertes Jugendherberge in Kornau. *Berggasthaus Spielmannsau. Kemptner Hütte,* 1844 Meter, DAV-Haus.

Trettachtal und umliegende Bergwelt: Vorgeschichtliche Funde sind zu gering, um eine eindeutige Frühbesiedlung nachweisen zu können. Dies ist verständlich, denn den Talschluß bildet die Allgäuer Hauptkette, deren mühelosesten Übergang ins Lechtal wir auf unserer E 5-Route wählen. Die Vorfahren der heutigen Allgäuer, die Alemannen, siedelten als Erste mit ihrem Weidevieh in diesem Hochtal. Der Sperrbachtobel, durch den wir heute aufwärts steigen, verhinderte damals ein Vordringen in die höheren Alpenregionen. Seit 350 Jahren nutzten Pilger aus Holzgau die heutige E 5-Wegetappe als Wallfahrtsweg nach St. Loretto – 1998 wurde an historischer Stätte die Marienkapelle »am Knie« errichtet (siehe Tourenbeschreibung).

Die Struktur der Allgäuer Alpenregion läßt mit ihrem charakteristischen Wechsel von grünen, sanft geschwungenen und schroffen, felsigen Geländeformen und aufgrund der zahlreichen Fossilienfunde erkennen, daß hier ein urzeitliches Meer Schicht auf Schicht legte: Sand, Geröll, sehr viel Schlamm, Muschel- und Schneckenschalen und Gehäuse von Tintenfischen.

Die Emporwölbung der Gebirge wurde sowohl durch vertikale wie auch horizontale Hebungen verursacht. Dabei kam es zu den

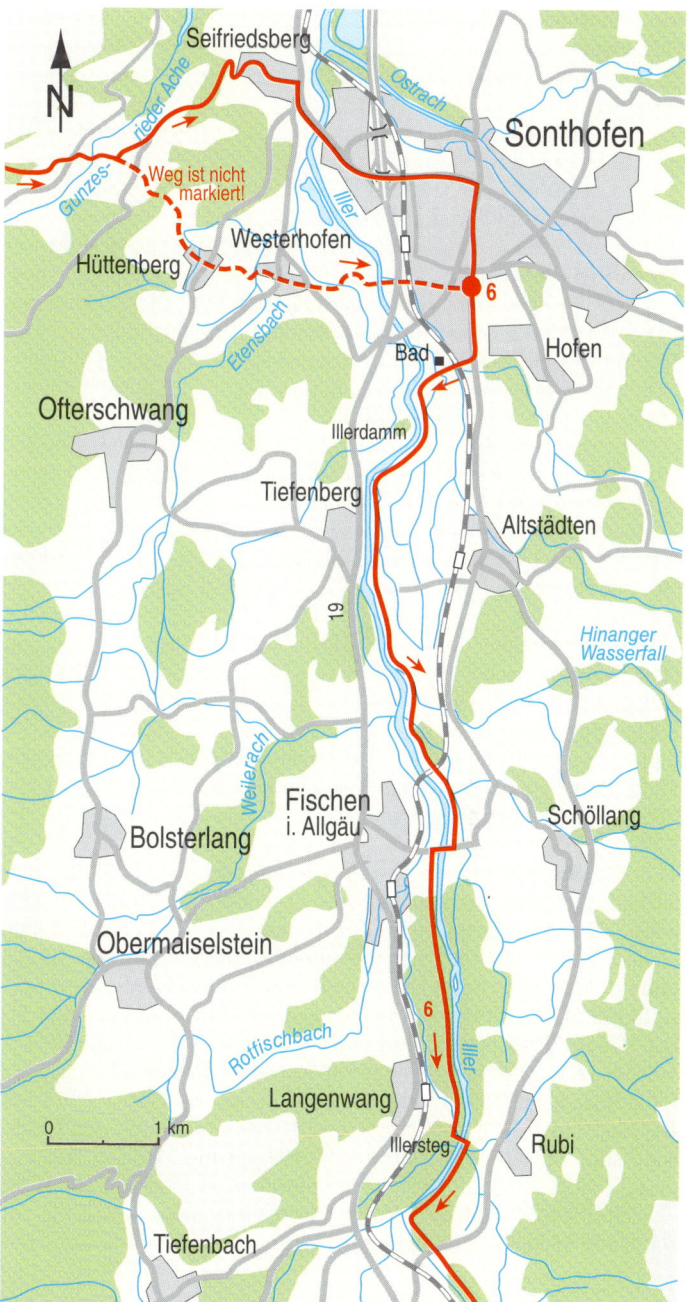

N

Seifriedsberg

Gunzes-
rieder Ache

Ostrach

Sonthofen

Weg ist nicht
markiert!

Hüttenberg

Westerhofen

Iller

6

Bad

Hofen

Etensbach

Ofterschwang

Illerdamm

Tiefenberg

Altstädten

19

Hinanger
Wasserfall

Weilerach

Fischen
i. Allgäu

Schöllang

Bolsterlang

Obermaiselstein

Rotfischbach

6

Iller

0   1 km

Langenwang

Illersteg

Rubi

Tiefenbach

sogenannten Überschiebungen: Der Hauptdolomit, das harte Felsgestein, bildete sich zuerst (Trias-Zeit). Der Lias-Fleckenmergel, das weiche, sandige Material entstand in der darauffolgenden Jura-Zeit.

Im Trettachtal (zum Talschluß hin gesehen) ist besonders gut erkennbar, wie der Hauptdolomit auf den Liasschichten liegt:

Beide Talseiten der Trettach bestehen aus Hauptdolomit, ebenso die Gipfel vom Himmelsschrofen bis zum Schmalhorn (westliche Talseite). Der Kegelkopf auf der östlichen Seite besteht nur noch in seinem Unterbau aus Hauptdolomit, über dem ganz normal der weiche Lias-Fleckenmergel liegt. Da diese Schichten schräg nach Süden einfallen, besteht auch der Fürschießer bis weit hinunter aus Lias-Schichtung. Ebenso sind der ganze Talhintergrund und der Wildengundkopf, der Spätengundkopf und das Schmalhorn aus Lias aufgebaut.

Über den weicheren Formen, die auch die weiten Grasböden unterhalb des Kratzers bilden und die zwischen Kratzer und Trettachspitze von der Trettach und den Wilden Gräben durchrissen werden, erheben sich die Felsbastionen von Kratzer und Trettachspitze. Diese bestehen aber wieder aus dem älteren Hauptdolomit, der hier von Süden her den jüngeren Lias-Fleckenmergel überlagerte.

Die Fortsetzung dieses Drucks von Süden ist noch bis zur Hörnergruppe zu beobachten, wo die Schichten wie zu mächtigen Gewölben verbogen sind.

Der ganze Allgäuer Hauptkamm vom Biberkopf bis zum Krottenkopf und weit über den Hochvogel hinaus besteht aus diesem Hauptdolomit, der im gesamten Einzugsgebiet über den Lias-Fleckenmergel geschoben wurde.

Tourenbeschreibung In *Sonthofen-Stadtmitte* (alter Marktplatz) entlang der Schloßstraße und der Oberstdorfer Straße ortsauswärts. Nach Unterquerung der Bahngeleise links zum nahen Campingplatz und auf den bewaldeten Illerdamm. Wir folgen dann dem 1994 fertiggestellten, mit 15 Schautafeln interessant gestalteten »Lehrwanderweg Iller« gegen die Strömung der Iller bis zur Brücke östlich von Fischen (1¹/₂ Stunden). Über die *Brücke* auf das *rechte Illerufer.* Weiter flußaufwärts bis zum *Illersteg,* der Langenwang mit Rubi verbindet (45 Minuten). Hier wieder auf das *linke* (östliche) *Ufer.* Nach rund 10 Minuten durch den Hochwald sind wir auf der Höhe des Iller-Ursprungs, wo die Trettach und die Stillach in die Breitach einmünden.

Weiter auf *Spazierweg Nr. 11* an der *Trettach* entlang bis zur *Plattenbichl-Straße* (45 Minuten). Nun rechts abwärts zur *Her-*

Die Kemptner Hütte (© Klaus Puntschuh)

mann-von-Barth-Straße. Auf dieser geradeaus, bis links die *Kirch-straße* einmündet, auf der wir den *Marktplatz* von Oberstdorf er-reichen (815 m; 3 Stunden seit Sonthofen; Verkehrsamt).

Der Weg zu Fuß führt vom *Stellwagenabfahrtsplatz* rechts an der Katholischen Kirche vorbei auf der *Prinzenstraße* südwärts zu den spätmittelalterlichen *Wallfahrtskapellen St. Loretto* (20 Minu-ten; Appachkapelle 1993 renoviert).

Weiter auf der *Birgsauer Straße,* von der wir bei der ersten Ver-zweigung links abbiegen und nach einem baldigen kurzen Anstieg einen *Golfplatz* passieren. Bei der nächsten Wegverzweigung rechts, bei der folgenden links und dann über die *Trettach* zum Weiler *Gottenried.* Weiter auf endlich fußgerechtem Wanderpfad in leichtem Auf und Ab entlang der *Trettach* bis kurz vor Spiel-mannsau (1017 m; knapp 2 Stunden seit Oberstdorf; Einkehr- und Unterkunftsmöglichkeit).

Von Süden laufen verschiedene Täler auf Oberstdorf zu: das Kleinwalsertal, das Stillachtal, das Trettachtal, das Gerstrubental und das Oytal. Für unseren Weg nach Süden wählen wir die Hauptader Oberstdorfs: das *Trettachtal.*

Entlang dieses sich 8 km hinziehenden Tales begleiten uns – von Oberstdorf – westlich der Himmelsschrofen (1612 m), der Vorde-re Wildgundkopf(1936 m), der Hintere Wildgundkopf (1954 m) und unterbrochen vom gleichhohen Schmalhorn, der Spätengund-kopf (1991 m) und der Wildengundkopf (2238 m). Den Talschluß

bildet die Trettachspitze (2595 m) und östlich von ihr, durch eine flache Einsattelung getrennt, der Zacken des Kratzers (2425 m).

Zwischen Trettach und Kratzer bricht aus schwarzen Schieferwänden der Trettach-Bach hervor. Wieder grün, aber ungemein steil, die durchfurchten Hänge des von der Krottenspitze (2553 m) abzweigenden Fürschießers (2271 m). Der anschließende Traufberg (1601 m) und der Kegelkopf (1961 m) werden über dem einmündenden Gerstrubental von der Höfats (2260 m) überragt. Mit dem Riffenkopf (1749 m) und dem Schattenberg (1842 m) öffnet sich das Trettachtal immer weiter, zum Nebelhorn (2224 m) hin, nach Oberstdorf.

Vom *Berggasthaus Spielmannsau* wandern wir auf ebenem, breitem *Güterweg* direkt auf den großartigen Talschluß von Trettach und Kratzer zu. Wir passieren die *Alpe Oberau* (Einkehrmöglichkeit) und kommen zur *Materialseilbahn* der Kemptner Hütte (20 Minuten; keine Rucksack-Beförderung!). Rechts der Hütte beginnt der Anstieg.

Teilweise hoch über der wild rauschenden Trettach umgehen wir mühelos die zahlreichen *Wassergräben* des Traufbergs, bis es dann, an der *Einmündung des Sperrbachs*, schon merklich steiler wird. Wir überschreiten anschließend den *Sperrbach* auf einem *Metallrohr-Steg* (1 Stunde) und steigen an seinen steilen rechten *Tobelabhängen* bergauf zur Wallfahrtskapelle »Maria am Knie«.

Sobald sich der Pfad zum nun breiten *Sperrbach* absenkt, queren wir auf einem *Holzsteg* wieder hinüber zur linken Bachseite (1 Stunde). Drahtseile geben dann beim nassen oder unter Umständen noch von Schneeresten bedeckten Hangweg zuverlässigen Halt über dem mächtigen *oberen Sperrbachtobel*, der meist im Hochsommer noch meterdicke Schneewächten aufweist.

Nach einer weiteren Stunde Aufstieg entlang dem in den Fels gesprengten relativ breiten *Steig* in Richtung Muttlerkopf (2366 m) sehen wir die Kemptner Hütte rechts oben am Fuß des bizarren Kratzer-Felsgipfels (2424 m). Noch 20 Minuten bis zur *Hütte* (1844 m; Einkehr- und Unterkunftsmöglichkeit).

Ab 14 Uhr können die über 300 Betten oder Matratzen belegt werden. Somit bleibt Zeit für lohnende Spaziergänge.

a) Gleich am Hinterausgang der Hütte auf Fahrweg in $\frac{1}{2}$ Stunde hinauf zur *Materialseilbahn* (Punkt 1910 m). Von den Wiesenhängen weiter Blick hinab nach Oberstdorf und hinaus ins Allgäu.

Oder: *b*) Von der Hütte südwärts kann man ab der Weggabelung (10 Minuten) links den Wanderwegen 432/433 zum nördlichen Allgäuer Hauptkamm (= Heilbronner Höhenweg) oder zur Hornbachkette ein Stück weit folgen (Vorsicht, teilweise ausgesetzte Pfade!).

Über die Allgäuer und Lechtaler Alpen
Vom Iller- ins Lech- und Inntal

7 Kemptner Hütte – Holzgau – Madautal – Memminger Hütte

Verkehrsmöglichkeiten In Holzgau, zwischen Post und Gasthof Post kann man mit dem Taxiunternehmen Feuerstein bis zum Parkplatz der Memminger Hütte fahren.

Wegmarkierung Rot; AV-Hinweistafeln.

Tourenlänge 23 km.

Wanderzeit Insgesamt 9 Stunden, wovon fast $3^1/_2$ Stunden per Taxi eingespart werden können.

Höhenunterschiede Insgesamt 1305 m, steiler Anstieg vom Parkplatz Memminger Hütte (1449 m) zur Memminger Hütte (2242 m).

Wanderkarte 1:50 000 Kompass Wanderkarte Nr. 3; Nr. 24.

Anmerkung Der Weg von Holzgau bis zum Parkplatz der Memminger Hütte zieht sich sehr lang hin und kann unter Umständen zu anstengend werden. Dann schließt man sich entweder anderen E 5-Wanderern an, um ab Holzgau in einem Kleinbus (8 Sitzplätze) zu fahren oder man wandert heute nur bis zum Berggasthaus »Hermine« im hinteren Madautal (siehe Tourenbeschreibung).

Am Parkplatz der Memminger Hütte ist unter Umständen eine Rucksackbeförderung möglich. (Gebühr).

Wissenswertes Berggasthaus »Hermine« in Madau, 1300 m, Einkehr- und Unterkunftsmöglichkeit. Holzgau (1103 m) liegt zwischen den Allgäuer und den Lechtaler Alpen, Ausgangspunkt für viele Bergwanderungen, Wintersportzentrum des Lechtals.

Mädelejoch: deutsch/österreichischer Grenzübergang.

Elbigenalp: älteste Pfarrei im Oberlechtal (Ende 13. Anfang 14. Jh.). Die LechtalerAlpen sind die größte Berggruppe der Nordalpen. Die meisten Gipfel sind aus Hauptdolomit aufgebaut. Höchster Punkt: Parseier Spitze 3036 Meter!

Die Vielfalt der Gesteinsarten der Lechtaler Alpen ernöglicht einen Pflanzenwuchs, wie er vielleicht nur noch im Allgäu anzutreffen ist. Eine der seltensten Blumen ist der Frauenschuh (heimische Orchidee). Die Pflanze wächst auf Kalkboden, wurde aber auch schon auf freien, schattigen Hängen gefunden. Der keimende Samen benötigt 28 Jahre, bis er zur Blüte reift.

Memminger Hütte, 1886 als erste AV-Hütte an der Nordseite der Lechtaler Alpen erbaut.

Tourenbeschreibung Von der *Hütte* südwärts zur (am Vortag erwähnten) *Weggabelung* (10 Minuten). Der Weg *438* führt uns in weiteren 20 Minuten hinauf zum Oberen Mädelejoch (1974 m), wo rechts der Heilbronner Höhenweg (= AV-Weg 432) zur Mädelegabel abzweigt.

Wir durchqueren in der eingeschlagenen Richtung weiter den welligen Jochbereich (Grenzübertritt nach Österreich) und gelangen so zum Roßgumpen-Graben – falls noch Schneereste liegen sollten, dient die rot-weiße österreichische Landestafel als Orientierung. Links unterhalb der Tafel erreichen wir die Wegspuren hinab zum Höhenbachtal.

Der Abstieg ist mitunter steil und beschwerlich. Wenn die erste $^1/_2$ Stunde Felsabtritt geschafft ist, geht es jetzt, zwar immer noch steil, aber auf gut angelegtem Fußpfad durch lichte Bewaldung. In einer weiten Rechtsschleife, links oberhalb des Höhenbaches, kommen wir hinab zu den *Weiden der Oberen Roßgumpen-Alm* (1690 m).

Blick auf die Lechtaler Alpen   (© Hubert Ringbeck)

Durch Tannen- und Latschenwald erreichen wir das Höhenbachtal (1329 m), wo der Weg rechts abzweigt und über das Hohe Licht (2651 m) zur Rappenseehütte (3 Stunden) sowie zur Hinteren Schochenalm ($^1/_2$ Stunde) verläuft. Gegenüber der romantisch unter der steil aufragenden Roten Tenne (Muttekopf) gelegenen Vorderen Schochen-Alm wechseln wir ans linke Ufer des Roßgumpen-Bachs, der jetzt, zusammen mit dem Schochenalpbach, den Höhenbach bildet.

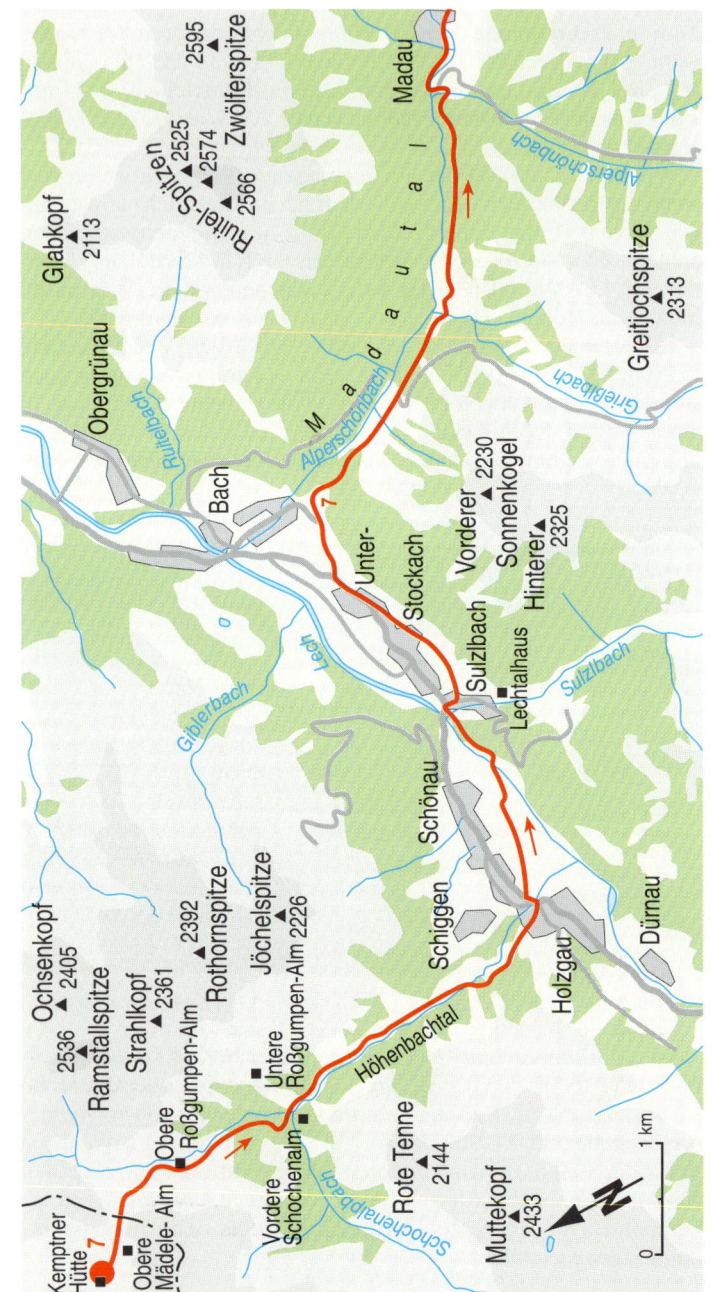

Madau

2595 ▲
Zwölferspitze

2525 ▲
2574 ▲
2566 ▲
Rüitel-Spitzen

Glabkopf
2113 ▲

Obergrünau

Rüitelbach

Bach

M a d a u t a l

Alperschonbach

Alperschönbach

Griesbach

Greitjochspitze
2313 ▲

Greitbach

Unter-
Stockach

Vorderer
Sonnenkogel
2230 ▲

Hinterer
2325 ▲

Sulzlbach

Lechtalhaus ■

Sulzlbach

Schönau

Ochsenkopf
2405 ▲

Ramstallspitze
2536 ▲

Strahlkopf
2361 ▲

Rothornspitze
2392 ▲

Jöchelspitze
2226 ▲

Schiggen

Dürnau

Holzgau

Obere
Roßgumpen-Alm ■

Untere
Roßgumpen-Alm ■

Höhenbachtal

Rote Tenne
2144 ▲

Lech

Gibierbach

Schochnalpbach

Vordere
Schochenalm

Muttekopf
2433 ▲

Kemptner
Hütte ● 7 ■

Obere
Mädele-Alm ■

1 km

N

7

Kurz hinauf und auf der *oberen Bachseite* entlang. Unser Wanderweg führt uns, bald wieder abwärts, an besonders schönen Heustadeln vorbei, durch das bis zu den Bergrücken hinauf mit Latschen bewachsene *Höhenbachtal*. Am *Talausgang*, unterhalb der aufragenden Peischlspitze (2423 m) und des Zwölferkopfs (2311 m) muß *Holzgau* liegen.

In gut 1¼ Stunden kann die (allzeit geöffnete) *Jausenstation Café Uta* erreicht werden. An der *Weggabelung* bergab auf den rechten Weg direkt an der Bachseite entlang; der *Simmswasserfall* sprüht nicht nur bei Schneeschmelze seinen Gischt erfrischend auf den Wanderer. Von hier noch 20 Minuten bis Holzgau (1103 m).

Von dort kann man entweder in einem Kleinbus (mit weiteren E 5-Wanderern) bis zum Parkplatz Memminger Hütte fahren oder man wandert heute nur bis zum Berggasthaus »Hermine« im hinteren Madautal (1300 m).

Im *Dorf*, am *Gasthof Bären*, über die *Brücke* ans *linke Höhenbach-Ufer* und strömungsabwärts dem bezeichneten, örtlichen Wanderweg nach Stockach folgen. So gelangen wir an den *Lech*, dessen weitem Talgrund wir nun auf einem *Güterweg* in östlicher Richtung folgen.

Eine schmale *Fußgängerbrücke* führt uns dann ans *südliche Lechufer* und hinüber nach *Oberstockach*. Dort direkt nach der Brücke über den *Sulzbach* bei der Wegeverzweigung halbrechts und in dieser Richtung geradewegs zwischen einem Gästehaus und einem Bauernhof (links) hindurch. Auf deutlichem *Wiesenweg* hinüber zu den bewaldeten Abhängen des Sonnenkogels.

Weiter auf der von einem Bretterzaun gesäumten *Wiesenpfadspur* nach *Unterstockach* und rechts der Straße durch den *Ort*, bis über dem Ortsteil *Winkel* ein *gesperrter Forstweg* rechts hangaufwärts führt. Unterhalb eines Bergfriedhofs (1¼ Stunden) erreichen wir einen asphaltierten (für öffentlichen Verkehr gesperrten) *Fahrweg*, der uns in leichtem Anstieg rechts des tief eingeschnittenen *Madautals* zur *Einmündung des Alperschontals* leitet (1¼ Stunden).

Hier folgen wir entweder dem (beschilderten) Weg über *Madau* (Einkehr- und Unterkunftsmöglichkeit), oder wir umgehen Madau, indem wir auf dem Weg zur Ansbacher Hütte bis zu den *Eckhöfen* aufsteigen. Dort auf links abbiegendem Wanderweg rechts des *Parseierbachs* aufwärts, bis der Weg bei einem *Stauwehr* auf den Fahrweg von Madau trifft.

Jetzt noch 1 Stunde durch das *Parseiertal* aufwärts bis zum *Parkplatz der Memminger Hütte* (etwa 1400 m; gegen Gebühr unter Umständen Rucksackbeförderung mit der Materialseilbahn zur Memminger Hütte).

50 Meter nach der Materialseilbahn-Hütte wird die *Zammer-Parseier* (so heißt der oberste Zulauf des Alperschonbachs) überquert und ein steiler Aufstieg beginnt.

Anfangs am dichtbewachsenen *Westabsturz des Seekogels* in Kehren hinauf zu seiner *unteren Nordflanke.* Dort wird der *Seewibach* überschritten. Dann hinauf auf eine *grüne Terrasse eines Seitentals.*

Wild schießt hier der Bach über einen gut 70 Meter hohen Felsabsturz herunter.

Weiter zieht der Pfad bergauf zu einer auch oft im Hochsommer noch mit *Schnee gefüllten Schlucht.* Erst ein Stück neben den *Schneewächten* bergan, dann zeigt eine übergroße Markierung nach rechts. (Wer Steigeisen dabei hat, kann hier gefahrlos über das ganze Schneefeld hochsteigen!) Oberhalb des Wasserfalls führt der Weg zu einem *Holzsteg* und trifft auf einen Felspfad. Noch ein kurzes Stück empor, um die letzte *Kuppe.*

Einsam steht die *Memminger Hütte* inmitten bizarrer Wildheit eingerahmt von den verschiedensten Gipfelformen. Wir betreten den *Kessel* (links gab uns der Ausläufer der Oberlahms-Spitze – 2658 m – den Weg frei) und sehen direkt über der Alpenvereinshütte Memminger Hütte (2242 m) den säulenformigen Seekopf (2718 m), der uns den Blick auf die Parseierspitze noch versperrt.

Enzian   (© Christina Garstecki)

8 Memminger Hütte – Seescharte – Zams

8.1 Variante: Memminger Hütte – Seescharte – Württemberger Haus – Zams

Verkehrsmöglichkeiten   Bus und Bahn nach Zams.

Wegmarkierung   Rot; Weg Nr. 631 von Unterlochalm nach Zams; Variante: Ab Seescharte Weg Nr. 601 zum Alpenvereinshaus Württemberger Haus; von dort Nr. 631 nach Zams.

Tourenlänge   12,5 km; Variante: 17 km.

Wanderzeit   5½ Stunden; Variante: 7 Stunden.

Höhenunterschiede   Insgesamt 357 m Anstieg zur Seescharte, 1800 m Abstieg nach Zams (Variante: Etwa 200 m Anstieg zusätzlich).

Wanderkarte   1:50 000 Kompass Wanderkarte Nr. 24.

Anmerkung   8.1 Variante: Aussichtsreiche Höhenwanderung. Von der Seescharte nach links (nordöstlich) auf Weg Nr. 601 (= E4) entlang des Großbergkopfs (2657 m) zum AV-Haus Württemberger Haus (2220 m; 2 Stunden). Von dort auf Weg Nr. 631 hinab zur Unterlochalm (1580 m; 1 Stunde). Ein jetzt sicher und gut angelegter Weg, der dennoch Trittsicherheit und Schwindelfreiheit voraussetzt und nur bei sicherer Wetterlage unternommen werden kann.

Zwischen Memminger Hütte und Seescharte verlaufen der Europäische Fernwanderweg E 4 alpin (Dornbirn bei Bregenz – Nördliche Kalkalpen – Rust/Neusiedler See) und E 5 gemeinsam.

Wissenswertes   Zams im Inntal: Ursprung des Inns ist der Longhinsee (2480 m), nördlich des Malojapasses im Engadin. In ältester Zeit floß der Inn in über 2000 Metern Höhe von Ardetz nach Prutz, über den Piller Sattel und hinter dem Venetberg vorbei. Erst seit dem jüngeren Erdzeitalter grub der Inn seinen Lauf über Fließ und die Terrasse von Grins nach Landeck. Dort verbindet er sich mit dem Trisanna, der aus gleichnamigem Tal kommt und strömt dann breit weiter nach Imst, wohin sich auch die Quellflüsse Pitze und Oetz ihren Lauf durch die hohen Gebirgsschluchten des Pitz- und Oetztales gebahnt haben. Vorbei an Innsbruck, wo das Inntal am breitesten ist, strömen seine reißenden Wasser weiter nach Kufstein und Rosenheim, um bei Passau in die Donau und damit in Richtung Schwarzes Meer zu fließen.

Im Norden der Inntalebene ragen bei Zams die Kalkalpen auf, (Dolomitgestein), die sich aus Meeresschichten des Paläozoikums zusammensetzen.

Die Parseierspitze (3040 m; höchster »Lechtaler«) ist im Mesozoikum entstanden.

Im Süden grenzt der Venetberg (2823 m), ein Schiefergestein (Quarzphyllit) aus der ältesten Erdzeitperiode das Pitztal ab.

Die Linie Stanz – Grins – Dawinalpe stellt den Übergang von Quarzphyllit in die Kalkalpen dar.

Geschichtliches: Funde in Perjen, Grins und Stanz gehen auf die Bronzezeit (1800 v. Chr.) zurück. Etwa 1300 bis 400 v. Chr. siedelten sich hier vereinzelt die Illyrer (wahrscheinlich Breones) an. Ortsnamen wie Stanz, Zams u. a. weisen darauf hin. Später wanderten Kelten (Worte: Angedair, Perjen) ein, gefolgt von flüchtenden Etruskern und Venetern. Die Römerfunde datieren aus der Zeit zwischen 16 v. Chr. bis 60 n. Chr. (Perjen und Grins).

Als das Gebiet von Landeck und Zams noch zur römischen Provinz Rätien gehörte, verlief der große Verkehrsweg aus Italien über den Reschen zur Fließer Platte. Von dort weiter zur Trams oberhalb Landeck, und dann hinunter nach Zams und über den Fernpaß nach Kempten und Augsburg. (Die rätoromanische Sprache – Romaunsch – wurde in Nauders noch im 17. Jahrhundert gesprochen.) Zwischen dem 6. und 8. Jahrhundert eroberten die Bajuwaren das Land. Eine Urkunde des Herzogs Tassilo stammt aus dem Jahre 763 n. Chr.

Die Thinggemeinde Zams trat um das Jahr 1000 n. Chr. erstmals urkundlich als organisiertes Gemeinwesen auf. 1282 wird auch das Gericht Landegg erstmals urkundlich erwähnt. Um diese Zeit geht die Gerichtsbarkeit der Thingstätten Zams (mit Angedair Zammerberg, Saurs und Schönwies) sowie die des Stanzer Tals (mit Perfuchs, Kappl, St. Anton, Kaisers) auf den landesfürstlichen Pfleger in Landeck über. Die Ortsnamen Grinnes, Piyans, Prukke, Profusse (Perfuchs), Angedayr, Traveldilli (Tobadill) finden sich bereits 1275 bis 1300 in einem Steuerverzeichnis erwähnt.

Im 13. Jahrhundert war die Handelsverbindung Reschen – Landeck – Zams – Augsburg neben der Brennerstraße der bedeutendste Verkehrsweg über die Alpen. 1343 bis 1347 wurde ein Talweg von Landeck zum Arlberg gebaut. Die älteste Straße ging von Zams hinauf nach Stanz über Grins. 1763 gibt es den ersten regelmäßigen Postverkehr in den Vinschgau und zum Fernpaß. 1785 bis 1824 wird die heute noch bestehende Arlbergstraße gebaut. 1796 erster Postreiter über den Arlberg und schon 25 Jahre später nehmen jährlich gut 100 000 Zentner Fracht, zu denen noch 4000 bis 5000 Zentner Salz kommen, den Weg über den Arlberg. 1844 wird die Arlbergbahn gebaut. Am 1. Dezember 1978 wurde der neue Arlberg-Straßentunnel für den Verkehr freigegeben.

(© Klaus Puntschuh)

Tourenbeschreibung Da die Memminger Hütte Schnittpunkt des E 4 alpin (von Gibraltar bis nach Kreta) und E 5 ist, haben wir dort vielleicht Gelegenheit, mit E 4-Fernwanderern Erfahrungen auszutauschen.

Von der *Memminger Hütte* (2242 m) halten wir südöstlich auf die gezackten Gipfel des Kamms zwischen Kleinberg-Spitze und Wegscharte zu. Den *unteren Seewisee,* der schon bald sichtbar wird, auf der linken Seite umgehen.

Wir arbeiten uns in südöstlicher Richtung hinauf zu unserem Übergang, der Seescharte (2599 m). Unterwegs überqueren wir den Abfluß des Mittleren Seewisees zu unserer Rechten. Über 1 Stunde dauert es, bis die enge *Seescharte* erreicht ist. Großartig ist dieser Übergang: Weit fällt der Blick ins Inntal hinaus. Die *Seescharte* auf der Seite des *Zammer Lochs* lädt mit ihrer windgeschützten, warmen Lage zum langen Verweilen ein. Rechts, endlich zu sehen, die Parseierspitze und ihr ganzer Kamm. Unten öffnet sich das grüne *Inntal.* Links davon, der markante Wächter, die Silberspitze (2463 m), die uns heute noch lange begleiten wird.

Noch ein Blick zurück durch die Seescharte zum Lechtal und dem Allgäuer Hauptkamm in der Ferne: Links der Biberkopf (2602 m), das Hohe Licht, Mädelegabel und der Große Krottenkopf, um nur die wichtigsten zu nennen. Erstaunlich, wie weit wir doch in so kurzer Zeit auf Schusters Rappen gewandert sind. In dieser Gegend ist man fast froh, dem kalten, rauhen Klima der Allgäuer Alpen entkommen zu sein.

Variante von hier ab: Siehe bitte bei Anmerkung 8.1.

Der E 5-Pfad führt über Geröll steil abwärts in 1 Stunde zur von oben einsehbaren Oberlochalm (1799 m). Die Vegetation beginnt mit Alpenrosenteppichen und vereinzelten Steinröschen, großen Margeriten, Troll- und Glockenblumen. Von der Alm aus gemütliche Talwanderung, meist an der linken Seite des *Lochbachs* entlang. Eine Stunde später sehen wir die Weiden der *Unterlochalm* (1580 m). Eine *kleine, braune Holzhütte* (auf alten Karten fälschlicherweise als »Jausenstation« bezeichnet) steht an einer *Weggabelung,* wo vom Württemberger Haus die aussichtsreichere Gratwanderung herunterkommt.

Dann leitet ein Pfad, an der *linken Bachseite* wieder, ein kurzes Stück bergauf. Der *Lochbach* gräbt sich einen so tiefen Lauf neben unserem Weg, daß dieser immer höher erscheint.

Auf dem elegant in die Felsen der Silberspitze eingesprengten *Schnürpfad* gelangen wir abwärts. Unter besonders schönen Bergkiefern hindurch, erreichen wir schließlich, nach noch 200 Meter Höhenunterschied in Serpentinen abwärts, einen grünen *Wiesenfleck* hoch über *Zams*. Rechts liegt Landeck. Von hier aus können wir uns leicht den morgigen Wegverlauf einprägen: Von der *Kirche* in *Zams* halbrechts noch etwa 300 Meter Richtung Landeck liegt die *Talstation der Venetseilbahn.*

Noch etwa ³/₄ Stunde Steilabstieg nach links, durch duftigen Tannenwald und der längste Abstieg des E 5 (insgesamt 1825 m) ist geschafft!

Wer Zams (775 m, Einkehr- und Unterkunftsmöglichkeiten) noch vor 17 Uhr erreicht, kann mit der Venetbahn heute noch bis zur Mittelstation hochfahren (Haltemöglichkeit nur bei Abfahrt um 13 Uhr, 15 Uhr, 16.10 Uhr, 17.10 Uhr; da sich diese Abfahrtszeiten ändern können, sollte man sich rechtzeitig danach erkundigen!) und auf der Schihütte Zams (1770 m) übernachten, um am darauffolgenden Tag früher als die Gondel auf dem Krahberg zu sein. (Auf gut angelegtem Steig Nr. 2 durch schöne Alpenflora zur Bergstation – 1 Stunde).

Am nächsten Tag: Busverbindung von Wenns nach Mittelberg. Erst am späten Nachmittag nach Mittelberg zu fahren (dort kann selbstverständlich übernachtet werden) bedeutet, während des Aufstiegs zur Braunschweiger Hütte in die Dunkelheit zu geraten!

Die Bevölkerung von *Zams* steht E 5-Wanderern äußerst aufgeschlossen gegenüber und ist bemüht, sie mit manchen »Extras« (wie z. B. evtl. Sockenwaschen) zu verwöhnen! Zimmervermittlung, Fahrpläne und Auskunft im Verkehrsamt Zams.

In den Ötztaler Alpen
Vom Inn- über das Pitztal ins Ötztal

9 **Zams – Venetberg – Wenns – Mittelberg – Braunschweiger Hütte**

Verkehrsmöglichkeiten   Venetbahn von Zams auf den Krahberg. Von Wenns nach Mittelberg mit dem Postauto. Abfahrtszeiten bitte erfragen.

Wegmarkierung   Rot; Wanderwegweiser; ab Almweg zur Larcheralm Weg Nr. 12; in Mittelberg an der Materialseilbahn weißes AV-Schild: »Neuer Gletscherweg über Wasserfall«.

Tourenlänge   16,5 km; Bus von Wenns nach Mittelberg: Etwa 30 km.

Wanderzeit   7 – 8 Stunden und 1 Stunde Busfahrt.

Höhenunterschiede   Insgesamt 1326 m (+ 1428 m mit Seilbahn); steiler Anstieg von Mittelberg (1740 m) bis zur Braunschweiger Hütte (2759 m).

Wanderkarte   1:50 000 Freytag & Berndt WK Nr. 251.

Anmerkung   1. Bei entsprechender Beteiligung fährt die erste Seilbahn auch schon um 8.30 Uhr auf den Venetberg – empfehlenswert, da für die Strecke Krahberg – Wenns etwa 3 bis 4 Stunden benötigt werden! 2. Rucksackbeförderung mit der Materialseilbahn (30 Minuten nach Mittelberg) zur Braunschweiger Hütte gegen Gebühr unter Umständen möglich.

Wissenswertes   Vorder- und Inner Pitztal.

Die Besiedelung des Pitztals läßt sich seit 1200 n. Chr. nachweisen, als unter dem Landesfürsten Meinhard II. sogenannte Schwaighöfe errichtet wurden. Um 1300 wanderten daraufhin die Walser ein, die als tüchtige Bauern sich in dem herben Klima vornehmlich durch Viehzucht behaupten konnten.

Auch war dieses Gebiet von jeher besonders wildreich, so daß es von Kaiser Maximilian (um 1500) zur Hirsch- und Gemsenjagd gern aufgesucht wurde. Selbst Steinböcke wurden damals häufig erlegt und heute befindet sich hier die größte Steinbockkolonie Nordtirols.

Bis vor wenigen Jahrzehnten wurden im Pitztal noch alle Getreidearten angebaut: Weizen, Roggen und Gerste gediehen bis in 1450 Meter Höhe.

Die wachsende Bevölkerung konnte sich jedoch seit dem 18. Jahrhundert mit den Erträgen der geringeren Anbaufläche kaum noch richtig ernähren. Der »Zug der Schwabenkinder« demonstriert diese Not: In jedem Frühjahr zogen die Schulkinder aus dem Pitztal (und nicht nur aus diesem Tiroler Tal!) über den Arlberg zum Bodensee und verdingten sich bei den wohlhabenderen schwäbischen Bauern als willkommene Landhelfer.

Heute ist der Fremdenverkehr eine wichtige Einnahmequelle: Die schneesichere Lage garantiert Skibetrieb bis ins späte Frühjahr im Hochzeiger-Gebiet von Jerzens (Vorder Pitztal) wie im Mittleren Pitztal bei St. Leonhard und im Inner Pitztal bis Plangeroß und Mandarfen hinauf bis zur Riffelseehütte (2296 m); Sesselbahn ab Talstation Mandarfen (1680 m).

In dieser grandiosen Gebirgslandschaft sind geführte Berg- und Gletscherwanderungen rund um die Wildspitze (3774 m) den ganzen Sommer über alltäglich.

Tourenbeschreibung   In *Zams* (775 m) an der *Kirche* rechts; auf der Hauptstraße bis kurz vor der »Jet-Tankstelle« gehen, dann gegenüber links auf Fahrweg in einer Rechtsschleife zur *Talstation der Venetbahn.* (10 Minuten). Erste Gondelfahrt um 9 Uhr (bei genügender Personenanzahl auch schon um 8.30 Uhr). In 8 Minuten Fahrt werden die rund 1400 Höhenmeter zurückgelegt.

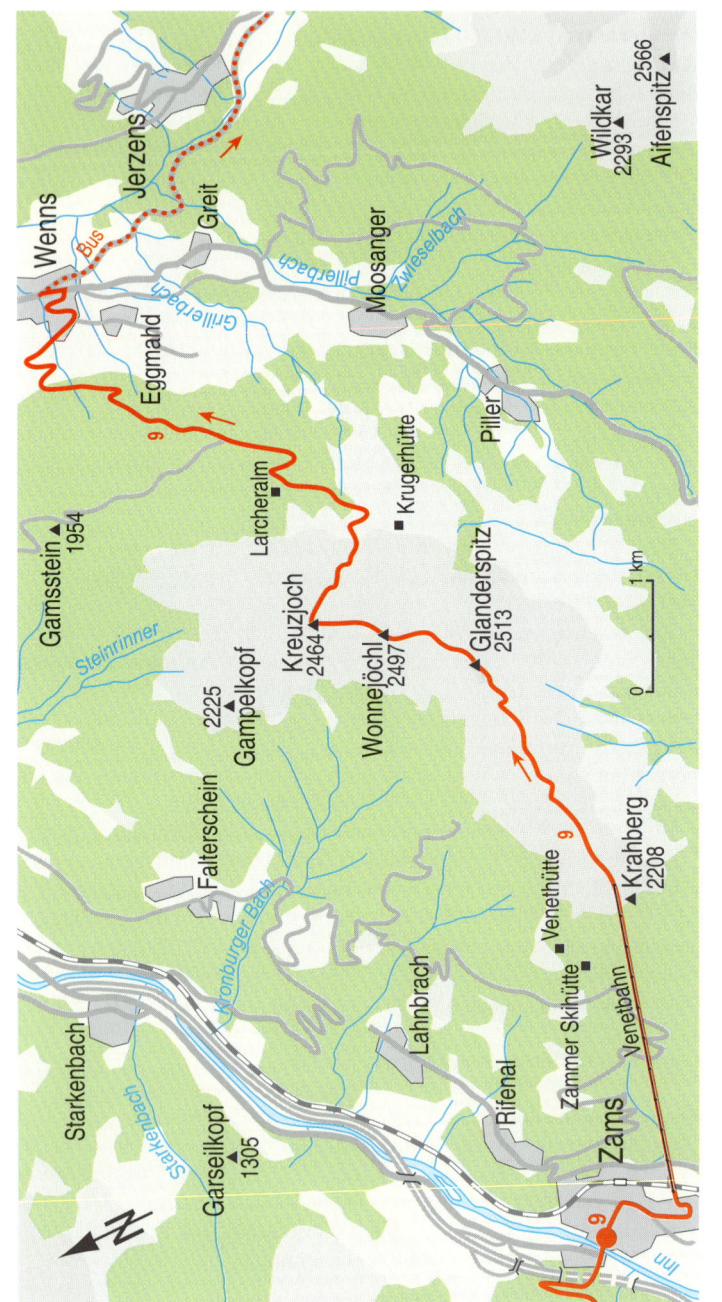

Wildkar
2293 ▲
Aifenspitz
2566 ▲

Jerzens

Wenns

Greit

Bus

Moosanger

Grillerbach

Pillerbach

Zwieselbach

Eggmahd

Piller

9

Krugerhütte ■

Larcheralm ■

Gamsstein ▲
1954

Kreuzjoch
2464 ▲

Glanderspitz
2513 ▲

1 km

Steinrinner

Gampelkopf
2225 ▲

Wonnejöchl
2497 ▲

0

Falterschein ▲

Krahberg
2208 ▲

9

Kronburger Bach

Venethütte ■

Starkenbach

Garseilkopf
1305 ▲

Lahnbach

Zammer Skihütte ■

Rifenal

Venetbahn

Zams

Starkenbach

Inn

9

N

Am *Gipfel* des *Krahbergs* (2208 m) umfassender Rundblick: Südlich die Ötztaler Alpen, das Pitztal und das Kaunertal mit dem Geigenkamm, der Rofelewand, Verpeil- und Watzespitze und der weißen Wildspitze (Tirols höchster Berg mit 3773 m) darüber. Weiter reicht der Blick zur Weißkugel (3739 m) mit dem Gepatschferner (Tirols größter Gletscherstausee) sowie zur Ortlergruppe. Die Gipfel der Samnaungruppe schließen mit der Ferwallgruppe (Valluga und Parseierspitze) an die nördlich gelegenen Lechtaler Alpen (Kreuzjochspitze bis zum Muttekopf) zur Zugspitze an. Auch unser gestriger Abstieg ab der Seescharte läßt sich fast auf den Meter genau überblicken!

Auf *Weg Nr. 11* erst knappe 100 Meter auf dem *Grat* hinab und dann hoch zum *Venetgipfel* (= Glanderspitz; 2513 m) in einer $^3/_4$ Stunde. – Weiter in nordöstlicher Richtung übers *Wonnejöchl* (2497 m) zum *Kreuzjoch* (2464 m) in einer Stunde. Rechts unten im Pitztal liegt das Dorf *Wenns*. Links vom Grat liegt Imst, wo etwas südlich das 40 km lange Pitztal beginnt, das wir heute mit dem Bus von *Wenns* bis *Mittelberg* durchfahren werden. Knapp 1000 Meter Höhenunterschied werden dabei unmerklich überwunden.

Ab dem Gipfelkreuz des Kreuzjochs folgen wir der rechts (südöstlich) vom Grat absteigenden, gut markierten Pfadspur hinunter zu einem Güterweg, der rechts von der Krugerhütte her einmündet. Auf diesem Weg links hinab zur *Larcheralm* (1814 m; Jausenstation) und weiter abwärts nach Wenns (982 m; 2$^1/_4$ Stunden; Einkehr- und Unterkunftsmöglichkeiten).

An der Haltestelle am Gasthof »Pitztaler Hof« beginnt unsere Busfahrt durch das noch bis Anfang der 80er Jahre vom Fremdenverkehr verschonte Vordere Pitztal. Die anfangs sonnigen, weiten Talhänge gehen allmählich immer mehr in schluchtartige (murenträchtige!) Verengungen über. Entlang des Weges mehrere Wasserfälle. Die 1 Stunde dauernde Fahrt endet vor dem Ausläufer des Mittelberg-Ferners in *Mittelberg* (1734 m; Einkehr- und Unterkunftsmöglichkeiten). (Der Weg kann auch zu Fuß zurückgelegt werden. Er verläuft abwechselnd am Bach entlang oder auf halber Höhe am Hang.)

Direkt an der *letzten Bushaltestelle* beginnt unser Anmarschweg zur AV-Hütte *Braunschweiger Hütte*. Zunächst auf Gott sei Dank breitem ungeteertem Fahrweg fast eben entlang zur *Materialseilbahn*. Wer einen Spaziergang erleben will oder mit der schon spürbaren Höhe (bis 2759 m) Schwierigkeiten bekommen könnte, kann hier seinen Rucksack (gegen 20 öS) hinaufbefördern lassen. (Vorausgesetzt, es ist noch Platz; also Rücksicht auf die wirklich Schwächeren!) – Dann geht's auf dem *Neuen Gletscherweg über Wasserfall* allmählich an die Steigung heran. Immer verlassener

Froschputzen
Piösmes
9
Stillebach
Wildgartenkogel
2556
Weixmannstall
Neurur
Sturpen
2718
Trenkwald
9
Parstleskogel
2741
Plangeroß
Steinkogel
2635
Brandkogel
2677
Mandarfen
Riffelsee
Mittelberg
Grubengrat
Bus
Pitze
Seebach
Lorbach
Lußbach
Riffelbach
Seebach
Taschachbach
Bus

Reiserkogel
3090
N
0   1 km
Nösslach
Moalandlsee
3073
Hundstalkogel
Kleine Geige
3163
Hoher Kogel
3296
Hoher Kopf
2784
Hohe Geige
3395
Ampferkogel
3186
Kitzlesbach
Puitkogel
3345
Wassertalkogel
3247
9
Pitze
Gletscherstübele
10

und kleiner kommt man sich vor unter dem mächtigen Felsmassiv. Doch der Weg führt breit und gefahrlos in hohen Stufen zunächst auf die *Höhe des Wasserfalls* hinauf. Die bis zu 12 Meter Umfang großen, glatt geschliffenen Gesteinsbrocken erinnern daran, mit welcher Gewalt und in welchem Ausmaß dieser Gletscher sich früher seinen Weg bahnte. Weiter auf steilem Serpentinenpfad immer höher hinauf.

Ein unvergeßlicher Eindruck, wenn der erste *Gletscherausläufer* erreicht wird! Etwa 3 Stunden muß man mit Gepäck rechnen, bis einen die *Braunschweiger Hütte* (2759 m) hoch oben aus der Kälte der nahen Gletscher aufnimmt.

10 Braunschweiger Hütte – Pitztaler Jöchl – Rettenbachferner – Gaislach-Alm – Zwieselstein

Verkehrsmöglichkeiten Linienbus vom Rettenbach Gletscher nach Zwieselstein (Abfahrtszeiten bitte erfragen!); Linienbus von Zwieselstein über Sölden und Oetztal-Bahnhof nach Innsbruck werktags.

Wegmarkierung Von Braunschweiger Hütte zum Pitztaler Jöchl rot und weißes AV-Schild »Pitztaler Jöchl – Sölden« = Weg Nr. 16 vom Rettenbachferner nach Sölden; bei 2. Rechtsabzweigung (unterhalb Falkners Gasthaus) gelbe Markierung = »Höhenweg über Mittelstation zur Gaislachalm«; ab Alpengasthof Gaislachalm gelber Wegweiser »Venter Tal und Zwieselstein« = Weg Nr. 46.

Tourenlänge 14 km. **Wanderzeit** 5^{1}/2 Stunden.

Höhenunterschiede 300 Meter; steiler Anstieg von der Braunschweiger Hütte (2759 m) zum Pitztaler Jöchl (2995 m).

Wanderkarte 1:50 000 Kompass Wanderkarte Nr. 43.

Anmerkung Das Pitztaler Jöchl ist der höchste Punkt des Fernwanderwegs E 5 mit 2995 m!

Wissenswertes Gletscherwelt der Oetztaler Alpen.

Der Schnee, der in den Alpen fällt, schmilzt nur im Bereich unterhalb der klimatischen Schneegrenze, deren Mittel bei etwa 2800 Meter liegt. Das ist die Firngrenze. Oberhalb dieser Firngrenze taut nur ein Teil, je nach Jahreszeit und Jahresdurchschnittstemperaturen. Der Neuschnee verwandelt sich in Firn und wird, in tiefere Schichten sinkend, zu Eis.

Während der Eiszeit waren nur die höchsten Erhebungen der Alpen eisfrei. Von der Alpenkette flossen die Eisströme nach Norden und Süden. Die Stromtäler wie Rhone, Aare, Reuß, Rhein, Inn, Iller, Lech, Isar, Etsch sind durch die Gletscher entstanden.

In den warmen Zwischeneiszeiten gab es zwischen 600 000 und 12 000 vor Christi Geburt nachweisbar große Alpengletscher. Sie schmolzen jedoch im Zuge der Klimaerwärmung ab. Dies beweisen die Abdrücke subtropischer Pflanzen bei Innsbruck, auch ist nachgewiesen, daß nach Abklingen der letzten Eiszeit in Oberbayern Wein gedeihen konnte!

Nach 12 000 v. Chr. haben sich die Gletscher infolge neuerlicher Abkühlung wieder gebildet – kann doch schon eine Veränderung der Jahresdurchschnittstemperatur um 5 Grad nach unten die Gletscherbildung enorm fördern.

Jedes Jahr fallen auf die Oberfläche des Gletschers neue Schneemassen, die abhängig von der Durchschnittstemperatur, entweder liegenbleiben oder abtauen und so das Gesamtbild verwandeln. Das ist das Nährgebiet.

Das Gletscherende heißt die Zehrzone, weil das Eis dort sichtbar aufgezehrt wird. Dadurch entsteht das Gletschertor, aus dem die »Gletschermilch«, das Schmelzwasser, sprudelt.

Ganz oben am Gletscher bildet sich der Bergschrund (auch Randkluft genannt). Es handelt sich dabei um einen Riß im Eis zur Bergwand hin, durch Spannung entstanden, die durch das sich im Gletscher setzende Eis verursacht wird. Der Gletscher ist dabei nach unten abgesackt, oben jedoch starr geblieben, solange er mit dem Felsen fest verbunden war.

Die Gletscher befinden sich in ständiger Bewegung – (bis zu 180 Meter jährlich vorwärts) – die Eismasse gleitet durch ihr eigenes Gewicht talauswärts in Richtung des geringsten Widerstands. Dabei muß sie über verschiedene Erhebungen und Richtungsänderungen finden statt. So entstehen Zugspannungen – das Eis reißt mit lautem Knall. (Ähnlich wie dann, wenn Schneelawinen abgehen, nur »fährt« der Schnee, während sich das Eis gespalten aufwölbt.) Zwischen den neuen Spalten bleiben oft ganze Eistürme stehen, die sog. Séracs – der Gletscherbruch.

Durch einen solchen Eissturz können beispielsweise die Abflüsse der Schmelzwasser verstopft und dieses angestaut werden: 1818 entstand auf diese Weise im Unterwallis ein Stausee von 20 Millionen Kubikmeter Wasser, der mit einem Mal barst und das Tal bis zur Rhone hinaus verwüstete. 1848 wurde das Oetztal in seiner ganzen Länge überflutet.

Der größte Alpengletscher, der Aletschgletscher im Finsteraarhorn, mißt 700 Meter Eisdicke (das entspricht 11 Millionen Kubikmetern Eismasse).

Im Innern des Gletschers herrscht übrigens eine relative Wärme: 0 Grad oder wenig darunter, verursacht durch die Erdwärme und die Reibungswärme der Eismassen.

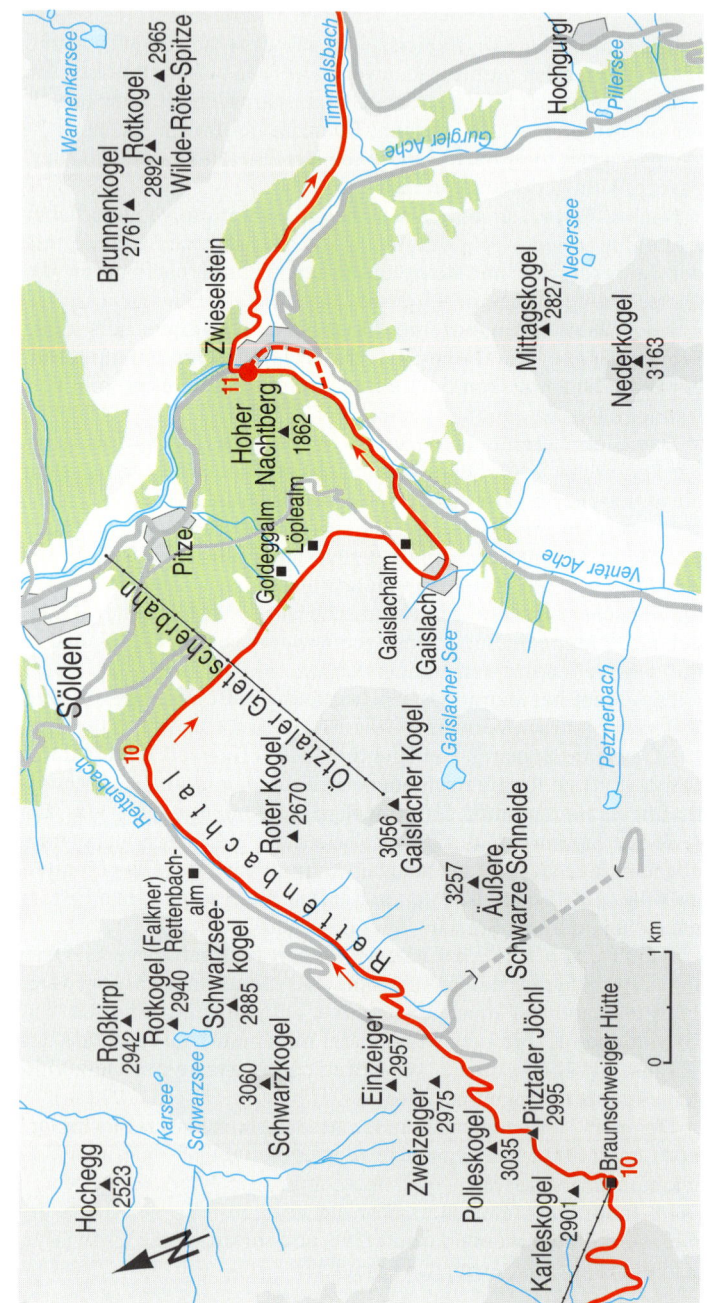

Tourenbeschreibung Die Braunschweiger Hütte (2759 m) ist die höchstgelegene Unterkunftshütte des Fernwanderwegs.

Links in nordöstlicher Richtung *am Südabsturz des Geigenkamms entlang,* der einzig schneefreien Bergkette inmitten der Gletscherwelt rings um die Braunschweiger Hütte. In einer halben Stunde, zuerst über *Gesteinshalden* abwärts, dann auf sichtbarem *Pfad* hinauf zum höchsten Punkt des Fernwanderwegs: *dem Pitztaler Jöchl* (2995 m) (weißes AV-Schild: »Pitztaler Jöchl – Sölden«).

Vielleicht sieht man gerade drüben am Mittelbergferner eine lange Kette von Punkten, die sich den Schneehang hinaufbewegt: Geführte Bergsteigerkurse zur Wildspitze. Vom *Pitztaler Jöchl* auf Schneefeld abwärts zur *Schlepplift-Talstation* (2800 m).

Vom *Parkplatz* auf Teerstraße abwärts. In der *ersten Rechtskurve* (wieder) auf rot markierten Fußpfad über Felsgestein. Links oberhalb bleibend am nächsten Schlepplift (Skischule, Bergführerbüro) vorbei, wieder *auf Straße* zuhalten. Diese überqueren. Nun auf *Weg Nr. 16* (Wanderweg vom Rettenbachferner nach Sölden) durch Gesteinshalden *in der Senke des Rettenbachtals* entlang.

Die *Autostraße* wird rechts unterhalb *Falkners Gasthaus* wieder erreicht. (1 Stunde). Gleich nach der *roten Rastbank* rechts hinauf, 50 Meter entlang oberhalb der Straße, nochmal wird diese kurz berührt und dann zweigt endlich der *Weg Nr. 12* ab (Höhenweg über Mittelstation zur Gaislach Alm).

Südlich verlaufend, und durch reiche Vegetation (Heidelbeeren!) erfreuend bringt uns dieser Höhenweg wohltuende Erfrischung im Gegensatz zu dem kargen und vom Skiliftrummel erschlossenen *Rettenbachtal.* Unser Fußweg quert der Länge nach Wiesenhänge. Auf dem Fahrweg, der nach $1/4$ Stunde erreicht worden ist, nur 10 Meter entlang, dann links ins Gebüsch auf der *Pfadspur.*

Genüßliche Ausblicke auf die Stubaier Alpen, zum Hohen Söldenkogel (2975 m) und zum Zuckerhütl (3505 m) über dem Windachtal; davor reihen sich über dem Timmelstal der Vordere Brunnenkogel (2761 m), der Hintere Brunnenkogel (2887 m), der Rotkogel (2892 m), die Wilde-Röte-Spitze (2965 m) mit dem Vannenkarsattel (2914 m) entlang zum Timmelsjochberg (2970 m).

Die Ötztaler Gletscherbahn von Sölden zum Gaislachkogel (3058 m) fährt vielleicht gerade über unseren Köpfen empor wenn wir die Drahtseile etwa 150 Höhenmeter *unterhalb der Mittelstation* passieren. Zur Rast verlockend, direkt am Weg, liegt dann die *Gaislach-Alm* (Jausenstation) mit ihrer Gartenterrasse. Der Wirt behandelt E 5-Wanderer bevorzugt!

Weiter zum *Alpengasthof Gaislach-Alm* (1968 m; Einkehr- und Unterkunftsmöglichkeit). Der gelbe Wegweiser »Ins Venter Tal und nach Zwieselstein« leitet uns zuverlässig über Almwiesen hinab zum *Weiler Gaislach*. Malerisch die kleine weiße Kapelle und die braun verbrannten stilvollen Bauernhäuser!

Der Abstieg nach *Zwieselstein* führt durch Wald *(Weg Nr. 46)* abwärts zur Straße durch's Ventertal, quert diese und verläuft als Pfadspur zwischen Straße und Venter Ache talauswärts. Nach 20 Minuten leitet bei einem Sportplatz eine Holzbrücke ans rechte Ufer, und zuletzt erreichen wir entlang der Timmelsjochstraße die Talherberge (1472 m; DAV-Unterkunftshaus, Linienbushaltestelle zum Timmelsjoch) und den Ort Zwieselstein (1450 m; 45 Minuten; Einkehr- und Unterkunftsmöglichkeiten).

Der E 5 in Norditalien

In den Sarntaler Alpen
Vom Ötz- über das Passeiertal ins Etschtal

 11 **Zwieselstein – Timmelsjoch – Moos**

Verkehrsmöglichkeiten Der Gasthof Post in Zwieselstein unterhält ein Taxigeschäft und betreibt die Raststätte am Timmelsjoch. Am Morgen wird das Personal zur Raststätte gebracht. Es besteht Mitfahrgelegenheit bis zu fünf Personen. Oder man benützt den Linienbus (nur bis Anfang September) ab Zwieselstein früh am Morgen bis zum Timmelsjoch. Zeit erfragen! Moos hat Anschluß an die Timmelsjoch-Hochalpenstraße.

Wegmarkierung Rot; Wanderwegweiser; rot-weiß (= AV Südtirol) ab Timmelsjoch.

Tourenlänge 17 km.

Wanderzeit 7 Stunden.

Höhenunterschiede Insgesamt 1059 m.

Wanderkarten 1:50 000 Kompass Wanderkarte Nr. 43, Nr. 53.

Wissenswertes Das Oetztal von Oetz bis Obergurgl: Die Vielfalt des Oetztals macht es für seine Freunde ganz besonders liebenswert. Vom mediterranen Klima der untersten Talstufe bei Oetz, mit einer üppigen Vegetation an Weintrauben, Pfirsichen, Aprikosen und Edelkastanien, sowie dem wärmsten Badesee Tirols, dem Piburgersee bei Oetz, erreicht die höchste Gletscherbahn Österreichs in Sölden eine Höhe von 3085 Metern.

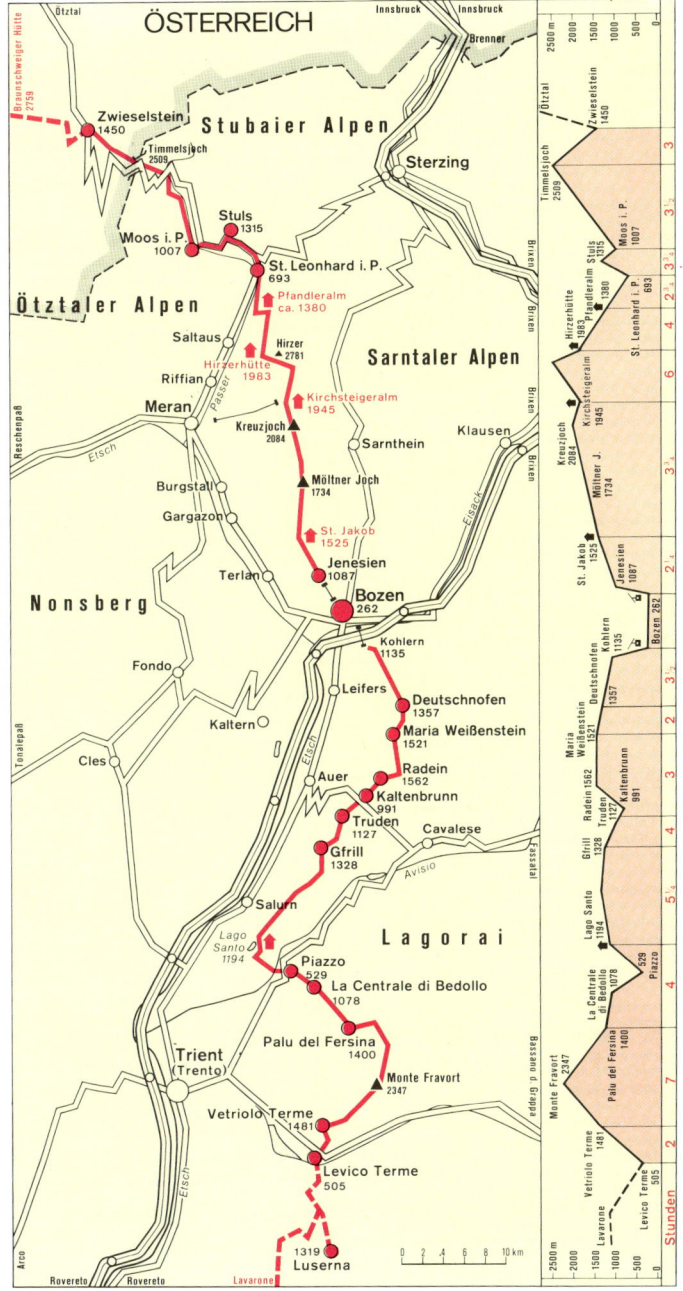

»365 Tage Skilauf im Jahr« verspricht das Oetztal seinen Gästen. Insgesamt 33 Skilifte ermöglichen das Abenteuer des alpinen Skilaufs.

Die Grenze der Belastbarkeit einer Landschaft scheint also erreicht, trotzdem planten vor Jahren übereifrige alpine Baumeister von der ohnehin schon fragwürdigen Oetztaler Gletscherstraße her einen Tunneldurchbruch durch das Rettenbachtal unterm Pitztaler Jöchl hindurch. Damit hätte man dem Wanderer bestenfalls eine Stunde Aufstieg von 2800 Meter auf 2995 Meter erspart. Das Projekt scheiterte – nicht zuletzt am entschiedenen »Nein« des österreichischen Alpenvereins.

Ölpartikel auf dem Rettenbachferner in über 3000 Metern Höhe sprechen eine ohnehin schon deutlich bedrohliche Sprache.

Es sei noch daraufhingewiesen, daß es in Sölden, Obergurgl und Vent Bergführerschulen gibt, deren Programme ebenso geführte Wanderungen wie Grundkurse in der Beherrschung von Schnee und Eis vorsehen.

Das Timmelsjoch – Hochalpenstraße und Schafweide: »Wenn die Schafe tief ins Tal herabkommen, so ist das ein untrügliches Zeichen dafür, daß sich das Schönwetter auch weiterhin hält«, erklärte uns ein Hirte am Timmelsjoch.

Tourenbeschreibung   In der Ortsmitte von *Zwieselstein* hinter Hotel und Pension *Post* kurz aufwärts und nach dem ersten Bauernhof rechts auf den »Weitwanderweg durch das Ötztal«. Über *Wiesenbuckel* in unterschiedlichen Steigungen bergauf. Bald sehen wir in südlicher Richtung den Einschnitt des Timmelstales links oberhalb des Gurgler Tales, durch welches sich die Hochalpenstraße über Hochgurgl hinaufzieht. Dort, wo der Timmelsbach in das Gurgler Tal einmündet, passieren wir auf einem *Steg* einen gischtsprühenden *Wasserfall* und erreichen bei der »*Steinernen Finanzwache*« (1990 m) den *Timmelsbach*. Weiter am *Bachufer* entlang bis zu einer *Talenge*, wo wir auf einem *Steg* den *Bach* überqueren, kurz die *Fahrstraße* mit der halboffenen Untertunnelung berühren und schließlich weiter oben die Straße auf der *Timmelsjochbrücke* (2101 m) überqueren. Rechts der Straße etwa 20 Minuten weiter, bis uns ein Wegweiser zum Timmelsjoch wieder nach links über die Straße führt und uns schließlich zuverlässig die kargen *Schafweiden* bis hinauf zum *Timmelsjoch* leitet (Passo del Rombo; 2509 m; Einkehrmöglichkeit).

Direkt am *italienischen Grenzübergang* (wir berühren den nördlichen Rand des Naturschutzparks Texelgruppe) links, erst 100 Meter auf breiter Trasse, dann rechts auf Fußpfad steil hinab ins *Passeirer Timmelstal*. Auf das leerstehende Steinhaus zuhal-

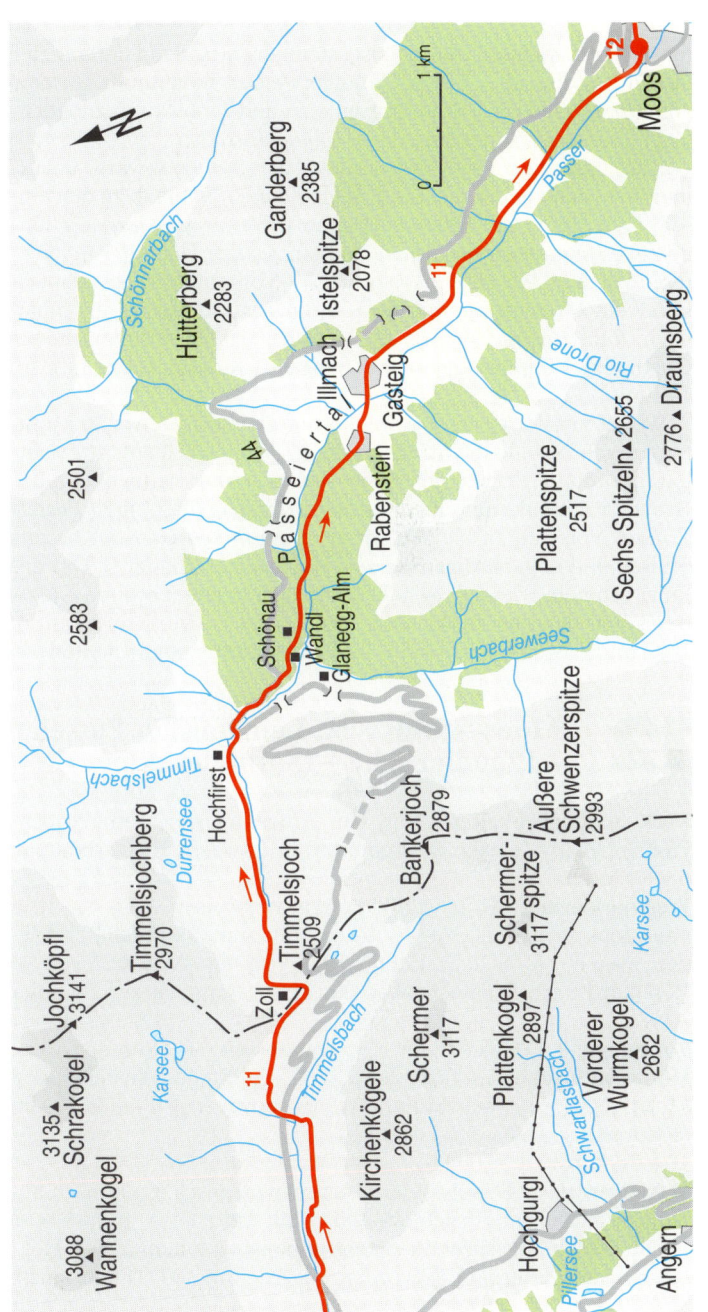

ten. Noch etwas steil durch Felsgestein abwärts, dann entlang der linken Talseite über karge Haflingerweiden hinab zum *Gasthof Hochfirst* (1780 m; 1 Stunde; Einkehr- und Unterkunftsmöglichkeit) über einer Spitzkehre der *Hochalpenstraße.*

Nun sind etwa 300 Meter entlang der *Straße* abwärts unvermeidlich, dann geht's rechts auf *Wiesenhangpfad* hinab zu den einsehbaren *Höfen* von *Schönau* (Egghof). Weiter auf *Güterweg* hinab zur *Passer,* über die *Brücke* und am *rechten Hangufer* in leichtem Auf und Ab zu den »Nothelfer«-Votivtafeln. Kurz danach kürzt ein *Wiesenhangpfad* die Kehren des Güterwegs bis hinab nach *Rabenstein* (Corvara in Passirio), dessen wunderschöner Gasthof zu Einkehr oder auch Unterkunft verleitet (etwa 1400 m; 1 Stunde).

Weiter auf der (leider) asphaltierten *Dorfstraße* etwa 20 Minuten bergab. Sobald die Straße ansteigt, gehen wir rechts zur sichtbaren breiten Brücke über die Passer – dort jedoch *vor* der Brücke nach links auf einem *kleinen Holzsteig* über einen *Passer-Zulauf.* Von nun an bleiben wir stets am *linken Ufer* der bereits breiten und ungebärdigen *Passer* (Hochwasserschäden!). Der anfangs schmale *Wanderweg* geht allmählich in einen breiten *Güterweg* über, der uns direkt nach *Moos* führt (= Moso in Passirio; 1007 m; 1¹/₂ Stunden; Einkehr- und Unterkunftsmöglichkeiten).

12 Moos – Stuls – St. Leonhard in Passeier – Pfandler Alm – (Sarntaler Alpen)

Verkehrsmöglichkeiten Bus von Moos an der Timmelsjoch-Hochalpenstraße nach St. Leonhard in Passeier; Busverbindung nach Meran.

Wegmarkierung Rot(-weiß); Wanderwegweiser; Weg Nr. 10 a von Moos nach Stuls. Weg Nr. 9 von Stuls zum Gasthaus Bergfrieden; Weg Nr. 11 nach St. Leonhard in Passeier; Weg Nr. 3 von St. Leonhard nach Prantach; Weg Nr. 1 von Prantach zur Pfandler Alm.

Tourenlänge 14 Kilometer.   **Wanderzeit** 6¹/₂ Stunden.

Höhenunterschiede Insgesamt 1000 m; Steile Anstiege von Moos (1007 m) nach Stuls (1315 m) sowie zur Pfandler Alm (1345 m).

Wanderkarte 1:50 000 Kompass Wanderkarte Nr. 53.

Wissenswertes Das Passeiertal ist ein windgeschütztes, nach Süden (bis nach Meran) sich öffnendes Tal.

Die östlich angrenzende Texelgruppe ist zu einem 33 000 Hektar großen Naturpark geworden. Er beginnt am Timmelsjoch, zieht sich entlang des Passeiertals bis zum Etschtal im Süden und grenzt an das Schnalstal im Westen an.

Besondere Naturschönheiten sind die Spronser Seen über Meran in einer Höhe bis zu 2589 Meter: Von submediterranen Flaumeichen am Naturnser Sonnenberg hinauf, an zahlreichen Wasserfällen vorüber, zu Firngipfeln bis in 3500 Meter Höhe.

Besonders interessant und schön sind die durch Seitengletscher entstandenen Seitentäler, die in wechselnder Höhenlage unvermittelt über den Haupttälern ausmünden, so z. B. im Bereich des Schwarzsees. (Man kann von der E 5 Route aus zum Schwarzsee hinaufsteigen – und zwar bevor man beim Abstieg vom Timmelsjoch wieder auf die Hochalpenstraße kommt links, 2^1/$_2$ Stunden). Am ausgeprägtesten finden sich solche Seitentäler als Raffein- und Finailgraben nördlich des Vernagter Stausees. Weithin berühmt ist auch der Waldsee oder Faglsee (»brüllender See«), da sein »Knottern« (Brüllen) innerhalb der nächsten drei Tage einen Schlechtwettereinbruch ankündigen soll. Kultstätten aus der Vorzeit finden sich noch sehr gut erhalten am Pfitschjöchl.

Von seltener Art ist die Flora: Zwerg- und Gamsheide, Silberwurz, Gletscher-Hahnenfuß, Steinbrech, Gletscher- und Mannesschild, Kleine Gänsekresse, Felshungerblümchen, Blaugras und die kalkholde Schwarzsegge, Hornkraut und die Klebrige Primel gedeihen ebenso wie Moose und Flechten, Farne und Sträucher, Buchen, Weiden, Eschen, Zitterpappeln, Feld- und Bergahorn, Grünerlen, Zirben und Lärchen. Die Unter-Schutz-Stellung des Gebietes wird auch weiterhin für die Erhaltung der Schneehühner und Enten, der Stein- und Haselhühner, der Birkhähne und des Uhus, des Kolkraben und des Steinadlers, des Reh- und Rotwilds, der Gemsen und Murmeltiere und in tieferen Regionen für das Auerwild, die Nachtigallen, Steinröteln, Ortolanen, Felsenschwalben, Alpensegler, Rötelfalken und Mönchsgrasmücken sowie für die Smaragdeidechsen, Siebenschläfer, Zikaden, Gottesanbeterinnen und Falter garantieren.

Tourenbeschreibung Der Weiterweg führt uns von *Moos* entlang der *Fahrstraße* nach St. Leonhard im Passeier Tal etwa 300 Meter abwärts zu einem kurzen *Straßentunnel,* den wir durchqueren müssen. Am *Ende des Tunnels* zweigt links ein mit Steintreppen und einem Eisengeländer befestigter *Fußweg* über einen *Felsen* hinauf in den *Wald.*

Der rot-weiß markierte, mit der Wegenummer 10 und der Ortsbezeichnung »Stuls« versehene *Pfad* führt uns in anfangs steilem Anstieg bis zu einem *Einzelgehöft* (1172 m). Dort kurz entlang dem Güterweg, dann wieder auf *Wanderweg 10* rechts ab durch

Moos

12

Platt

Stullerhof

Stuls

Ulfaß

44

12

Hohe Kreuzspitze
▲ 2746

Kleine
Kreuzspitze ▲
2518

Sogbach

Guttbach

Kuhlacke

Passer

Salderer Bach

Gomion

Bergfrieden ▪

St. Leonhard

Kristl

Passer

Matatzspitze
▲ 2179

Pension Klotz ▪

Sandwirt ▪

Ruine
Jaufenburg ▪

St. Martin

Prantach

Pfandlerhof ▪

Pfandler Alm ▪

13

▪ Gedenktafel

Plattenspitz ▲
2345

Hartlingerjoch-
spitze ▲
2413

Mörre

Riffelspitze
▲
2060

Grafersbach

Brantlbach

Prantachkogel ▲ 2334

Mahdalm ▪

Kreuzjoch
▲
2445

Fartleisbach

0   1 km

den *Wald*. Nach leichtem bergab wieder aufwärts zu den *untersten Höfen* von Stuls (1 Stunde). Zuletzt entlang der steilen Straße hinauf zu dem über dem Passeiertal gelegenen *Bergdorf* (1315 m; 20 Minuten; Einkehr- und Unterkunftsmöglichkeiten).

Entlang der eben am Hang nach Osten verlaufenden *Teerstraße* (Wanderweg 9 nach Gleiten) weiter, bis nach etwa 20 Minuten der *Wanderweg 9* durch Wiesen abwärts führt. Weiter unten treffen wir auf einen *Güterweg,* der uns hinab zu den Höfen von *Schlattach* bringt (1244 m; 30 Minuten). Bald darauf verzweigen sich die Weiterwege: Geradeaus können wir auf Weg 9 mit nur halbstündigem Umweg hinüber nach Gleiten (etwa 1200 m; Einkehr- und Unterkunftsmöglichkeit) wandern, um von dort aus den als am schönsten gerühmten Ausblick des Passeiertals zu genießen (Burggrafenamt, Laugenspitzen, Ötztaler Alpen etc.). Der Weg 11 führt nach St. Leonhard, wo man eventuell nach einer Viertelstunde Abstieg zum Kiosk an der »Gleitner Kehre« der Jaufenpaßstraße den Linienbus ins Tal erwischen kann.

Die Wegstrecke des E 5 hingegen leitet an der o. g. Wegeverzweigung recht steil die *Wiesenhänge* abwärts. Nach einem *einzelnen Hof* (Trinkwasser!) bald zu einem *Güterweg,* dessen Kehren sich ab und zu abkürzen lassen, hinab zur *Jaufenpaßstraße* und noch kurz entlang dieser nach *St. Leonhard* (693 m; 1¹/₄ Stunden; Einkehr- und Unterkunftsmöglichkeiten).

In der *Ortsmitte* beim *Gasthof Strobl* auf steiler Teerstraße aufwärts, dann dem Schappberg-Weg zum *oberen Ortsrand* folgen (20 Minuten). Weiter auf *Wanderweg 3* meist eben durch Wald- und Wiesenhänge Passeiertal-auswärts. Entlang eines *Waalwegs* (Bewässerungssystem) passieren wir dann einen Wasserfall aus der Gilfklamm (Jausenstation), bevor wir auf den ansteigenden *Wanderweg 1* treffen, der die Fahrstraße von St. Martin hinauf nach Prantach und zum *Pfandlerhof* etwas abkürzt (etwa 1000 m; 11/2 Stunden; Einkehrmöglichkeit im verlockenden Biergarten!).

Hinter dem *Biergarten* leitet dann der *Wanderweg 1* steil durch Wald aufwärts, den *neuen Güterweg* zur Pfandler Alm immer wieder abschneidend (manchmal folgt man angenehmer den Kehren!). Nach etwa 1 Stunde Aufstieg sehen wir die neu erbaute *Pfandler Alm* vor uns (1345 m; Einkehr und Unterkunft). Die frühere Romantik dieser E 5-Wegetappe, als es noch keinen Strom gab und Kerzen die abendliche Fernwanderer-Runde erhellten, ist zwar dahin. Dafür aber entschädigt das vorbildlich ganz aus hellem Holz erbaute und mit komfortablen Etagen-Duschen ausgestattete Haus heute auf angenehme Weise. Die Pfandler Alm ist – nach Ansicht des Autors – noch immer eine der schönsten Fernwanderweg-Etappen.

13 Pfandler Alm – Hirzer Hütte – Hirzer – Kratzberger See – Meraner Hütte

Verkehrsmöglichkeiten Hirzer-Seilbahn vom Gasthaus Klammeben nach Saltaus. Linienbusse Saltaus – Meran sowie Meran – Talstation der Ifinger-Seilbahn. Ifinger-Seilbahn in zwei Sektionen zum Piffinger Köpfl (1950 m; die daran anschließende Gondelbahn zur Kirchsteiger Alm hat meist nur Winterbetrieb). Kleinkabinen-Seilbahn von Taser nach Schennaberg (siehe Schlechtwetter-Variante).

Wegmarkierungen Rot-weiß-rot; Weg Nr. 1 Pfandler Alm – Hirzer Hütte; Weg Nr. 4 Hirzer Hütte – Meraner Hütte. Schlechtwetter-Variante: Weg Nr. 40 Hirzer Hütte – Taser (– Mittelstation der Ifinger Seilbahn); Markierter Waalweg Schennaberg – Talstation der Ifinger-Seilbahn.

Tourenlänge 14 Kilometer. Schlechtwetter-Variante: 12 bzw. 15 Kilometer.

Wanderzeit 9^1/$_2$ Stunden. Schlechtwetter-Variante: 3 bzw. 4 Stunden.

Höhenunterschiede 1550 Meter. Schlechtwetter-Variante: 500 Meter Abstieg, geringfügige Anstiege.

Wanderkarte 1:50 000 Kompass-Wanderkarte Nr. 53.

Die Pfandler Alm (© Veit Metzler)

Anmerkung Die Gesamt-Etappe Pfandler Alm – Meraner Hütte kann nur sehr ausdauernden Wanderern als Tagestour empfohlen werden – besser auf zwei Tage aufteilen und in der Hirzer Hütte übernachten. Unterkunftsmöglichkeit auch in der Kesselberg-Hütte (Rifugio Valcanova, 2300 m; ab Hirzer Hütte 5^1/$_2$ Stunden, 30 bis 45 Minuten östlich des Missensteiner Jochs).

Am Hirzer, mit 2781 Metern der höchste Gipfel der Sarntaler Alpen, stauen sich oftmals Wolken. Bei unsicherer Wetterlage sollte diese Hochgebirgstour nicht unternommen werden. Anstatt mit Verkehrsmitteln die Meraner Hütte zu erreichen, bietet sich eine Kombination aus Wandern und Seilbahnen an (Seilbahnen sind in Italien preiswerter als in Deutschland):

Schlechtwetter-Variante:
Hirzer Hütte – Videgg – Taser – Schennaberg – Verdinser Waalweg – Talstation der Ifinger Seilbahn – Piffinger Köpfl – Meraner Hütte
Tourenbeschreibung Von der *Hirzer Hütte* (1983 m) auf bezeichnetem *Weg Nr. 40* in 15 Minuten hinüber zur *Bergstation* der *Hirzer-Seilbahn* mit dem aussichtsreich über Meran gelegenen *Gasthaus Klammeben.* Dort links auf ebenem Wiesenhangpfad in weiteren 15 Minuten zur *Staffelhütte* (1940 m; Einkehrmöglichkeit), umrahmt von der wilden Felsszenerie von Videgger, Verdinser Plattenspitze und Ifinger Spitze!

Dem Gros der Tagesausflügler und »Sonnenanbeter« entgehen wir rasch, indem wir nach der Bergstation einer Materialseilbahn wieder auf *Weg Nr. 40* steil durch *Wald* abwärts nach *Videgg* wandern (Viadacqua, 1536 m; 30 Minuten; mehrere Einkehrmöglichkeiten, Unterkunft im Gasthaus möglich).

Der Weiterweg nach Taser quert als breiter *Güterweg* zunächst die zerfurchten Wassergräben, die von Königsspitze und Plattenspitzen herabziehen. Nach etwa 30 Minuten folgen wir dem links ansteigenden *Waldpfad* aufwärts. Steile Abstürze sind mit Geländern gesichert – Achtung, nicht zur Streitweider-Alm aufsteigen, sondern stets auf die Wegenummer 40 achten!

Die zweite Etappe dieses Wegs verläuft dann auf *breitem Forstweg* bis zum *Weiler* und *Gasthof Taser* (1450 m; 30 Minuten) mit der *Bergstation* der *Taserbahn.* (Man kann auch dem Weg Nr. 40 die Wald- und Wiesenhänge entlang über Greitererhof, Gasthaus Egger und Gasthof Gsteier bis zur Mittelstation der Ifinger-Seilbahn folgen, etwa 2 Stunden.) Nun folgt noch ein »echtes Abenteuer unserer Zeit«: In waghalsiger Geschwindigkeit bringt uns die kleine, nur 6 Personen Platz bietende Kabinenseilbahn hinab nach *Schennaberg* (827 m)! – An der *Talstation* dem Wanderweg-

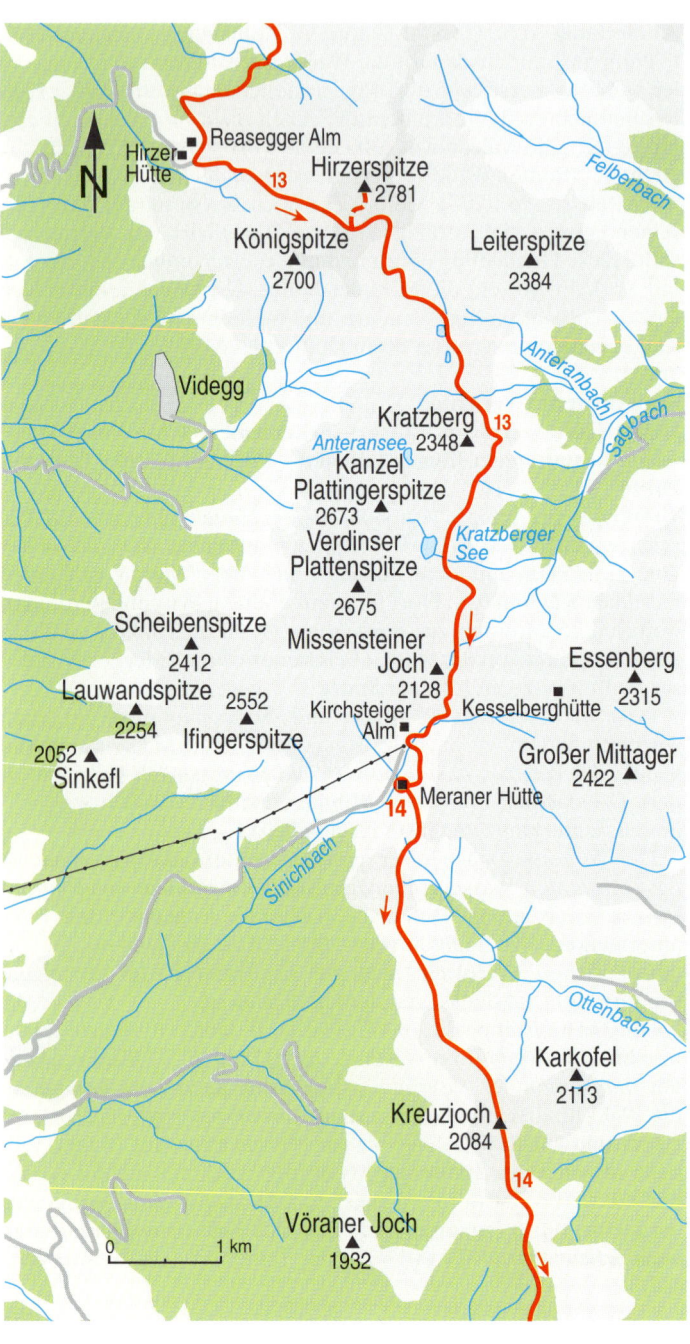

Reasegger Alm

Hirzer
Hütte

13 → Hirzerspitze
2781

Königspitze
2700

Leiterspitze
2384

Videgg

Anteranbach

Felberbach

Sagbach

Kratzberg
Anteransee 2348 ▲ **13**

Kanzel
Plattingerspitze
2673

Verdinser
Plattenspitze
2675

*Kratzberger
See*

Scheibenspitze
2412

Missensteiner
Joch
2128 ▲

Essenberg
2315 ■

Lauwandspitze
2254 ▲ 2552 ▲

Ifingerspitze

Kirchsteiger
Alm ■

Kesselberghütte ■

2052 ▲
Sinkefl

Großer Mittager
2422 ▲

14 Meraner Hütte

Sinichbach

Ottenbach

Karkofel
2113 ▲

Kreuzjoch
2084 ▲

14

0   1 km

Völaner Joch
1932 ▲

weiser nach St. Georgen folgen: Wir weichen so vom Fahrweg gleich wieder links ab und erreichen den *Verdinser Waalweg.* Er leitet uns von nun an ungemein stimmungsvoll durch Wald und Wiesen unterhalb von St. Georgen vorbei, führt uns Meran von einer seiner schönsten Seiten vor Augen und bringt uns zuverlässig bis zum *ehemaligen Schloß Vernaun* (698 m; 50 Minuten), nur wenige Schritte von der *Talstation* der *Ifinger Seilbahn* entfernt. – Ab der *Bergstation* am *Piffinger Köpfl* (1905 m) leitet uns der gut bezeichnete Wanderweg nach kurzem Anstieg hinüber zur *Kirchsteiger Alm* und zur nahen *Meraner Hütte* (1960 m; 1 Stunde; Einkehr und Unterkunft).

Wissenswertes Andreas Hofer: Der Südtiroler Freiheitsheld kämpfte von 1796 bis 1810 gegen die Eroberungs- und Fremdherrschaftspolitik Napoleons. Sein Widerstand fand Unterstützung in breiten Teilen der Südtiroler Bevölkerung. Zur gleichen Zeit etwa, als sich Spanien gegen Napoleon erhob, brach der Aufstand wie ein Unwetter über die mit den Franzosen verbündeten Bayern herein. Sie wurden bis über den Brenner zurückgedrängt. Tirol wurde befreit.

Als dann Napoleon eine neue Armee gegen die Aufständischen in Marsch setzte, wurde diese bekanntlich in der Schlacht am Berg Isel bei Innsbruck vernichtend geschlagen.

Durch den Znaimer Waffenstillstand zwischen Österreich und Frankreich war jede weitere Kampfhandlung unter Kriegsrecht gestellt und Südtirol des österreichischen Schutzes beraubt. Hilflos war das Land nun Napoleons Willkür ausgeliefert und sah sich nach dem korsischen Diktat des Schönbrunner Friedens gezwungen, den aussichtslosen Kampf auf eigene Faust fortzusetzen.

Der weitere Verlauf dieses tragischen Freiheitskampfes ist längst Geschichte geworden und wirkt bis heute in vielen Geschichten und in den Tiroler Volksschauspielen nach:

Nachdem Andreas Hofer auch noch von seinen Mitanführern verlassen worden war, flüchtete er in seine Heimatberge, die Sarntaler Alpen. Doch sein Versteck auf der Pfandler Alm wurde verraten, und bald schon hatten die Franzosen seine Hütte umzingelt. In Ketten gelegt und auf die Festung Mantua abgeführt, wurde er dort nach seiner Weigerung, mit den Franzosen zu kollaborieren, am 20. Februar 1810 standrechtlich erschossen.

Andreas Hofer wurde zum Symbol einer durch nichts zu zerstörenden Freiheitsliebe und der unerschütterlichen Verbundenheit des Menschen mit seiner Heimat.

Die Sarntaler Alpen: Von der Talfer durchzogen und von Passer und Eisack flankiert, türmt sich der Gebirgsstock der Sarntaler

Alpen mit dem Tschöggelberg von Sterzing bis Bozen und trennt Meran von Brixen.

Die Menschen des Sarntals leben zurückgezogen und üben heute noch strenges Brauchtum mit ihrer, für jeden Anlaß eigens geordneten Tracht. Wort und Handschlag am Cyprianstag ersetzen den Dienstvertrag und erst am selben Tag im nächsten Jahr darf das Arbeitsverhältnis wieder gelöst werden.

Tourenbeschreibung Heute empfiehlt sich früher Aufbruch, steht uns doch der längste Aufstieg des E 5 bevor. Älteren Wanderern sei empfohlen, auf der *Hirzer Hütte* zu übernachten, um nicht der Mittagshitze ausgesetzt zu sein. Kein Trinkwasser zwischen *Pfandleralm* und *Mahdalm!* Von der *Pfandleralm* über die Waldlichtung zur *Andreas-Hofer-Hütte.* Dort links auf gut markiertem *Steig Nr. 1* steil in den *Wald.*

Eine erste Lichtung (Unterstandshütte, 1 Stunde) gewährt Ausblicke über das Passeiertal hinüber ins Vinschgauer Tal. (In der Senke dazwischen liegt nicht einsehbar Meran.) Darüber die schneebedeckten Gipfel der Ötztaler Alpen.

Weiter aufwärts führt der Weg immer wieder im Wechsel mit Wald und Wiesen gleichmäßig steil aufwärts bis unterhalb der *Riffelspitze* (2063 m). Der sich lang hinziehende Aufstieg wird durch eine Vielfalt von Wiesen- und Alpenblumen reichlich entschädigt. Weiter bis zum *Südhang* der Riffelspitze, wo wir die steilste Wegetappe erreicht haben (etwa 2000 m; 1 Stunde).

Ein *breiter Steig* führt sicher unterhalb des Prantachkogels (2334 m) und des Kreuzjochs (2445 m) entlang. Wir passieren ganze Felder rostblättriger Alpenrosen, die sich über der Schlucht zur Pfandl-Spitze (2358 m) in dunkle Tannenwälder verlieren. Weite Wälder auch zur Texelgruppe und in westlicher Richtung bis zu den kargen Ausläufern des Timmelsjochs.

Ein paar Meter über der *Mahd-Alm* (Einkehrmöglichkeit und Unterkunft für 6 Personen) endet der Steig. Hinab zur *Alm,* über den *Grafeisbach* zur *Hinteregg-Alm* (1990 m; 1 Stunde; Einkehrmöglichkeit und Unterkunft für 12 Personen). Und was für ein Genuß ist es doch nach diesem Aufstieg, sich Tiroler Speckknödel oder ein goldgelbes Schinkenomelett schmecken zu lassen.

Weiter auf dem breiten *Pfad Nr. 1* um den nordwestlichen Ausläufer der Hirzerspitze (2781 m) herum zur Hirzerhütte (1983 m; 30 Minuten; Einkehr und Unterkunft). Oberhalb der Hütte führt der *Weg Nr. 4* an einem kleinen *Stadel* vorbei über steinige Almböden wieder steil bergauf. Dann kurz etwas flacher durch das *Hirzerkar* ($^1/_2$ Stunde). Der letzte Aufstieg zur *Hirzerspitze* kann beginnen.

Nach gut zwei Stunden steilen Aufstiegs (ab der Hirzerhütte) stehen wir auf der Hirzerscharte (etwa 2670 m). Wem die prächtige Aussicht von hier aus nicht genügt, kann dasselbe Panorama nach leichtem Aufstieg (etwa 15 Minuten) von dem 2781 Meter hohen, etwas exponierten Gipfel aus noch einmal genießen.

Der Hirzer ist einer der wenigen, freistehenden, markanten Berge am E 5, die einen vollständigen, umfassenden Rundblick bieten:

Majestätisch schimmern im Nordosten die schneebedeckten Zillertaler Alpen über das Pustertal. Dann türmt sich die schroffe Geislergruppe (3025 m). Daneben der abgeflachte, breite Rücken der Sella mit der Boé-Spitze (3151 m). Dem fünfgezackten Langkofel (3181 m) vorgelagert der unverkennbare Rosengarten. Und dahinter aufragend die Gletscher der Marmolada (3342 m). Bereits zum Gardasee abfallend, das Latemar (2846 m), Partien des Lagorai (2573 m) und die Lessinischen Berge (1798 m). Und abschließend runden in nordwestlicher Richtung die Brenta (3173 m), der weiße Adamello (3555 m) und die Ortlergruppe (3899 m) das großartige Panorama bis zu den Ötztaler Alpen (Weißkugel: 3736 m) ab.

Wieder zurück zur *Scharte.* Auf der Ostseite des Hirzers Abstieg ins *Anteran-Tal,* das links (Sterzing) ins Penser Tal und rechts nach Bozen ins Sarntal einmündet.

Durch *schrofiges Gelände* steil abwärts zur Schafweide der Anteranalpe. Ein großer beschrifteter *Felsblock* weist darauf hin, daß wir uns auf dem *»Gebirgsjäger-Gedächtnissteig«* befinden. Diesem Weg folgen wir nun bis *Meran 2000.*

Noch ein Stück abwärts, dann wird der *Anteran-Bach* nach rechts überschritten. Nun geht es *entlang den kargen Felsausläufern* des Mairnieder (2440 m), dem Plattenjoch (2398 m), dem Kratzberg (2348 m; darüber die Videgger Platten-Spitze 2514 m), der Kanzel Plattinger Spitze (2673 m) und zuletzt der Verdinser Plattenspitze (2675 m) hoch über dem Sarntal ohne große Höhenunterschiede bis zum blaugrünen *Kratzberger See* (2119 m) (2 Stunden).

An der *linken Seeseite* vorbei in einer halben Stunde zum *Missensteiner Joch* (2128 m; siehe Anmerkung). Von hier zuerst rechts, dann links hinab ins *Skigebiet »Meran 2000«* (Wegweiser).

In einer weiteren Viertelstunde ist die *Kirchsteiger Alm* erreicht – ein Hotelbetrieb, der im September schon geschlossen hat. Weiter zur nahegelegenen Meraner Hütte (AVS-Hütte, 1960 m; Einkehr und Unterkunft).

14 Meraner Hütte – Tschögglberg – St. Jakob auf Lafenn – Jenesien (S. Genesio) – Bozen

Verkehrsmöglichkeiten Von Jenesien Seilbahn nach Bozen; an der Talstation Buslinie Nr. 1 zur Stadtmitte (Fahrkarten können nur mit Münzen am Automat im Bus oder bei den TABAK-Stellen gelöst werden).

Wegmarkierung Rot-weiß; Wanderwegweiser; Weg Nr. 4 von der Meraner Hütte bis St. Jakob auf Lafenn; Weg Nr. 1 bis Jenesien.

Tourenlänge 18,5 km.

Wanderzeit 5–6 Stunden.

Höhenunterschiede Insgesamt 250 m An- und 1000 m Abstieg.

Wanderkarte 1:50 000 Kompass Wanderkarte Nr. 53.

Anmerkung Da in Bozen alle Unterkünfte belegt sein können empfiehlt es sich, in Jenesien zu übernachten (Auskunft am Verkehrsamt). Wer auf der traditionellen E 5-Route weiterwandern möchte, kann auch nach der Auffahrt mit der Kohlerer Bergbahn in Bauernkohlern übernachten. Vorher jedoch über Fahrzeiten und eventuelle Ruhetage erkundigen!

Wissenswertes Der Tschögglberg – Skigebiet über Weinbergen.

Der Tschögglberg gehört bereits zur Südtiroler Porphyrplatte. Sein gegen die Sarntaler Alpen breit hingelagerter Rücken schützt die Täler vor allzu rauhen Winden, auch trägt das fruchtbare vulkanöse Gestein seinen Teil dazu bei, daß der Wein hier so besonders gut gerät.

Meran 2000 auf der Hochfläche des Tschögglberges ist längst ein Begriff im Skitourismus geworden. Von Obermais aus durch eine Seilschwebebahn nach Hafling, vom Ortsteil Falzeben durch einen Sessellift und vom Naiftal (4 km östlich von Meran) durch eine Schwebebahn aufs Piffinger Köpfl (1905 m) erschlossen.

Von dort weiter hinauf mit einer Gondelbahn zur Kirchsteiger Alm (1938 m), von wo aus Sesselbahnen nordöstlich zum Kesselwand-Joch (2265 m) und südöstlich zum Mittager (2234 m) abzweigen.

Meran (320 m) selbst gilt seit dem 19. Jahrhundert als der bedeutendste heilklimatische Kurort an der Südseite der Ostalpen: geringe Luftfeuchtigkeit und radioaktive Quellen, von Bergen umrahmte Burgen, Obstgärten und Rebhänge verleihen der Stadt ihren Charakter. Von Marling nach Oberlana führt ein berühmter Waalweg als Spazierweg auf halber Höhe entlang der Bewässerungskanäle für Wein- und Obstanbau. Städtisches Museum mit prähistorischen Funden.

Bozen, die Hauptstadt der Provinz Südtirol (262 m). Am Zusammenfluß der Talfer und Eisack in die Etsch gelegen, war Bozen natürlich schon zu Zeiten, als die Flüße noch die hauptsächliche Güterbeförderungsmöglichkeit darstellten, ein ebenso begehrter wie umstrittener Handelsplatz. Als die Römer die Brennerstraße anlegten, richteten sie hier die »Pons Drusi«, eine Poststelle in den gefürchteten Bergen ein.

Als dann der erste Handel zwischen Nord und Süd florierte, wurde es zu Bauzanum. 680 fiel es an langobardische, 740 an fränkische und später noch an bayerische Herren.

Als Bozen dem Bischof von Trient zufiel, erkannte dieser die wichtige Position des Umschlagplatzes zwischen Bodensee-Donauraum und Venedig mit seinen Handelsbeziehungen zum Orient und er erhob eilends hohe Zölle und Steuern.

Seit dem 13. Jahrhundert schließlich gehört die Stadt zu Tirol, bis sie 1919 Italien zugesprochen wurde. 1948 erhielten die Provinzen Bozen und Trient eine Art Autonomie zuerkannt. Später wurde auch in der Provinz Bozen die Zweisprachigkeit Deutsch-Italienisch an den Schulen und Amtsstuben zur Regel.

Gerne besucht werden heute in der Innenstadt: Der Waltherplatz mit gotischer Pfarrkiche, die von Bogengängen gesäumte Laubengasse, das Merkantilgebäude, das Rathaus, der Obstmarkt, das Franziskanerkloster (Kirche und spätromanischer Kreuzgang aus dem 14. Jahrhundert, spätgotischer Schnitzaltar), das Städtische Museum und im Ortsteil Gries (früher Winterkurort) das Benediktinerkloster, die Stiftskirche (spätes Rokoko 1769 –78) und die gotische Alte Pfarrkirche (15.–16. Jahrhundert; geschnitzter Altarschrein von Michael Pacher).

St. Jakob auf Lafenn   (© Hubert Ringbeck)

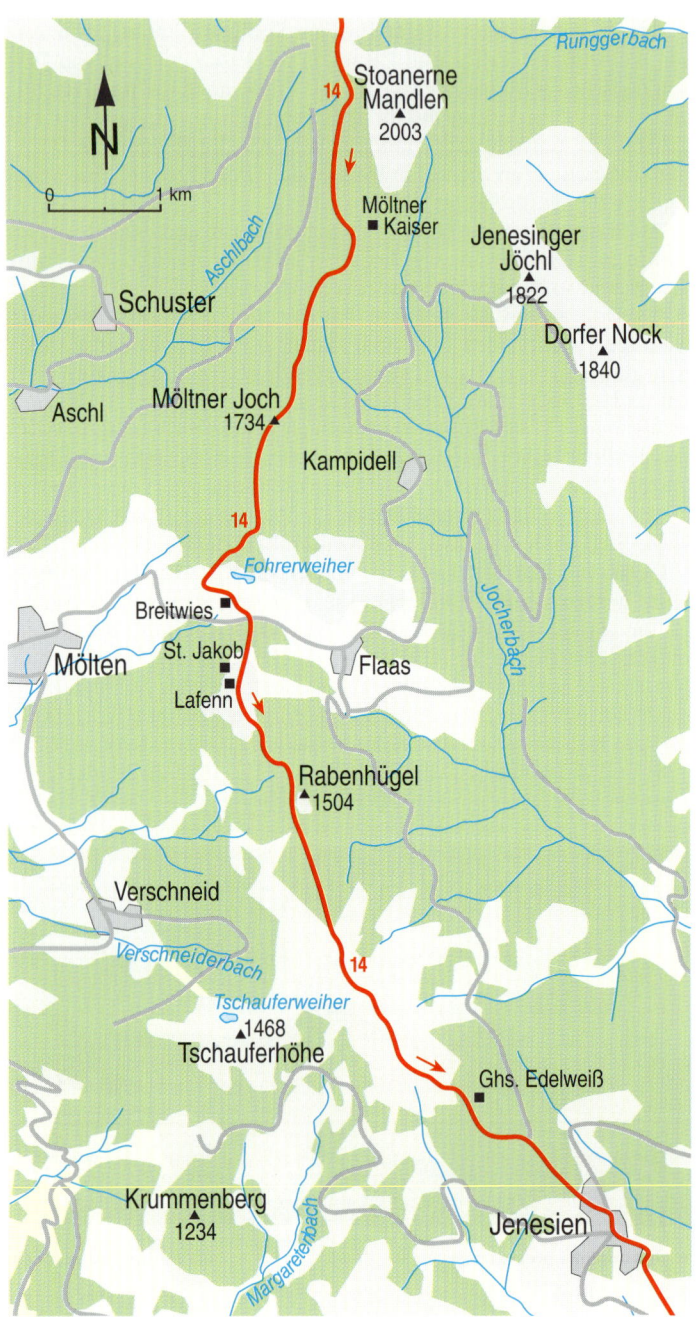

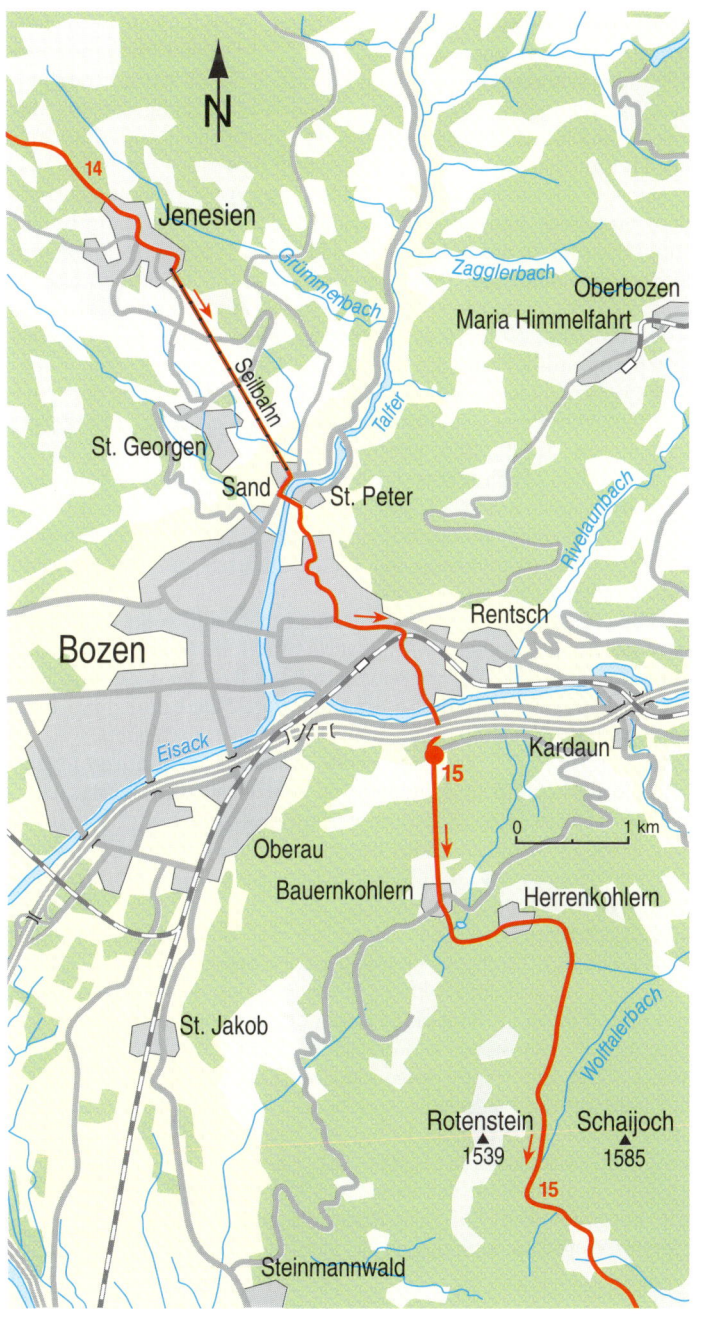

Tourenbeschreibung Für den heutigen Ausklang des Nordabschnitts des E 5 wünschen Verlag und Autor allen Fernwanderern nochmals schönes Wetter. Denn eigentlich haben wir nur noch einen – wenn auch ausgedehnten – Höhenspaziergang vor uns, der uns dennoch das ganze Spektrum der Südtiroler Landschaft und der Dolomiten eindrucksvoll vor Augen führt.

Von der *Meraner Hütte* südlich auf *Weg Nr. 4* zunächst entlang dem *Güterweg* hangaufwärts. Dann halbrechts am Hang hinauf zum Gratrücken des *Schartboden* (1964 m). Wir wandern von nun an stets auf den nach Süden zu hintereinander folgenden *breiten Grasrücken,* die meist etwas mehr An- als Abstieg erfordern:

Hinab zum *Kreuzjöchl* (1980 m), hinauf zur Maiser Rast (2026 m), hinüber zum *Kreuzjoch* (2084 m) und hinab zum *Auenjoch* (1924 m). Dort können wir auf *Weg Nr. 4* die Kuppe der »Stoanernen Mandln«, erkennbar an den zahlreichen aufeinandergeschichteten Steinhaufen, westlich umgehen. Wen es reizt, die eigentümlichen Gebilde aus der Nähe zu betrachten, der halte entlang dem *süd-östlich* verlaufenden *Wanderweg* direkt auf das »Dreifach-Kreuz« am Gipfel zu, überquere den massiven Bretterzaun nach rechts und folge der *Pfadspur* durch die Wiesen hinauf zum *höchsten Punkt* (2003 m).

Beim Abstieg hält man sich leicht rechts und folgt dann stets dem *höchsten Kuppenpunk*t abwärts durch die Haflinger-Weiden zum *Wald.* Dort treffen wir wieder auf den *Weg Nr. 4,* der uns, wiederum leicht rechts haltend, erst aus dem Wald und dann links steil hinab zur schön gelegenen *Almhütte des Möltener Kaser* bringt (1800 m; 2¹/₂ Stunden; große Auswahl an Südtiroler Speisen; Notunterkunft im Heulager bei Schlechtwetter-Einbruch).

Der Weiterweg nach Lafenn verläuft auf dem gekiesten *Güterweg* etwa 15 Minuten, dann biegen wir links ab auf den nahezu ebenen *Wanderweg* durch herrlichen *Lärchenwald.* Aus dem Wander- wird bald ein *Güterweg,* und sobald wir wieder auf ein »Dreifach-Kreuz« treffen, folgen wir der deutlichen *Pfad-* und *Traktorenspur* durch die Viehweiden abwärts.

Zuletzt auf steilem *Hohlweg* hinab (bei Wanderwege-Kreuzung links) und dann entlang einer durch einen hohen Bretterzaun gesäumten Pferdekoppel weiter (wir können dann den Kirchturm von Lafenn sehen). Im folgenden Markierungs-Wirrwarr treffen wir bald auf die *Wege-Nr. 1,* welche uns in zuletzt steilem Kurzanstieg hinauf nach *Lafenn* bringt (1527 m; 1¹/₂ Stunden; Einkehr- und Unterkunftsmöglichkeit). – Ab *Lafenn* ist die Schlußetappe entlang dem breiten, gekiesten und fast ebenen *Güterweg* durch die ausgedehnten *Lärchenwälder* bis zum *Gasthof »Edelweiß«* (letztes Wegstück asphaltiert) gar nicht zu verfehlen (1¹/₄ Stunden).

Rechts gegenüber dem Gasthof folgen wir dem markierten *Wanderweg Nr. 1* durch den Wald in (verwirrenden!) Serpentinen hinab nach *Jenesien* (1087 m; 45 Minuten). Links der Kirche auf *Steintreppen* und *Straße* abwärts zur *Bergstation der Seilbahn* nach Bozen.

In den Südtiroler Dolomiten
Vom Etsch- ins Cembratal und Fleimstal

15 **Bozen – Totes Moos – Deutschnofen (Nova Ponente) – Maria Weißenstein (Madonna di Pietralba) – Oberradein (Redagno)**

Verkehrsmöglichkeiten Bergbahn von Bozen nach Bauernkohlern.

Wegmarkierung Rot-weiß (Rot); Weg Nr. 4 von Bauernkohlern zum »Toten Moos«; Weg Nr. 1 nach Deutschnofen; Weg Nr. 2 nach Maria Weißenstein; Weg Nr. 9, dann Nr. 4 nach Oberradein.

Tourenlänge 22 km.

Wanderzeit 8$\frac{1}{2}$ Stunden.

Höhenunterschiede Insgesamt 1680 m; davon 870 m mit Seilbahn.

Wanderkarten 1:50 000 Kompass Wanderkarte Nr. 54, Nr. 74.

Anmerkung Über Fahrzeiten und eventuelle Ruhetage der Kohlerer Bergbahn vorher erkundigen.

Wissenswertes Kohlerer Bergbahn: Sie wurde 1908 gleichzeitig mit dem Wetterhornaufzug gebaut und ist die älteste Seilschwebebahn der Alpen. Schon im 15. Jahrhundert tauchte die Konstruktion dieser Erfindung in Zeichnungen auf, und gegen Ende des vorigen Jahrhunderts begann man, sie systematich zu entwickeln. Die erste Zahnradbahn wurde 1866 in den USA gebaut, 1871 fuhr die erste in Europa auf den Rigi.

Deutschnofen: Sommerfrische in 1357 Meter Höhe mit 1200 Betten. 2 Skilifte im Winter; Gotische Kirche des Hl. Ulrich; liegt, geologisch gesehen, auf Grödner Sandstein.

Der Wallfahrtsort Maria Weißenstein (1520 m) ist mit der Ortschaft Leifers durch den alten Wallfahrtsweg (14 Kreuzwegstationen) verbunden. Auffallend sind die Wege aus weißem Sandstein.

Die Legende berichtet von einem hier ansässigen Bauern namens Leonhard, der in einen Abgrund stürzte. Die Mutter Gottes

erschien ihm und versprach seine Rettung, wenn er ihr zu Ehren eine Kapelle errichten würde. Der Bauer wurde gefunden und gerettet, er vergaß aber seine wundersame Erscheinung. Bald darauf leuchtete jeden Abend ein Licht an immer derselben Stelle auf – und da erinnerte sich der Mann wieder an die Begebenheit. Als er im Jahr 1533 das Fundament für die Kapelle aushub, fand er eine kleine weiße Pieta, die er später in der Kapelle aufstellte.

Die Geschichte des Leonhard verbreitete sich rasch im ganzen Land und bald kamen viele Leute zur Leonhardiskapelle, um dort zu beten. 1561 mußte die Kapelle bereits vergrößert werden, und 1638 begann man mit dem Bau der heutigen Kirche. 1722 errichtete der Orden der Serviten das Kloster neben der Kirche und erhielt die Aufsicht über den Wallfahrtsort.

Die Wände der Eingangs- und Nebenräume der Kirche sind fast bis auf den letzten Zentimeter mit farbigen Bildern der Naiv-Malerei ausgeschmückt, die von wundersamen Errettungen und tatsächlichen Krankheitsheilungen erzählen.

Tourenbeschreibung Vom *Hauptbahnhof Bozen* per Taxi, Linienbus oder zu Fuß entlang der *Rittner Straße* (Via Renon) und dem *Bozner Bodenweg* (Via del Macello) zur *Talstation der Kohlerer Bergbahn* (Funivia del Colle; 269 m; 30 Minuten).

Ab der *Bergstation* in *Bauernkohlern* (Colle di Villa; 1135 m; Unterkunftsmöglichkeit) auf asphaltierter Straße kurz aufwärts, dann in deutlicher Rechtskehre auf gekiestem *Güterweg Nr. 4* (anfangs nicht markiert) links ab in den Wald und hinüber zum nahen *Herrenkohlern* (Colle dei Signori; 1185 m). Dort nach der Kirche rechts und auf *Wanderweg 4* in leichtem Anstieg durch den *Kampenner Wald* nach Süden.

An der *Wolftal-Alm* auf den Fahrweg zum *Toten Moos*. Auf dem *Weg Nr. 1* (von Bauernkohlern herführend) links weiter. Nach Passieren der beiden Häuser des *Steinerhofs* wenden wir uns links von der Fahrstraße ab.

Nach 20 Minuten durch Wald über einen Forstweg zur Fahrstraße am *Wölfl-Hof* (il Lupicino). Diese überqueren und nach einer Lichtung am Waldrand entlang aufwärts. Von dieser Stelle an dauert es dann noch ca. 15 Minuten von der Anhöhe über *Deutschnofen* (Nova Ponente) hinab zum Ort (1357 m; 3$\frac{1}{4}$ Stunden; Einkehr- und Unterkunftsmöglichkeiten).

Durch den Ortskern. Auf der Autostraße nach Petersberg und Welschnofen zum tiefsten Punkt der Ortschaft, dann rechts abzweigen und auf *Fußpfad Nr. 2* die Fahrstraße nach Petersberg überqueren. Etwa 200 Meter weiter zweigt dann links der Weg Nr. 2 zum alten Fahrweg von Deutschnofen nach *Maria Weißenstein*

(Madonna di Pietralba) ab. Auf diesem nun durch schattigen Wald aufwärts nach Maria Weißenstein (1521 m; 2 Stunden; Einkehr- und Unterkunftsmöglichkeit).

Das Kloster rechts liegen lassend in südwestlicher Richtung auf *Weg Nr. 9* hinauf zu einer Forststraße mit stets schönen Ausblicken zum Latemar, Rosengarten, Schlern und zum Weißhorn.

Dann – an der Weggabelung zum Jochgrimm – geradeaus und ab großer Rechtskehre auf *Weg Nr. 4* steil abwärts an der Nordseite des Butterlochs. Vom Talgrund des Bletterbachs wieder ansteigend, erblickt man rechterhand den Wasserfall des Bletterbachs, der hier (falls er gerade Wasser führt) inmitten roter Porphyrwände 40 Meter tief in eine Klamm (Taubenleck) stürzt, die trotz ihrer kleinen Ausmaße an den Colorado Cañon erinnert.

Oben durch Nadelwald (Föhren, Lärchen, Fichten, Zirbelkiefern) weiterwandernd, kommen wir rechts um eine Anhöhe herum absteigend, zum Zirmerhof in Oberradein (1562 m; 3 Stunden; Einkehr und Unterkünfte).

16 Oberradein – Regglberg – Kaltenbrunn (Fontanefredde) – Truden (Trodena) – Hornalm – Gfrill (Cauria)

Wegmarkierung   Rot-weiß; Weg Nr. 9 von Oberradein nach Unterradein; Weg Nr. 4 von Truden nach Gfrill.
Tourenlänge   15 km.   **Wanderzeit**   5^1/$_2$ – 6 Stunden.
Höhenunterschiede   Insgesamt 748 m.
Wanderkarte   1:50 000 Kompass Wanderkarte Nr. 74.
Wissenswertes   Der Regglberg, unterhalb des Weißhorns, zieht sich von Maria Weißenstein bis Jochgrimm und zum Lavaze Pass hin und bietet im Winter 5 Varianten fur Skilanglauf und Rodeln: Die Langlaufloipe Regglberg, geöffnet von Dezember bis Mai, wird als Trainings- und Ausweichort des internationalen Wettkampfs »Marcialonga« benützt und gilt als einer der schönsten Skiwanderwege Südtirols.

Oberradein (Redagno): Bekannt ist der Zirmerhof, der schon von so prominenten Leuten wie Max Planck und Ferdinand Sauerbruch besucht wurde. Im Innern Wandbilder von Ignaz Stolz, der hier in Fresken Szenen aus dem sagenhaften Eckenlied dargestellt hat; außerdem interessante Versteinerungen aus der Schlucht des Bletterbachs.

Truden (Trodena): Südlichster Ort des deutschen Sprachgebiets in Südtirol, vor etwa 1000 Jahren von den Langobarden besiedelt.

N

Petersberger Bach

Aldeiner Bach

Maria
Weißenstein

15

Schönrast
▲ 1791

Schnell

Aldein

Schor

Stadt

16

Oberradein

Gsalberbach

Bletterbach

Radein

Hohlen

Schwarzenbach

Kaltenbrunn

Neuradein

Cucul
▲ 1683

1384
▲ Kalmegg

S. Lugano

Truden

Trudner Bach

16

Aguai

Rivo di Solaiolo

Trudner
Horn
▲ 1781

0   1 km

Seit 1314 mit Altrei, Gfrill und Buchholz unter der Tiroler Herrschaft Kastell.

Salurner Klause: sie ist seit Jahrhunderten die deutsch/italienische Sprachgrenze.

Tourenbeschreibung Vom *Zirmerhof* wieder auf *Weg Nr. 9* zum *Wastlhof* (1419 m; Einkehr- und Unterkunftsmöglichkeit) und weiter durch den Wald abwärts nach *Unterradein.*

Unter dem lang hingestreckten, mit Kiefern, Fichten und Birken bewachsenen Abhang liegt das Fleimstal. Es beginnt am S. Lugano-Paß südöstlich von Kaltenbrunn und reicht über Cavalese bis nach Canazei.

In Unterradein (etwa 1100 m; 1 Stunde) etwa 500 Meter auf der Fahrstraße abwärts, dann rechts auf Fußweg abkürzend nach *Kaltenbrunn* (Fontanefredde; 991 m; 20 Minuten; Einkehr- und Unterkunftsmöglichkeiten).

Von Kaltenbrunn auf der Fahrstraße nach Truden etwa 500 Meter weit, dann rechts auf einem Waldweg aufwärts nach *Truden* (Trodena: 1127 m; 45 Minuten; Einkehr- und Unterkunftsmöglichkeiten) .

In der Ortsmitte von Truden halblinks um die Ortschaft herum und hinab zu einer Brücke über den Trudener Bach. Noch ein kurzes Stück aufwärts zu einer Forststraße. Auf dieser (Weg Nr. 4) geht es in bequemem Anstieg durch einen ausgeprägten Weißtannenwald aufwärts zum *Gampensattel* (auch Cisa- oder Ziss-Sattel, 1439 m, 1½ Stunden) und weiter hinauf zur aussichtsreich gelegenen *Hornalm* (1718 m; 1 Stunde; unter Umständen Einkehr- und Unterkunftsmöglichkeit).

An der Alm vorbei und halblinks durch lichten Tannenwald mit zahlreichen Beerensträuchern. Der gut markierte Weg steigt nicht mehr nennenswert an und fällt gegen Gfrill zu immer weiter ab.

Ab der zweiten Weghälfte (seit der Hornalm) treffen wir wieder auf einen Forstweg, der uns zuverlässig nach *Gfrill* (Cauria; 1328 m; 1½ Stunden; Einkehr- und Unterkunftsmöglichkeit) bringt.

Durch die Fleimstaler Berge
Vom Heiligen See und Erdemolosee zum Lévico- und Caldonazzosee

 Gfrill – Lago Santo (Heiliger See) – Faver – Cembratal – Piazzo – Segonazo

Wegmarkierung   Rot-weiß (-rot).
Tourenlänge   20 km.
Wanderzeit   7 Stunden.
Höhenunterschiede   Insgesamt 500 m.
Wanderkarte   1:50 000 Kompass Wanderkarte Nr. 74.
Wissenswertes   Gfrill (Cauria): letzte deutsche Siedlung an der Süd-Ost-Grenze der Salurner Sprachgrenze. Heute findet man allerdings nur noch wenig Leute, die Deutsch sprechen.

Faver und seine nähere Umgebung laden in zahlreiche für das Trentino typische Lokale ein: »Taverna all'Olivio«; in Grumes: »Locanda Stella«; in Valcuva: »Celli«; in Gresta: »Giacomuzzi«; in Sover: »Piscine Bazanella«.

Cembra: St. Peterskirche aus dem 12. Jahrhundert mit drei- und vierbogigen romanischen Fenstern im Kirchturm; das Innere ist fast ganz mit Fresken ausgeschmückt. Darstellung des Jüngsten Gerichts (an der Nordwand) von Valentino Rovisi.

Piazzo: In der Kirche Wandfresko der »Schlacht von Segonzano« (napoleonische Kriege 1796).

Segonzano: im Ortsteil »Madonna dell'Aiuto« kann man eine unter Naturschutz stehende 400 Jahre alte und 30 Meter hohe Linde bewundern. Castel di Segonzano: Burg aus dem Jahr 1216. Wenige Überreste: Eingangsportal und Wachtturm.

Tourenbeschreibung   Vom *Dorfplatz* an der *Kirche* vorbei nach Süden. Wir erreichen in 10 Minuten den *Salurner Wald.* Anschließend der einzige etwa 150 Meter betragende Aufstieg in südöstlicher Richtung. Nach einer Stunde geht der Wald allmählich in Lärchen und Haselsträucher über.

An den *Valdònega-Almen* vorbei durch Wiesen und Unterholz. Weiter auf dem *Höhenrücken* zwischen Cembra- und Etschtal, bis den Wanderer die scheinbar unendlichen Wälder aufnehmen.

Dann wieder *Almwiesen.* Der Weg wird zum schmalen Pfad. Durch Buschwerk steigen wir, nach 4 Stunden fast absoluter Stille, zum dunkelgrünen *Heiligen See* (Lago Santo; 1194 m) ab. Unterkunftsmöglichkeit im Rifugio Alpino sowie im südwestlich gelegenen Rifugio Maderlina (SAT-Hütte; 988 m; 45 Minuten).

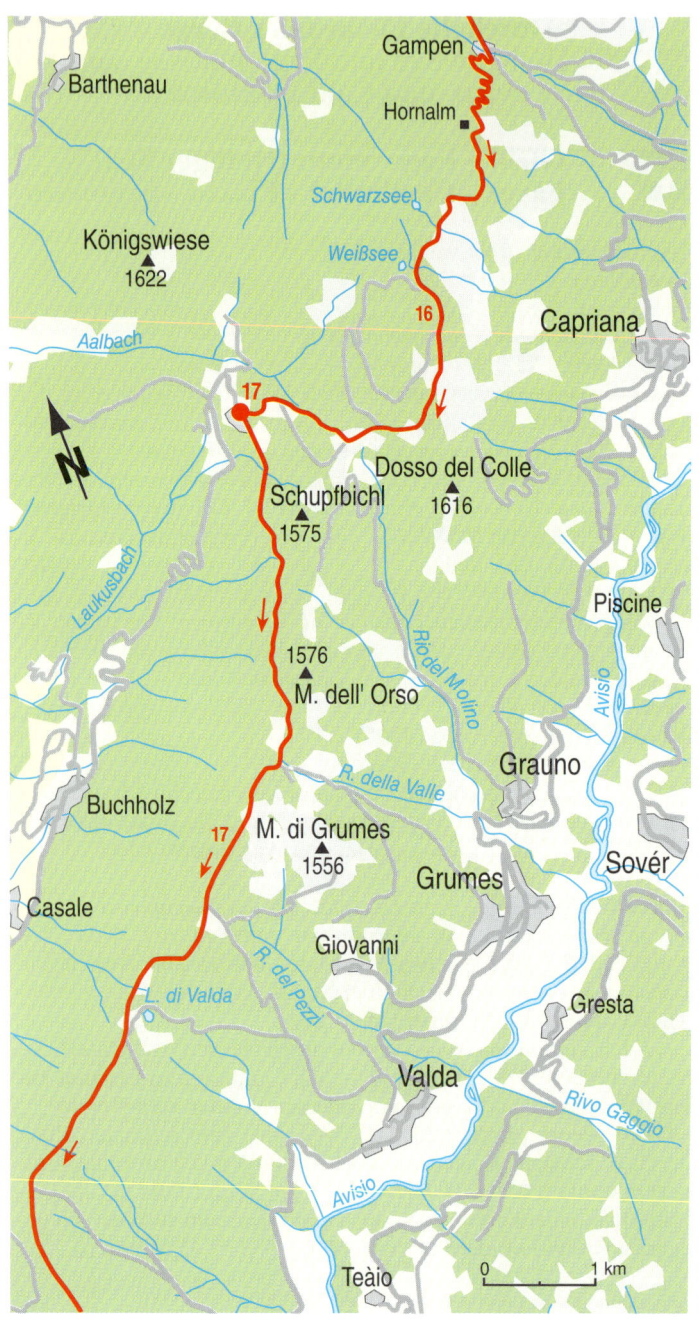

Cembratal   (© Fototeca APT-Trentino, Faganello)

Nach Erreichen eines Fahrwegs geht es links, um den *See* herum auf den *Weg 410* zur Fahrstraße hinab nach *Faver*. Dort links ab zum *Ort* (637 m; 1¼ Stunden; Unterkunftsmöglichkeiten auch in Cembra, 655 m – an der Fahrstraße rechts).

Am *östlichen Ortsausgang* etwa 600 Meter entlang der Straße und dann durch Weingärten hinab zum *Fluß Avisio*. Dort auf einer alten eisernen Gitterbrücke den Fluß hinüber nach Piazzo (529 m; 45 Minuten) überqueren.

Auf der anderen Talseite steil hinauf auf die Fahrstraße (links oben liegt das Kastell Segonzano) nach Stedro-Sabion. Noch 250 Meter auf der Straße weiter, dann links abbiegend auf Fußweg zur sichtbaren Kirche von *Stedro-Sabion* (816 m; 1 Stunde; Übernachtung im Gasthaus), einem der in steiler Hanglage erbauten Bergdörfer von Segonzano.

18

Segonzano – Bedollo – Regnana – (Redebus-Paß) – Rifugio G. Tonini – Passo Cagnon di Sopra – (Rifugio Sette Selle) – Palai (Palú del Fersina)

Wegmarkierung   Rot-weiß (rot); Wanderwegweiser; Weg Nr 443 von Regnana zum Rifugio Tonini; Weg Nr. 340 vom Rifugio Tonini zum Passo Cagnon di Sopra.

Tourenlänge   17 km bis Palai oder zum Rifugio Sette Selle.

Wanderzeit   5 Stunden zum Rifugio Tonini; 8 Stunden bis Palai; 9$\frac{1}{2}$ Stunden zum Rifugio Sette Selle.

Höhenunterschiede   Insgesamt 1650 m Anstieg und 850 m Abstieg bis Palai. Insgesamt 2000 m Anstieg und 500 m Abstieg zum Rifugio Sette Selle.

Wanderkarte   1:50 000 Kompass Wanderkarten Nr. 74 und Nr. 75.

Anmerkungen   Für den Weiterweg nach Palai (Palú del Fersina) bzw. zum Erdemolosee gibt es 3 Möglichkeiten zur Auswahl:

1)   Nachdem die ursprüngliche E 5-Wegstrecke von Regnana über den Redebus-Paß asphaltiert worden ist, erhält der E 5 eine zusätzliche Variante mit der Bezeichnung »Alp-E 5«. Diese längere, dafür aber landschaftlich lohnende Strecke wird nachfolgend bis zum Passo Cagnon di Sopra beschrieben. Der alte Weg über den Redebus-Paß läßt sich entlang der Fahrstraße nicht mehr verfehlen und wird somit nicht mehr gesondert beschrieben. (Für den Höhenunterschied von 250 m benötigt man entlang der etwa 5 km langen Straße etwa 2 Stunden.)

Unterkunftsmöglichkeiten außer in den Palaier Gasthäusern auch in der Erdemolohütte am Erdemolosee (25 Doppelstockbetten, warme Mahlzeiten, geöffnet 15. 6.–15. 9.).

2)   Wer das Quartier im Rifugio Tonini den Übernachtungsmöglichkeiten in einem der Palaier Gasthäuser vorzieht, kann wegen der sich am nächsten Tag um 2–2$\frac{1}{2}$ Stunden verlängernden Etappe dafür entweder in der Malga Masi übernachten oder auf den 1$\frac{1}{2}$-stündigen Abstieg von Vetriolo Terme nach Lévico Terme verzichten und mit dem Linienbus fahren (siehe Verkehrsmöglichkeiten Tour 19).

3)   Am Passo Cagnon di Sopra besteht die Möglichkeit, dem markierten Weg 340 hinüber zum Rifugio Sette Selle (auch Rifugio Laner; 24 Betten) zu folgen: In etwa 2 Stunden über Monte Conca (2301 m) – Cima Palú (2261 m) – Passo di Palú o di Calamento (2070 m) – Passo dei Garofani (2180 m) – Rifugio Sette Selle (2000 m). In weiteren 1$\frac{1}{2}$ Stunden kann man dann entweder

vom Rifugio Sette Selle durch das Val Làner hinab zur Ortschaft Làner wandern, dort auf Pfadspur durch die Wiesen links abbiegen und den Fersenbach auf etwa 1650 m Höhe überqueren, um nun gemeinsam mit der ursprünglichen E 5-Wegstrecke (von Palai) hinauf zum Erdemolosee (2006 m, Einkehr- und Unterkunftsmöglichkeit) zu gelangen. Oder man folgt dem nun ausgesetzten Höhenweg 343 über die Forcella delle Conelle und die Cima di Cave direkt bis zum Seejoch weiter (3 Stunden; Trittsicherheit und Schwindelfreiheit erforderlich).

Wissenswertes Cembra-Tal: Die kleinen Geländeterrassen bieten nur wenig Platz für die eng zusammengedrängten Dörfer und die kargen, mühevoll bearbeiteten Felder. Das Cembra-Tal ist eine herbe und arme Gegend, wenngleich – dank der Bodenbeschaffenheit – ein hervorragender Wein gedeiht.

Die Erdpyramiden von Segonzano (Piramidi de Segonzano) stehen denen am Ritten bei Bozen an Schönheit in keiner Weise nach: Hunderte bizarrer Säulen sind hier in den Moränenablagerungen entstanden.

Gletschermassen hobelten den Porphyrfelsen ab und trugen das Geröll mit sich fort, bis es in Tobeln haushoch abgelagert wurde. Wasserläufe gruben sich ihren Weg und spalteten den Moränenschutt in hintereinander gestaffelte Grate mit kantiger Schneide auf. Regen und Schnee formten an diesem weichen Material und das rinnende Wasser löste im Verlauf von Tausenden von Jahren verschieden große Stücke ab und bildete, mit Luft und Windabtragung, Nadeln und Türme bis zu 20 m Höhe.

Die Erdpyramiden von Segonzano   (© Veit Metzler)

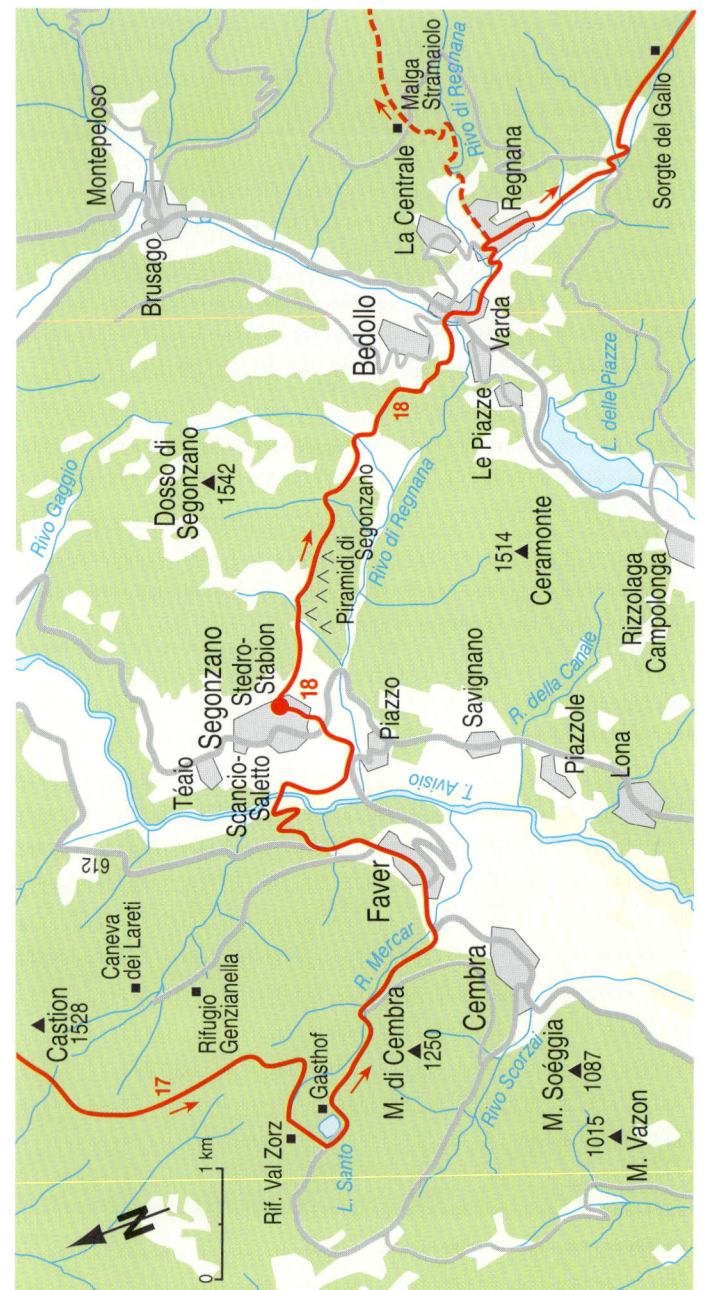

Montepeloso

Malga
Stramaiolo

La Centrale

Rivo di Regnana

Regnana

Sorgte del Gallo

Brusago

Bedollo

Varda

L. delle Piazze

18

Le Piazze

Dosso di
Segonzano
1542

Rivo Gaggio

Piramidi di
Segonzano

Rivo di Regnana

1514
Ceramonte

Rizzolaga
Campolonga

Segonzano

Stedro-
Stabion

18

Piazzo

Savignano

R. della Canale

Piazzole

Lona

Téaio

Scancio-
Saletto

T. Avisio

612

Caneva
dei Lareti

Faver

R. Mercar

Cembra

Castion
1528

Rifugio
Genzianella

Gasthof

M. di Cembra
1250

M. Soéggia

17

Rif. Val Zorz

L. Santo

Rivo Scorzai

1087
1015
M. Vazon

1 km

N

0

Tourenbeschreibung In der Ortsmitte von *Segonzano* dem gelben Wegweiser zu den Erdpyramiden (Piramidi di Segonzano) folgen. Der alte Wanderweg Nr. 406 ist (1982) leider bis zum abgeschiedenen Weiler *Quaras* (955 m) asphaltiert worden. Die formschönen *Erdpyramiden von Segonzano* rechts des Wegs werden auch die Zeiten des Straßenbaus überdauern. . .

In *Quaras* auf markiertem Wanderweg 406 weiter durch die Schlucht des *Val Brutta* und auf der anderen Seite aufwärts durch Wald. Bei einer *Weggabelung* führt links ein Wiesenpfad nach Bedollo – wir gehen rechts. Ansteigend erreichen wir die ersten Häuser des Ortsteils *Marteri* und bald darauf den Hauptort *La Centrale di Bedollo* (1087 m; 2 Stunden).

Auf der Hauptstraße etwa 200 Meter abwärts, dann links auf die Fahrstraße zum Redebus-Paß. Bis *Regnana* etwa 1 km auf geteerter Straße steil bergauf.

Bei der *Kirche* in der *Ortsmitte (1215 m) finden wir die Wegtafel des markierten AV-Wegs Nr. 443* zum *Rifugio Tonini,* die uns nach links zu den oberen Häusern von *Regnana* führt.

Am *Ortsausgang* auf steilem *Karrenweg* etwa 10 Minuten bergauf bis zu einem (1980) errichteten *Brunnen.* Dort biegt der *Weg*

Die Kirche von Segonzano   (© Veit Metzler)

Mochental (© Fototeca APT-Trentino, Faganello)

443 als schmaler *Waldpfad* nach links weiterhin steil aufwärts, überquert an einer flachen Stelle den *Rivo di Regnana* und erreicht die *Malga Stramaiolo* (1678 m; 1 Stunde).

Auf dem *Almweg* wenige Minuten in Richtung Monte Lemperperch, dann auf markiertem *Fußpfad* links aufwärts zum *Passo del Campivel* (1831 m). Eben in östlicher Richtung durch *Wald*, dann in leichtem Anstieg nach Norden zum *Rifugio G. Tonini* (1900 m; 1 Stunde).

Die gemütlich wirkende Alpenvereinshütte mit Federzeichnungen und Selbstportrait des Alpini Giovanni Tonini wird den E 5-Wanderer zur Unterkunft veranlassen (siehe Anmerkung 2).

Beim *Stallgebäude* oberhalb der Unterkunftshütte finden wir die Wegweiser mit der Wegnummer 340 zum *Passo di Val Mattio*, zum Monte Croce sowie zum Rifugio Sette Selle: Diese Wege verlaufen zunächst gemeinsam mit dem Anstieg zum Monte Ruioch, dessen *langgezogenem, grünem Rücken* wir steil aufwärts folgen.

Inmitten eines großen *Felsblock-Sturzgebiets* zweigt der markierte *Weg Nr. 340* vom Anstiegsweg nach links ab und quert bald darauf absteigend urn den *Nordhang des Ruioch-Rückens* bis zu einer *Wiesensenke* (2160 m; 1¹/₂ Stunden).

Hier verzweigt sich der *Weg Nr. 340* nach links zum pyramidenförmigen Gipfel des Monte Croce – wir gehen entlang der rechts abzweigenden *Serpentinen-Pfadspur* durch eine *Schuttreiße* aufwärts zur *Einsattelung* links unterhalb des Ruioch-Gipfels, dem *Passo Val di Mattio* (2310 m; 20 Minuten).

Ausblicke: Lagorai-Kette, Cembratal; Talkessel um Palai.

Der Wanderwegweiser am Paß zeigt uns die Weiterrichtung nach links: Erst eben, dann leicht absteigend zieht sich der *Felspfad* in etwa 20 Minuten hinüber zum *Passo Cagnon di Sopra* (2121 m; siehe Anmerkung 3; vgl. Wanderung 25.3).

Nach etwa ¹/₂ Stunde zügigem Abstieg auf markierter *Pfadspur* durch *Wald und Wiesen* erreichen wir *Palai* (Palú del Fersina; 1400 m; Einkehr- und Unterkunftsmöglichkeiten).

19 Palai – Erdemolosee (Lago Erdemolo) Malga Masi – Vetriolo Terme – Lévico Terme

Verkehrsmöglichkeiten Bus von Vetriolo Terme nach Lévico.

Wegmarkierung Rot-weiß-rot; SAT-Zeichen; E 5-Zeichen.

Tourenlänge 11 km bis Malga Masi; 16 km bis Vetriolo Terme; 21 km bis Lévico Terme.

Wanderzeiten Palai – Val Cava – Passo la Portella: 3 Stunden. Palai – Rifugio Lago Erdemolo – Passo la Portella: 3¹/₂ Stunden. Passo la Portella – Val Portella – Malga Masi: 2 Stunden. Passo la Portella – Kammwanderung – Malga Masi: 3 Stunden. Malga Masi – Vetriolo: 1 Stunde. Vetriolo – Lévico: 1¹/₂ – 2 Stunden.

Höhenunterschiede Palai – Passo la Portella: 752 m Anstieg. Passo la Portella – Malga Masi: Etwa 150 m Anstieg, 450 m Abstieg. Passo la Portella – Kammwanderung – Malga Masi: 400 m An- und 700 m Abstieg. Malga Masi – Vetriolo: 250 m Abstieg. Vetriolo – Lévico: 1000 m Abstieg.

Wanderkarte 1:50 000 Kompass Wanderkarte Nr. 75.

Anmerkung Die Kammwege und Paßübergänge (selbst der Passo la Portella!) können im Frühsommer noch verschneit und daher ebenso wie bei Schlechtwetter gefährlich sein – daher vorher in den Palaier Gasthäusern erkundigen! Inzwischen ermöglichen Ausweichwege (Val Cava, Malga Brenstal, Val Portella) eine vollständige, beliebig kombinierbare Umgehung der Gipfelbereiche (im folgenden Text vereinfacht »Variante« genannt).

Tourenbeschreibung   Die Variante: Von Palai (1400 m) entlang der südöstlichen Fahrstraße (Abkürzer auf Hofwegen möglich) in Richtung Pergine hinab zur großen Straßenbrücke. Nach dieser noch etwa 500 Meter auf der Straße weiter, bis links die Wanderwege 11 und 324 hinauf ins bewaldete Val Cava weisen. Auf asphaltiertem Forstweg steil hinauf zu den Almen Rinder und Meus (1550 m) und weiter bis zur »Baita Bach« (etwa 1700 m; 1¹/₂ Stunden).

Dort entweder rechts auf erst ebenen, dann leicht ansteigenden Güterwegen fersentalauswärts über Malga Brenstal —Prati Imperiali (Kaiserwiesen) – Malga Stoana bis zum Weitjoch »la Bassa« (1834 m; 3¹/₂ Stunden; durchgehend als Weg 11 gut bezeichnet).

Oder ab der »Baita Bach« auf Weg 324 direkt und zuletzt steil hinauf zum Passo la Portella (= Törl; 2152 m; 1¹/₂ Stunden). Dort münden die Wege vom Erdemolosee und vom Seejoch (= Forc. del Lago; siehe Anmerkung 3, Tour 18) ein.

Wer nicht die (nachfolgend beschriebene) Kammwanderung wählt (wovon zum Beispiel bei Nebel abzuraten ist!), folgt jetzt dem Übergang hinab ins Val Portella: Auf der Pfadspur an der linken Wiesenhangseite abwärts, bis man einen Verbindungsweg von der Malga Presa (etwa 1700 m) heraufkommend zur rechten Hangseite einsehen kann – dann wegelos hinüber zu diesem Weg durch die licht bewaldeten Hänge des Monte Fravort (2347 m). In leichtem Anstieg weiter, unter der *La Fontanella* vorbei und hinauf zum *La Bassa-Sattel* (Weitjoch; 1834 m). Nun rasch abwärts zur *Malga Masi* (1712 m; 2 Stunden; Einkehr und Unterkunft; weitere Tourenbeschreibung im Anschluß an den Hauptweg).

Der Hauptweg: Durch Palai (Palú del Fersina; 1400 m) auf der Dorfstraße hangaufwärts in 15 Minuten zum gelben Schild »Lago Erdemolo«. Dem Wegweiser folgend, bald nach rechts und wieder auf Fahrweg hinauf zum obersten Hof von Palai. Dort erfolgt der »Einstieg« ins Tal des *Fersenbachs.*

Wo der Fersenbach einen schäumenden Zulauf bekommt, überqueren wir diesen auf einem Steg und folgen dann dem Lauf des Fersenbachs durch licht bewaldete Almwiesen steil aufwärts bis zum *Erdemolosee* (Lago Erdemolo; 2006 m; 2 Stunden; Einkehr- und Unterkunftsmöglichkeit im Rifugio Lago Erdemolo).

Unser Pfad führt rechts am See vorbei und steigt durch weite Alpenrosenhänge hinauf zum sichtbaren, niedrigsten Übergang, dem *Seejoch* (Forcolla del Lago; 2213 m, 45 Minuten; Einmündung des Höhenwegs vom Rifugio Sette Selle, siehe Anmerkung 3 der Tour 18).

Bedollo
La Centrale
18
Malga Stramaiolo
Rifugio Tonini
Doss di Cirmi
2188
Regnana
N
M. Rujoch
2415
M. Lemperperch
2008
2233
Uomo Vecchio
Passo Cagnon di Sopra
Sorgte del Gallo
M. Conca
2301
Palú del Fersina
Battisti
M. Slimber
2203
Stalle
19
Rif. Sette Selle
Lenzi
T. Fersina
Cma. di Sette Selle
2396
Sasso Rotto
2394
Brenstal
1762
Sasso Rosso
2310
S. Felice
S. Francesco
Lago Erdemolo
Sopra Cunella
2308
Prati Imperiali
Pizzo Alto
2264
Rif.
Cima di Cave
2327
M. de Lago
2329
Sette Laghi
M. Gronlait
2383
19
2334
Hoabonti
M. Cola
2262
Malga Stoana
0   1 km
2283
Oscivart
L. delle Carezze
2347
M. Fravort
La Fontanella
2037
Stallen
Chiavona
La Bassa
1834
Malderi
Montibelleri

Dann beginnt eine Gratwanderung, die uns hinüber zum Steig entlang den Nordwestabstürzen des Hoabonti bringt: Falls die Weganlage nicht zerstört ist und keine Altschneereste die nach rechts zum Teil steil abfallenden Felsrinnen füllen, bereitet die Querung des fast ohne Höhenverlust verlaufenden Felssteigs keine Schwierigkeiten. Trittsicherheit ist natürlich, wie überall im Gebirge, Voraussetzung.

Nach etwa 30–45 Minuten erreichen wir, leicht absteigend, den *Passo la Portella* (= Törl; 2152 m; Wegübergang vom Val Cava ins Val Portella, siehe Tourenbeschreibung der Variante). Eine im 1. Weltkrieg in den Fels gesprengte Kaverne bietet bei Schlechtwettereinbruch Unterstand.

Der Aufstieg zum Monte Gronlait folgt den Trittspuren durch die mit spärlichem Graswuchs besetzte Felsschulter: Meist wird man sich etwas links der Hangfallinie hocharbeiten, sodaß man etwas links des Gipfels (2383 m; 30 Minuten) den Grat erreicht.

Und wieder ein großartiger Ausblick, wobei wir von Norden bis Nordosten die gesamten Fleimstaler Berge überschauen: Die Cima d' Asta und die Lagarai-Gruppe, das Moenatal und das Latemar, das Weiß- und das Schwarzhorn. Im Westen leuchtet das langgestreckte Massiv der Brenta. Und im Süden können wir unser morgiges Ziel, die Hochfläche von Lavarone, einsehen.

Vielleicht führt aber auch gerade ein Schäfer unter lautem Sing-Sang seine Herde die steilen Südhänge des Hoabonti hinunter? Oder wir begegnen auf den kargen Weideflächen des Monte Gronlait einem Ziegenhirten mit seinen Geißen.

Unsere Kammwanderung nach Süden leitet uns stets in gebührendem Abstand steil abfallender Felsflanken problemlos abwärts zum tiefsten Punkt des Weges, der Einsattelung (etwa 2150 m) zum *Monte Fravort*. An der Ostflanke des Berges steigen wir steil hinauf zum Gipfel (2347 m; 1$1/4$ Stunden).

In langgezogenem Abstieg geht es dann südwestlich hinunter zur *La Fontanella*, einem kargen Höhenrücken, von zahlreichen Kavernen und alten Kanonenziehwegen durchsetzt.

Wieder in Südrichtung hinab zum nahen *La Bassa-Sattel* (= Weitjoch; 1834 m; 1$1/4$ Stunden; Einmündung der Schlechtwettervarianten) und von dort rasch hinab zur *Malga Masi* (1712 m; 15 Minuten).

Entlang des Fahrwegs durch die Südhänge des Monte Panarotta (2002 m) und der Cima Storta (1872 m) wandern wir hinab nach *Vetriolo Terme* (1481 m; 1 Stunde; Einkehr- und Unterkunftsmöglichkeiten; Busverbindung nach Lévico Terme).

Wer sich die rund 1000 Höhenmeter Abstieg nicht entgehen lassen möchte, biegt kurz vor Erreichen des Ortskerns auf dem steilen Fußweg (Nr. 305) nach links in den Wald hinab. Der gut markierte Weg bringt uns zuverlässig, meist durch Wald, hinab nach *Lévico Terme* (505 m; 1¹/₂–2 Stunden; Einkehr- und Unterkunftsmöglichkeiten: Hilfreiche Auskünfte in der Bar »Vecchia Fontana«; für den direkten Weiterweg empfehlenswert das Albergo La Vedova siehe Touren 20, 25.5).

Nach den zum Teil langen Gebirgsdurchquerungen bieten der Lévicosee und der Caldonazzosee willkommene Gelegenheiten für einen ein- oder mehrtägigen Badeaufenthalt. Campingplätze und Bootsverleih gibt es an beiden Seen, wobei der Lévicosee eher gehobenen Ansprüchen gerecht wird (Longdrink im Liegestuhl. . .), der größere Caldonazzosee hingegen mit seinen frei zugänglichen Stränden wie geschaffen für »Wanderer unterwegs« ist. . .

Über die Trentiner und Lessinischen Alpen zum Gardasee und zur Adria

20 Lévico Terme – Baita del Cangi – Lusern (Luserna)

Wegmarkierung Rot-weiß (rot).
Tourenlänge 11,5 km.
Wanderzeit 4¹/₂ Stunden.
Höhenunterschiede Insgesamt 740 m.
Wanderkarte 1:50 000 Kompass Wanderkarte Nr. 75.
Wissenswertes Die Heilquellen von Lévico Terme, Vetriolo Terme und Roncegno im Suganatal.

Arsen-eisenhaltiges Wasser entspringt aus den Quellen bei Vetriolo Terme, mit denen der Ort Lévico heute noch sein Thermalbad speist.

Nachdem schon in vergangenen Jahrhunderten die Bevölkerung die Heilkraft dieser Quellen entdeckt hatte (Mariani erwähnt sie bereits im Tridentiner Konzil), begann man um die Mitte des vorigen Jahrhunderts, Kuren und klinische Behandlungen durchzuführen.

Das milde, trockene Mittelgebirgsklima begünstigte große Parkanlagen und Kurgäste aus aller Welt hoffen hier auf Genesung, wie sie schon von so berühmten Ärzten wie De Giovanni, Mangiagelli und Bertarelli verbürgt ist.

Roncegno (zwischen Lévico und Borgo) ist ebenfalls wegen seiner heilkräftigen Quellen berühmt.

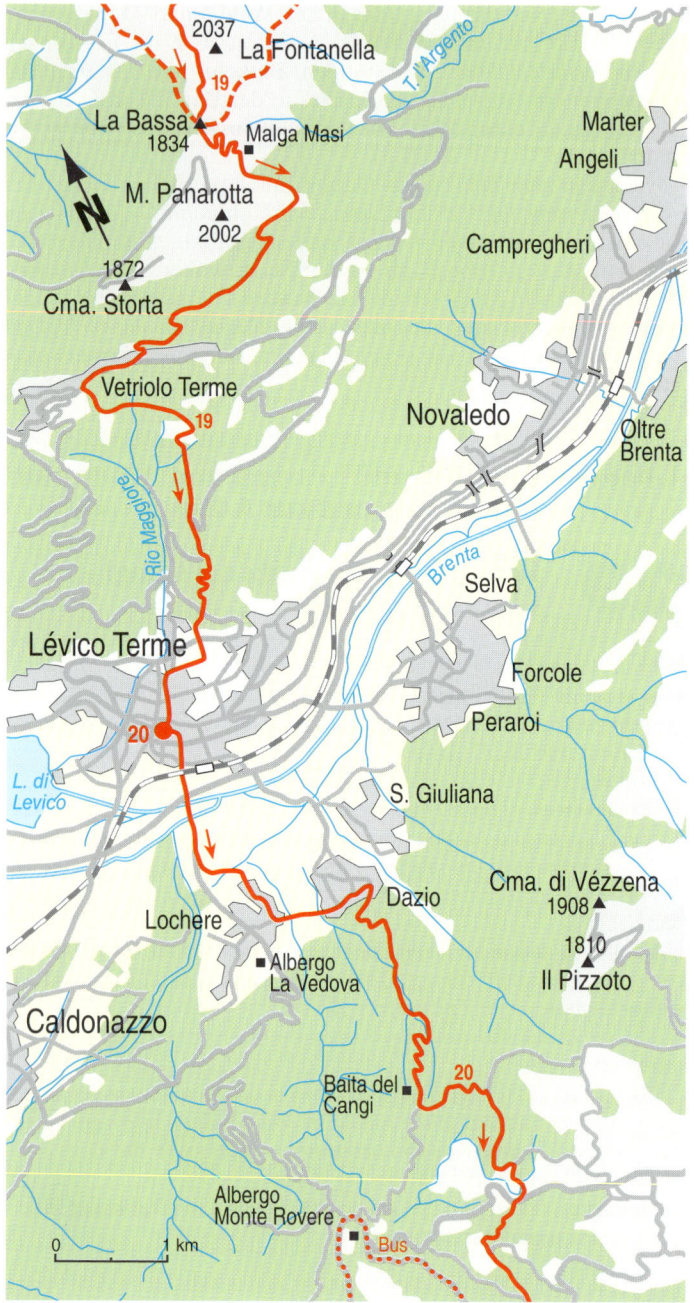

2037
▲ La Fontanella
19
La Bassa ▲
1834   Malga Masi
M. Panarotta
▲
2002
1872
▲
Cma. Storta

T. l'Argento

Marter
Angeli
Campregheri

Vetriolo Terme
19
Novaledo
Oltre
Brenta

Rio Maggiore

Brenta
Selva
Forcole
Peraroi

Lévico Terme

20

L. di
Levico

S. Giuliana

Cma. di Vézzena
1908 ▲

1810
▲
Il Pizzoto

Lochere
Dazio

■ Albergo
La Vedova

Caldonazzo

Baita del
Cangi

20

Albergo
Monte Rovere
■ Bus

0   1 km

Pergine, Hauptort des oberen Suganatals: Gut erhaltenes gleichnamiges Schloß auf dem Tegazzo-Hügel. Sehenswert ist auch das alte Ortszentrum aus der Renaissance-Zeit mit den drei Palästen.

Borgo ist für seine feinen Stickereien ebenso bekannt wie Tesino im angrenzenden Tolva-Tal. Jahrhundertealte Buche im Ortsteil Baron Beppe. Castell Telvana (12. Jh.).

Ivano Schloß aus dem 12. Jahrhundert mit einem Turm und zwei Palästen.

An die Bedeutung des Suganatals als Durchgangsweg erinnern heute noch zahlreiche andere Burgen, diejedoch nicht mehr so gut erhalten sind.

Maisanbau, Kunsthandwerk (Kupfer und Holz) und Holzverarbeitung sind heute neben dem Fremdenverkehr die wichtigsten Erwerbszweige.

Am Caldonazzo- und Lévico-See gibt es mehrere gut eingerichtete Freibäder, eine Wasserskischule sowie Segel- und Motorboot-Verleih. Außerdem stehen den Gästen in diesem Gebiet auch ein Fahrrad- und Auto-Verleih sowie Boccia- und Rollschuhbahnen und Sport- und Trimmplätze zur Verfügung.

Tourenbeschreibung *Lévico Terme Ortsdurchquerung:* Von Vetriolo kommend abwärts auf den tiefsten Punkt der Ortschaft Lévico Terme. Erste Straßenüberquerung, weiter abwärts auf schlecht asphaltierter Straße zum *Dorfplatz.* Auf der *Via Montel* zur zweiten Straßenüberquerung am *Piazza Montel.* Dann durch die *Via GeneraleDiaz* zum *Piazza San Rocco.* Dritte Straßenüberquerung, Wegweiser zum *Piazza Venezia* folgen, dort vierte Straßenüberquerung. Nach dem gelben Schild »Pensione Primavere« über die *Via Cesare Battisti* zum Ortsausgang.

Auf steiniger, ausgewaschener Straße abwärts, auf der kleinen Brücke (die gleichzeitig als Aquädukt dient) über die Bahngeleise. (Wir befinden uns rechts vom Bahnhof). Hinab zur Hauptstraße. Auf dieser links 50 Meter, dann rechts am alten Gehöft auf die Teerstraße zum *Gasthaus La Vedova* (Albergo la Vedova) in Lochere (500 m; 45 Minuten).

350 Meter vor dem Gasthaus zweigt links (östlich) der Fahrweg hinüber zum Weiler San Giuliana ab (499 m; 30 Minuten).

Nach der Kirche rechts, ebenso am oberen Ortsende: Dort leitet der SAT-Wanderwegweiser (»Menador/Baita Cangi, Weg 201«) in gleichmäßig steilem Anstieg durch Mischwald bergauf.

Auf etwa halberWegstrecke quert man die stark erosionsgeschädigten Steilhänge über dem tief eingegrabenen Bachlauf des Val Pisciavacca. WeiterAusblick über's Val Sugana.

Dreimal wird der Bach überquert, bevor man zu einer Marien-grotte auf einem senkrecht abfallenden Felsen kommt. Vorsicht, Schlangen!

Weiter auf dem Waldpfad hinauf zum weiten Picknick-Areal der SAT-Hütte Baita del Cangi (1370 m; 2¹/₂ Stunden; Einkehrmöglichkeit; Grillplätze).

Von der *Baita del Cangi* auf der *Forstraße* nach links und in etwa 20 Minuten zu einer deutlichen *Verzweigung:* Dort rechts durch *Mischwald,* dann entlang eines *Weidezauns* weiter bis zu einer *Bachsenke,* nach deren Querung wir rechts einem *Forstweg* zur nahen *Staatsstraße 349* (Trient – Asiago) folgen (30 Minuten) – zur Rechten lockt die Malga Rivetta zur Einkehr!

An der anderen Straßenseite zieht ein *Güterweg* hangaufwärts. Nach etwa 15 Minuten mündet von links ein *Weg* ein, und dann geht's in leichtem Bergab zu einem *Skilift,* dessen *Trasse* wir in einem Links- und Rechtsbogen queren und dann durch *Mischwald* in südlicher Richtung wandern. Nach etwa 30 Minuten zweigt rechts ein Güterweg zum Albergo Monte Rovere ab – wir halten uns links und kommen 15 Minuten später zur *Fahrstraße nach Lusern.* Entlang dieser wenig befahrenen *Straße* in weiteren 30 Minuten nach *Lusern* (1319 m; Einkehr- und Unterkunftsmöglichkeiten).

21 Lusern – Carbonare – Ex-Fort Cherle – Coepaß (Passo Coe)

Verkehrsmöglichkeiten Bus von Lusern nach Carbonare.
Wegmarkierung Rot-weiß; Wanderwegweiser.
Tourenlänge 7,5 km (ohne Busfahrt).
Wanderzeit 3¹/₂–4 Stunden.
Höhenunterschiede Insgesamt 700 m Anstieg, 250 m Abstieg.
Wanderkarten 1:50 000 Kompass Wanderkarte Nr. 75 und Nr. 101.
Wissenswertes Lusern: Unverputzte Steinbauten ragen in 1300 Meter Höhe über die hellen Felsschluchten des Val d'Astico.

Im 16. Jahrhundert wurden hier Hirten aus Lavarone seßhaft, die den sonnigen Hang zuerst als Schafweide im Sommer benutzt hatten.

Lusern gehört zu den »sieben Gemeinden« nördlich von Vicenza, die als zimbrische Sprachinseln angesehen werden.

Tatsächlich wird heute noch ein »Slambrot« genannter Dialekt gesprochen – Mittelalterliche Sprachfetzen mit Deutsch vermischt – aber ob sich daraus tatsächlich noch Rückschlüsse auf die Zimberneinfälle im ersten Jahrhundert vor Christi ziehen lassen, scheint fragwürdig. – Fest steht, daß selbst der Sprachinteressierte einige Zeit brauchen wird, um sich hineinzuhören.

Im I. und II. Weltkrieg optierten die Luserner gleich den Fersentalern für Deutschland – und wurden daraufhin gleich zweimal in Böhmen angesiedelt. Jedes Mal nach Kriegsende kehrten sie nach Lusern zurück, wo sie – entgegen den Aussiedlerverträgen – ihr Eigentum wieder zurückbekamen.

Lusern nahm früher strategisch eine wichtige Position ein:

Das Ex-Fort Belvedere, gegenüber von Lusern gelegen und schon zu Anfang dieses Jahrhunderts errichtet, und das Ex-Fort Cherle auf der Hochfläche von Lavarone wurden von den österreichischen Truppen als vorderste Kampflinie gegen die anstürmenden Italiener aus dem Val d' Astico ausgebaut. Doch schon 1915 waren beide Festungen zerstört.

Verwüstet stehen heute die Ruinen des Ex-Fort Cherle: Meterdicke Betonmauern ragen aus verschütteten Schützengräben im Stacheldrahtgewirr. – Ein Mahnmal – das soll es sein.

Tourenbeschreibung   Der Morgen beginnt mit einer 50minütigen Busfahrt von Lusern nach Carbonare (1074 m; Einkehr- und Unterkunftsmöglichkeiten) .

In Carbonare entlang der Straße nach Rovereto an der Kirche vorbei. Noch etwa 40 Meter weiter, dann verläßt unser Weg die Straße an einer großen Rechtskehre geradeaus und führt bei einer Kapelle links auf den Weg Nr. 5. Das Teersträßchen mündet nach zwei Gabelungen in einen staubigen Fahrweg. Auf diesem hinab zu einer Brücke über den *Torrente Astico* und jenseits nach etwa 200 Metern auf einem Güterweg rechts in den Wald hinauf.

In Serpentinen aufwärts, über eine blumenreiche Lichtung, und südöstlich bergansteigend zu den Weiden der *Malga Clama* (1256 m; 1 Stunde). Über den Hang können wir südwestlich durch den Wald direkt zum Ex-Fort Cherle aufsteigen (1445 m; $^1/_2$ Stunde; südöstlich erreicht man auf dem markierten E 5 das *Albergo Ex-Fort Cherle,* Einkehr- und Unterkunftsmöglichkeit).

Weite Ausblicke über das Val d' Astico und die Hochfläche von Lavarone.

Weiter in südlicher Richtung etwa 70 Meter rechts vom Albergo Ex-Fort Cherle durch eine Wiesenmulde hinab zur Straße. Auf dieser links und nach drei Minuten rechts ab auf einen Forstweg (Schranke). Nach etwa 50 Metern auf dem linksabbiegenden Pfad durch den dichten Hochwald aufwärts.

Wir passieren eine Waldlichtung mit wildwuchernden Margeriten und Glockenblumen, üppigem Löwenzahn und wilden Rosen.

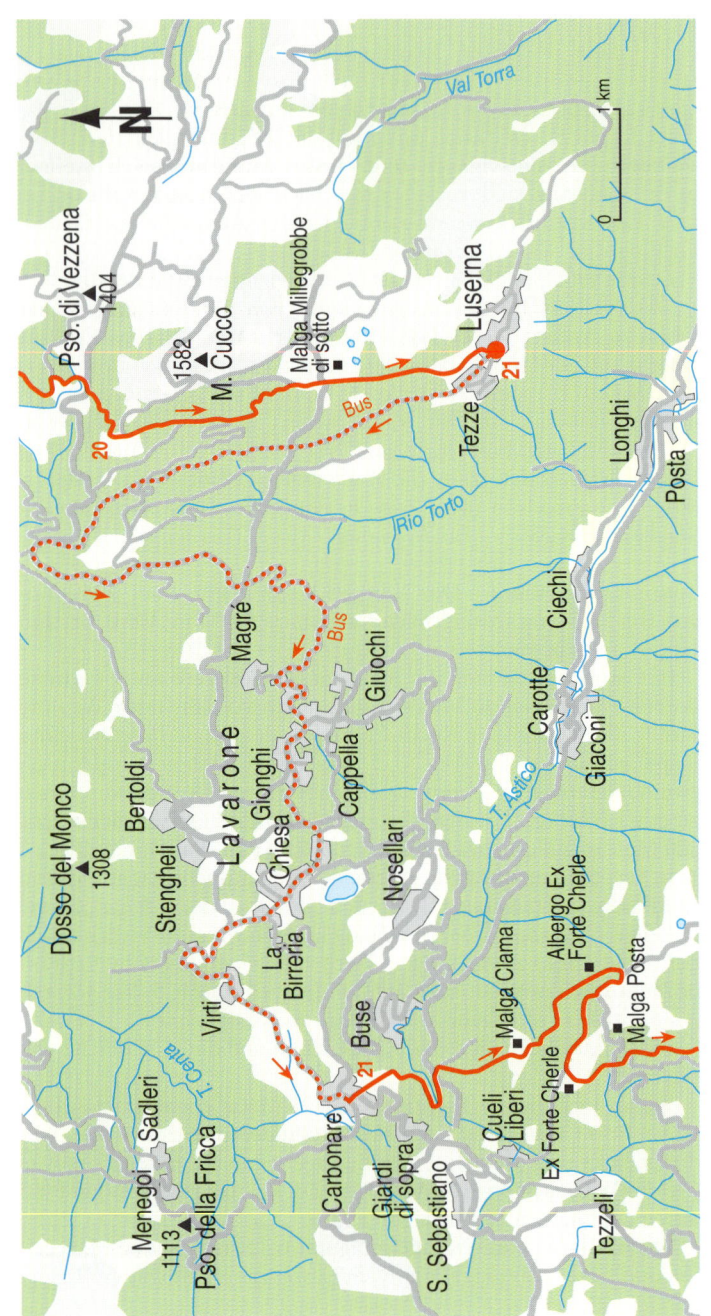

Bald darauf ist die Malga Pioverna Alta links oben sichtbar – wir folgen kurz dem aus dem Valle Fredda heraufführenden Almweg nach links und steigen dann rechts hangaufwärts zur Grathöhe (1732 m; 1¹/₂–2 Stunden) über dem Coepaß.

Überraschend weite Ausblicke zum Monte Maggio, dem gesamten Pasubio-Massiv und zu den Höhenzügen im Westen. In alle Richtungen reihen sich schier endlose Täler.

Jenseits der Grathöhe südwestlich zwischen einzelnen Tannen hinab zu Fahrspuren in der Wiese. An einer verfallenen Hütte vorbei zu dem sichtbaren Skilift. Direkt neben der Talstation liegt das *Rifugio Coe am Coepaß* (1600 m; 20 Minuten; Einkehr und Unterkunft; siehe auch Route 25.5).

Einkehr auch im nahen Ristorante »La Stua« und Unterkunftsmöglichkeiten in der Selbstversorgerhütte Bivacco Melignetta (1614 m; kostenlos, bitte in aufgeräumtem Zustand wieder verlassen!) wenige Minuten südwestlich. Südöstlich des Coepasses erreicht man das Rifugio Stella d' Italia (1536 m; 30–40 Minuten).

22 Coepaß – Monte Maggio – Borcolapaß (Passo della Borcola) – Rifugio Lancia

Wegmarkierung Rot-weiß (-rot); rot auf Steinen in der Wiese vom Coepaß zum Monte Maggio.

Tourenlänge 13 km.

Wanderzeit 8 Stunden.

Höhenunterschiede Insgesamt 1138 m. Steiler Anstieg vom Borcolapaß (1207 m) zur Malga Costa (1845 m).

Wanderkarte 1:50 000 Kompass Wanderkarte Nr. 101.

Anmerkung Siehe auch Route 25.6; Wer sich ausgiebig die Kampfstätten am Pasubio ansehen möchte, kann im Rifugio Lancia übernachten.

Wissenswertes Die Kriegsglocke von Rovereto.

Die Hochfläche von Lavarone, nahe am Kampfgebiet des Pasubio gelegen, zählte zu den unruhigsten Kriegsschauplätzen des I. Weltkriegs.

Jeden Abend um 20.30 Uhr (21.30 Uhr) läutet heute noch – bis hoch hinauf in die umliegenden Dörfer vernehmbar – die 22,6 Tonnen schwere Kriegsglocke von Rovereto einhundertmal.

Die Glocke wurde aus dem Eisen vieler während des I. Weltkriegs in Italien verwendeter Kanonen gegossen (1965 Neuguß).

Diese Kriegserinnerung ist echtes Friedenswerk zugleich: Sie läutet für die Gefallenen aller Nationen und Kriege.

Anstelle des einstigen Castel Dante ragt heute das mächtige Ossarium, in dem die Gebeine von über 11 000 Gefallenen aufbewahrt werden, hoch über Rovereto auf.

In der Burg von Rovereto (14./15. Jh.) befindet sich das größte Kriegsmuseum Italiens.

Moderne Denkmalpflege will nicht nur erhalten, sondern sie will auch revitalisieren. Das bedeutet in diesem Falle: Die Vergangenheit in Erinnerung rufen und zugleich die Menschen davor bewahren, das Leid eines Krieges noch einmal erleben zu müssen.

Tourenbeschreibung   Gleich gegenüber des Rifugio Coe in gerader Richtung über die Felder – der roten Markierung auf Steinen in der Wiese folgen. Auf einem Hohlweg etwa 100 Meter, dann links auf einem Waldweg leicht ansteigen. Rechts hinauf (auf das Gipfelkreuz zuhalten), über Wiesenhangpfade zu der auf den Gipfel (1865 m; $1^1/_4$ Stunden) führenden ehemaligen *Kriegsstraße*.

Vom *Monte Maggio* aus erleben wir eine einmalige Fernsicht: Nordöstlich über das Val Sugana und die Lagoraiberge hinweg zu den schneebedeckten Gipfeln der Dolomiten. Nordwestlich über die Brenta-Gruppe zur 3556 Meter hohen Presanella. Westlich zum Adamello (3554 m) und im Süden ahnt man über dem Pasubio-Massiv die Weite des Mittelmeeres.

Vom Gipfelkreuz ein paar Meter abwärts führt unser Weg in südliche Richtung teils auf Felssteigen, teils auf Blumenpfaden, entlang des Grates zum Coston dei Laghi (1873 m). Bergdohlen begleiten uns mit wildem Gekrächze wieder an den Kavernen des Ersten Weltkrieges vorbei hoch über dem oberen Terragnolotal.

Weiter am Gratrücken zum *Monte Borcoletta* (1759 m), wo wir unseren Weiterweg jenseits des Borcolapasses hinauf zur Malga Costa einsehen können.

Wir steigen erst südlich über einen Vorgipfel und dann am Westhang des Höhenzuges auf der Pfadspur abwärts. Rechts der jäh abbrechenden Klüfte eines Steinbruchs *(Vorsicht!)* geht es dann steil durch das ansonsten unwegsame Buschwerk hinab zum *Borcolapaß* (Passo della Borcola; 1206 m; $1^1/_2$ Stunden; Einkehrmöglichkeit in der Malga Borcola rechts unterhalb der Paßhöhe; das in Kompass Karten eingezeichnete Rifugio existiert nicht).

Von der Paßhöhe ein kurzes Stück entlang der Fahrstraße in nördlicher Richtung, bis deutliche Markierungen an der linken Hangseite aufwärts weisen: In einer Kehre geht es dann wieder in südlicher Richtung parallel zur tief unter uns nach Arsiero abfallenden Fahrstraße steil aufwärts.

Auf etwa 1450 Meter Höhe wendet sich der Weg westlich und wir kommen in weit ausholenden Kehren hinauf zu den kargen

Schafweiden um die verfallene *Malga Costa* (1845 m; 1½ Stunden).

Weiter aufwärts zu einer Hochweide über der Malga (= Alm). *Unbedingt auf die Markierungen achten, jähe Felsabstürze!* Wir überqueren dann auf gut angelegtem, nicht direkt ausgesetztem Pfad eine Felsschulter (hier kommen auch mal die Hände zum Einsatz!), umgehen in mehreren Bögen unwegsames Karrengelände und kommen zu einer Scharte (etwa 1950 m). Links können wir die Mulde um die Malga Buse Bisorte (1854 m) einsehen (Direktweg zum Rifugio Papa, siehe Tour 25.6) und rechts den Weiterweg zum Rifugio Lancia.

Auf dem Weg zum Rifugio Lancia steigt man zum rechten Rand der Mulde ab und zieht von dort in nördlicher Richtung rechts des Monte Buso (2080 m) aufwärts zur Grathöhe (etwa 1900 m). Jenseits hinab zu der von Rovereto herauführenden alten Kriegsstraße und auf dieser links, teilweise über Wiesen abkürzend, zum *Rifugio Lancia (SAT-Unterkunftshaus; 1825 m; 1½ Stunden).*

23 Rifugio Lancia – Pasubio – Rifugio Papa – Fugazzepaß (Passo Pian delle Fugazze) – (Monte Cornetto) – Rifugio Campogrosso

Verkehrsmöglichkeiten Linienbus vom Fugazzepaß nach Rovereto.

Wegmarkierung Rot-weiß (-rot); Weg Nr. 105 vom Rifugio Lancia zum Rifugio Papa; Weg Nr. 45 vom Fugazzepaß zum Monte Cornetto; Weg Nr. 7, 13 zum Rifugio Campogrosso.

Tourenlänge Rifugio Lancia – Rifugio Papa: 6 km. Rifugio Papa – Fugazzepaß: maximal 11 km; Fugazzepaß Rifugio Campogrosso: etwa 6 km.

Wanderzeit Rifugio Lancia – Rifugio Papa: 2½ Stunden; Rifugio Papa – Fugazzepaß: 1½ Stunden; Fugazzepaß – Cornettoscharte (etwa 1600 m) – Rifugio Campogrosso: 2½ Stunden (Cornettogipfel: 1½ Stunden zusätzlich).

Höhenunterschiede Rifugio Lancia– Rifugio Papa: 350 m; Rifugio Papa-Fugazzepaß: etwa 800 m Abstieg; Fugazzepaß – Cornettoscharte – Rifugio Campogrosso: etwa 450 m An- und 150 m Abstieg (Cornettogipfel: 300 m zusätzlich).

Wanderkarte 1:50 000 KompassWanderkarteNr. 101.

Anmerkung Der Weg kann beliebig eingeteilt werden.

Wissenswertes Pasubio. –Der Kaiserjägerweg verbindet den Monte Maggio mit dem Borcolapaß und dem Pasubio. Am Monte Maggio vereinzelte und im Gebiet der Malga Costa deutliche

Rif. Lancia

22

Col Santino
2110

23

Malga
Pozze

M. Testo
1998

2080
M. Buso

2040
Campiluzzi

Malga Buse Bisorte

N

23

M. Sogi
1959

Pta. della
Lucche
1801

Dente Aust.
2127

2141

Corno di Pasubio

Lora
2032

Palon
2232

Rif. Papa

Cherle
1834

24

1939
Cma. Cuaro

Piano

Pta. Favella
1834

Lago di
Speccheri

Albergo Streva

Fugazzepaß

Camposilvano

Malga
Boffetal

Monte Cornetto
1899

Sette Fontane

Monte Baffelan
1704

Leno di Vallarsa

Rif.
Fraccaroli

Cima Mosca
2141

Rif. Campogrosso

24

Cima
Carega
2259

Sella del Rotolon
1523

0   1 km

Monte Obante
2020

Merendaòre

Spuren des Krieges. Von Rovereto führt die alte Kriegsstraße herauf bis nahe an den Monte Buso und dann weiter zum Rifugio Lancia. – Das Rifugio Lancia und das umliegende Col-Sanzo-Plateau wurden im Herbst 1916 von den Österreichern erobert und zur festen Stellung ausgebaut, während der Pasubiokopf von italienischen Alpini und Bersaglieri besetzt war.

Im Bereich dieser beiden Fronten entbrannte ein zwei Jahre dauernder, mörderischer Stellungskrieg.

Im Dezember 1916 schneite es 11 Tage ununterbrochen; an die 10 Meter Schnee sollen gelegen sein. Dann kam ein jäher Wetterumsturz: Eine Warmluftfront löste Lawinen aus, die am 12. und 13. Dezember 6 000 österreichische Soldaten in den Tod rissen...

Mit Beginn des Frühjahrs 1917 wurden von beiden Seiten her Minenstollen unter die Pasubio-Hochfläche getrieben.

Die Österreicher gruben vom Col Santo aus Stollen bis 50 Meter unter den Pasubiokopf, wo die Italiener den Berg bereits vielfach verzweigt unterminiert hatten.

Zwischen September 1917 und Februar 1918 kam es in beiden Abschnitten zu 8 kleineren Sprengungen. Doch ab März 1918 konnte von keiner Seite aus weiter vorgestoßen werden – die Stollen grenzten jetzt schon fast aufeinander.

Am 23. März 1918 wurden die Italiener unter den einstürzenden Felsmassen des Pasubio begraben: Die Österreicher hatten 60 000 kg Sprengstoff gezündet, um den ganzen Bergkopf wegzusprengen; aber »nur« die Nordwand brach ab.

Der Kampf am Pasubio war zu Ende.

Der Dente Austriaco und Dente Italiano sind übriggeblieben.

Ebenso die Felsspalten und -löcher in den Mulden der Malga Cosmagnon, die als Schlafstellen benützt wurden. Schwarze Felslöcher nebeneinander als Kavernen am Cima Palon.

Über dem Massengrab »Sette Croci«, wo die italienischen Soldaten bei der großen Sprengung den Tod fanden, scheinen die Steine noch genauso wie damals zu liegen.

Ein Bogen aus Marmor erinnert heute an die, »die nicht zurückkamen«. Eine Kapelle mahnt zur Besinnung, ein Kriegsmuseum nahm die damals verwendeten Waffen auf.

Wir wandern auf der Strada Degli Eroi, die zum Fugazze-Paß hinabführt – bewundernswert ist sie angelegt und die Aussicht von seltener Schönheit.

Doch das bedrückende Gefühl, das einen droben am Pasubio überkam, läßt sich nicht so rasch abschütteln. Die Erinnerung an die Gefallenen kreist um einen Namen: Cesare Battisti.

Er war Reichsratsabgeordneter im österreichischen Trient (vor dem Krieg). Während des I. Weltkriegs kämpfte er auf den Seiten

Pasubio-Gruppe   (© Veit Metzler)

der Italiener. Im Juni 1916 geriet er in österreichische Gefangenschaft und wurde am 13. Juli 1916 als Verräter hingerichtet.

Ein Gedanke des Autors: Das Herz eines Menschen kann orientiert sein, wie Erziehung, persönliche Entscheidung oder Schicksal es bestimmen. Ein Mann kann ein Pazifist oder ein Kämpfer werden. Für welche Seite er dann kämpft, ist angesichts der nicht erst seit heute klar gewordenen Sinnlosigkeit jedes Völkerkrieges von untergeordneter Bedeutung.

Mag daher auch Cesare Battisti in Österreich als Verräter und in Italien als Freiheitsheld in die Geschichte eingegangen sein – beide Versionen wären gleichermaßen unsinnig, wenn die heute Lebenden nicht auch dafür eine versöhnliche Synthese fänden.

Das soll mit ein Beitrag des Autors zum Frieden sein, wie ja auch der Gedanke des Europäischen Fernwanderwegs E 5 für jeden Fernwanderer ein Weg zur Völkerverständigung ist.

Tourenbeschreibung Vom *Rifugio Lancia* in südlicher Richtung auf der grünen Hochfläche – jenseits des Rifugios etwas ansteigend. Weiter durch die grüne Weidefläche der *Malga Pozze* und vor dem Ausläufer des Monte Testo (1998 m), der vor uns aufragt, wenden wir uns in südöstliche Richtung. Weiter an Bergausläufen entlang.

Nochmals kurz ansteigend, den Monte Roite (2144 m) links liegenlassend, umgehen wir, auf der Höhe bleibend, einige kleinere Hochtäler und erreichen dann, nach mehrmaligem Auf und Ab, das Zentrum des Pasubio-Kampfgebietes – die *Sette Croci,* den *Dente Austriaco* (2127 m) und den *Dente Italiano* (2220 m).

Bei einem Mahnmal erreichen wir den obersten Teil der *Strada Degli Eroi = Straße der Helden.* Auf dieser hinab zum *Rifugio Papa* (CAI-Hütte; 1928 m; $2^1/_2$ Stunden; Einkehr- und Unterkunftsmöglichkeit). – Auf der 11 Kilometer langen Strada degli Eroi (Straße der Helden) sehen wir die 800 Meter Höhenunterschied bis zum Fugazzepaß direkt unter uns liegen. Die Fernsicht reicht bis in die Tiefebene von Verona und Vicenza.

Wir folgen der aussichtsreichen alten Kriegsstraße durch mehrere kurze Tunnels abwärts und können nach dem Haupttunnel, der *Galleria Generale d'Havet* (1857 m), auf markierter Pfadspur rechts die langen Serpentinen der Strada degli Eroi abkürzen.

Durch eine Lawinenverbauung kommen wir zur Fahrstraße Rovereto-Schio. Rechts unterhalb der Paßhöhe bietet das Albergo »Streva« (1100 m) Einkehr (Unterkunft) links oben am Fugazzepaß (Passo Pian delle Fugazze; 1162 m) das »Albergo il Passo«.

An der rechten Hausseite des »Albergo il Passo« vorbei leitet der Weg Nr. 45 über die Wiese zu einem Skilift, dort links auf sichtbarem Wiesenpfad zum Waldrand und auf schmalem Weg durch den Wald aufwärts zur Scharte unter dem Monte Cornetto (etwa 1600 m; 1–1¹/₂ Stunden).

Trittsichere und konditionsstarke Wanderer werden hier auf dem Weg Nr. 45 noch den Gipfel des Monte Cornetto (1899 m; 1 Stunde) »mitnehmen« – dann aber auf dem Anstiegsweg zurück zur Scharte, der ausgesetzte Steig über den Monte Baffelan zum Rifugio Campogrosso setzt Schwindelfreiheit und fast schon Kletterfertigkeiten voraus!

Ab der Scharte schlagen wir den Weg Nr. 7 zu den Sette Fontane ein, der uns steil durch Gebüsch abwärts zu den Almweiden und zur einsehbaren *Malga Boffetal* (1435 m) führt.

Von der Alm auf Weg Nr. 13 in südlicher Hauptrichtung fast eben durch die Weiden hinüber zum Rifugio Campogrosso (= Rifugio Toni Giuriolo; 1456 m; 1¹/₄ Stunden; Unterkunft).

24 Rifugio Campogrosso – Rifugio Fraccaroli – Cima Carega – (Lessinische Alpen) – Rifugio Scalorbi – Giazza

Verkehrsmöglichkeiten Linienbus von Giazza nach Verona: Bahn von Verona nach Venedig.

Wegmarkierungen Rot-weiß (-rot); Wege Nr. 7 und 112 zur Cima Carega; Weg Nr. 112 zum Rifugio Scalorbi; Weg Nr. 285 bzw. Ausweichweg Nr. 286 nach Giazza. Weg Nr. 286 von der Cima Carega zum Rifugio Passo Pertica; Wege Nr. 289 und 287 nach S. Giorgio (Lessinische Alpen); Weg Nr. 254 durch den Vajo di Squaranto nach Merli.

Tourenlänge 14 km bzw. 16 km (Lessinische Alpen).

Wanderzeit 6 bis 7 bzw. 7 Stunden (Lessinische Alpen).

Höhenunterschiede 800 Meter Anstieg, 1500 Meter Abstieg bzw. insgesamt 1100 Meter An- und 1400 Meter Abstieg (Lessinische Alpen).

Wanderkarte 1:50 000 Kompass-Wanderkarten Nr. 101 und 100; 1:20 000 Carta dei Sentieri »Lessinia – Carega«, zu beziehen bei: Comitato Gruppi Alpinistici e Naturalistici Veronesi c/o G.A.O. – Via Teatro Ristori, 3 I-37122 Verona.

Anmerkung Wer einen Wandertag und insgesamt etwa 700 Höhenmeter einsparen möchte, kann bereits ab der Cima Carega oder ab dem Rifugio Scalorbi hinüber zum Rifugio Passo Pertica wandern (siehe auch Tourenbeschreibung). Dort leitet der Weg 289 als kürzeste Direktverbindung zu den Lessinischen Alpen

genüßlich hinauf zum Passo di Malera (1722 m; 1 Stunde) und westlich durch Wiesen hinüber und hinab zum Wintersportort S. Giorgio (1494 m; 30 Minuten). Am linken Ortsrand hinüber zur einsehbaren Malga Cambegno. Zwischen den Höfen hindurch und durch Weiden hinüber zum oberen Beginn des Vajo di Squaranto, dem eine Wegspur etwa 400 Höhenmeter abwärts nach Süden folgt, wo man nahe Merli (1 Stunde) wieder auf den E 5 von Giazza nach Croce trifft (siehe Tour 24.1).

Wissenswertes Ob Venedig das Ziel des Wanderers ist oder der Gardasee – auf der Cima Carega ist die letzte weite Aussicht in die Nord-Süd-Richtung. Der Wanderer, der in westlicher Richtung weitergeht, gewinnt über dem Gardasee noch einen zusätzlichen Aspekt, der freilich ein ganz anderes Naturerlebnis vermittelt.

Wir haben das kristalline Urgestein der Ostalpen überschritten, haben die Vielfalt des Dolomitengesteins erlebt und zuletzt das weiche Sedimentgestein des Südens erreicht.

Doch dabei haben wir noch lange nicht alles sehen können und von vielem kaum etwas gehört.

Jede Landschaft rühmt sich ihrer Einmaligkeit, aber kaum ein anderes Gebiet erfreut sich – weltweit – so spontaner Sympathie wie Südtirol und das Trentino.

Um nur ein paar der bekanntesten landschaftlichen Höhepunkte zu erwähnen: Das Grödnertal mit der Sellagruppe und dem Langkofel. Der Nationalpark am Stilfser Joch mit der fast 4000 Meter hohen Ortler-Gruppe. Das 35 qkm große Waldgebiet des Naturschutzparks von Paneveggio. San Martino di Castrozza mit den Kletterbergen der Palagruppe. Das Kletter- und Wanderparadies der Brenta. Die vom Langkofel überragte Hochfläche der Seiser Alm. Die Gesteinsvielfalt im Fassatal. Das noch weitgehend unberührte Sellatal. Das hochgebirgige Pustertal. Die botanischen Gärten am Monte Bondone und am Monte Baldo. Und der auf der Welt einmalige rote Tovelsee.

Der Platz würde nicht reichen um alles Schöne auch nur zu erwähnen.

Tourenbeschreibung Vom *Rifugio Campogrosso* auf dem westlich zum Fugazzepaß verlaufenden *Fahrweg* etwa 150 Meter, dann auf dem bezeichneten *Weg Nr. 7* links ab. Wir wandern durch Wiesen und Wald allmählich an den Felsaufbau der »piccole dolomiti« heran. Nach knapp 30 Minuten nicht links dem Weg 105 G folgen, sondern geradeaus auf *Weg 7* weiter.

Immer mehr nähern wir uns der abweisenden Ostflanke der Cima Mosca, schwenken aber dann, an der *Boale dei Fondi* (1632 m; Achtung, nicht dem Weg 8 folgen!), nach links. Auf *Felsstufen* und in *Serpentinen* geht es dann steil aufwärts zum Südfuß der Cima Mosca. Zuletzt in weiten Kehren hinauf zur *Einsattelung* zwischen Cima Mosca und Monte Obante, der *Bocchetta dei Fondi* (2084 m; 2 Stunden).

Jenseits im Süden sehen wir das Rifugio Scalorbi unten liegen. Bei drohendem Schlechtwetter oder Zeitmangel kann man die Cima Carega auslassen und gleich zum Schutzhaus absteigen.

Nicht schwindelfreien Wanderern sei empfohlen, diesem *Serpentinenweg* kurz abwärts und dann erst dem *Wiesenhangpfad* nach rechts zur Cima Carega zu folgen. Wer einen etwas *exponierten Wandsteig* begehen kann, wandert gleich ab der *Bocchetta dei Fondi* auf dem *oberen Pfad* weiter. Man sieht dann die Cima Carega in ihrer ganzen Pracht vor sich. Am Fuß des Gipfelaufbaus, an der *Bocchetta Mosca* (2041 m), treffen beide Wege, der eine ab-, der andere ansteigend – wieder zusammen.

Gemeinsam weiter auf dem *ehemaligen Kriegsnachschubweg* (Weg 112) in weiten Kehren hinauf zum *Gipfel* der *Cima Carega* (2259 m; 1 Stunde). Etwas unterhalb des Gipfels passieren wir das *Rifugio Fraccaroli* (Cai-Hütte; 2230 m; Einkehr- und Unterkunftsmöglichkeit). – Direkt am Rifugio kann man auch dem Weg 286 hinab zum Rifugio Passo Pertica folgen und die direkteste Querverbindung zu den Lessinischen Alpen wählen (Anmerkung).

Die Aussicht über die oberitalienische Tiefebene vor uns – östlich die Adria und westlich der Gardasee – ist bei klarem Wetter der letzte Höhepunkt unseres traditionellen Fernwanderwegs. Hinter uns die rötliche, gezackte Brenta. Nördlich die Ortler-Gruppe. Und im Nordosten, aus den Dolomiten herausragend, die Marmolada.

Berg-Kratzdistel   (© Ulrich Schnabel)

Beim Abstieg auf dem Anstiegsweg zurück zur Bocchetta Mosca und dort auf Weg 112 südlich abwärts zum *Rifugio Scalorbi* (1767 m; 1 Stunde; Einkehr- und Unterkunftsmöglichkeit).

Unterhalb des Hauses geht es über die Almböden der linken Illasi-Talseite abwärts. Rechts am Hang verläuft der Güterweg zum *Rifugio Passo Pertica* (1522 m; Einkehr- und Unterkunftsmöglichkeit, siehe auch Anmerkung; bei eventuellen Unwetterschäden Ausweichweg weiter über Rifugio Alpino Revolto – 1286 m – und Rifugio Boschetto – 1151 m –, jeweils Einkehr- und Unterkunftsmöglichkeit, hinab nach Giazza).

Auf dem Direktweg vom Rifugio Scalorbi passiert man 45 Minuten später das – durch den Einschnitt des Illasibachs getrennte, rechts oberhalb des Wegs gelegene – Rifugio Alpino Revolto und kommt bald darauf zur asphaltierten Straße durch das Valle di Revolto (rechts oberhalb das Rifugio Boschetto). Entlang der Straße, die sich kaum noch abkürzen läßt, hinab nach Giazza (773 m; 1¹/₂ Stunden; Einkehr- und Unterkunftsmöglichkeiten).

24.1 Giazza – Vajo di Squaranto – Maregge – Croce bei Bosco Chiesanuova – Vajo Dell' Anguilla – Erbezzo

Verkehrsmöglichkeiten   Linienbus von Bosco Chiesanuova nach Verona.

Wegmarkierung   Rot.

Tourenlänge   17 km bis Croce bei Bosco Chiesannova; 22 km bis Erbezzo.

Wanderzeit   5–5¹/₂ Stunden bis Croce; 6–6³/₄ Stunden bis Erbezzo.

Höhenunterschiede   Insgesamt 1000 m Anstieg, 550 m Abstieg bis Croce; Zusätzlich 300 m An- und Abstieg bis Erbezzo.

Wanderkarte   1:50 000 Kompass-Wanderkarten Nr. 101 und 100; 1:20 000 Carta dei Sentieri »Lessinia – Carega«, zu beziehen bei: Comnitato Gruppi Alpinistici e Naturalistici Veronesi c/o G.A.O. – Via Tetro Ristori, 3 I-37122 Verona.

Anmerkung   Je nach Wetterlage und Kondition kann der Wanderer heute noch die 1¹/₄ Stunden bis Erbezzo zurücklegen und im Albergo »Berna« übernachten.

Wissenswertes   In den *Mittleren Lessinischen Alpen* liegen die »Dreizehn Gemeinden«, eine frühere deutsche Sprachinsel. Spuren der altdeutschen Sprache sind heute nur schwer festzustellen.

Charakteristisch für diese Voralpen-Landschaft sind die ausgedehnten, hügeligen Almweiden, die von waldreichen Höhen und tiefeingeschnittenen Flußtälern durchzogen werden.

Aus der Luft gesehen stellen die *Lessinischen Alpen* insgesamt eine im Norden bis 1800 Meter Höhe ansteigende, nach Süden zu schräg abfallende, gewaltige Hochplatte vulkanischen Ursprungs dar.

Am Nordrand der *Oberen Lessinischen Alpen* bricht das Hochplateau rund 1000 m senkrecht zum Ronchital ab, am Nordwestrand fallen steile Bergflanken zum 1400 Meter tieferen Val Lagarina, der südlichen Fortsetzung des Etschtals, ab.

Entlang den sanften Grashängen der weit auseinandergezogenen Gipfelkette des Monte Sparavieri (1798 m), des Monte Castelberto (1751 m) und des Corno d'Aquilio (1564 m) genießt man eine wundervolle Fernsicht zu den Trentiner Alpen: Von der Carega-Gruppe über die Pasubio-Hochfläche zum Monte Bondone, von der Brenta-Gruppe zu den Gletschern des Monte Cevedale und der Presanella-Adamello-Gruppe und bis hinab zum Gardasee!

Erwähnt werden muß dabei auch, daß die Ursprünglichkeit dieser abgeschiedenen Landschaft im Gebiet um den Monte Sparavieri durch die Errichtung zahlreicher Liftanlagen und Hotelsiedlungen sehr gelitten hat ...

Wer von Giazza aus nach 2^1/$_2$-stündigem Aufstieg den Monte Potteghe (siehe Tourenbeschreibung) erreicht hat, muß sich entscheiden, ob er dem traditionellen E 5 durch die Mittleren Lessinischen Alpen folgen will, oder ob er statt dessen einmal zwei Tage lang »auf eigenen Beinen« wegelos in Richtung Norden entlang der grasigen Bergrücken wandern möchte – verfehlen läßt sich das Hochplateau nicht!

Übernachtungsmöglichkeiten bestehen im Rifugio Podesteria und im Rifugio Alpino-La Sega (beide in der Generalkarte »Gardasee-Venedig« eingezeichnet), von wo aus sich ein Wanderweg hinab nach Ala zum Weiterweg an den Gardasee anschließen läßt. Oder man steigt in Fosse in den Linienbus nach Verona und fährt mit dem Zug nach Venedig weiter, ans Ziel des traditionellen E 5.

Tourenbeschreibung An der *Kirche* in der Ortsmitte von *Giazza* (773 m) beginnt die Wanderung durch die *Mittleren Lessinischen Alpen:* Wir folgen dem alten Dorfweg über hohe *Steintreppen* hinab zum *Lauf des Illasi-Flußtals,* rechts unterhalb der Kirche. Über die Brücke und auf steinigem *Fahrweg* strömungsaufwärts bis zu einer kleinen *Wellblechhütte.* Dort zweigen wir an der Weggabelung links ab und gehen auf altem *Karrenweg* durch die steile *Bergwiese* hinauf zum *Waldrand.* Weiter in langen Serpentinen durch dichten *Buchenwald* etwa 1^1/$_4$ Stunden steil bergauf bis zu einem Felsentunnel (Il Ponte; 1214 m), dann noch ¹/₂ Stunde auf dem *Karrenweg* über eine sanft ansteigende *Hochfläche* mit lichter Mischbewaldung hinauf zur *Anhöhe (1469 m) des Monte Potteghe* (1479 m).

Informativer Ausblick zur Carega-Gruppe und auf das breite, waldreiche Illasital, das sich weit unten im Süden inmitten der hügeligen Ausläufer der Mittleren und Unteren Lessinischen Alpen verliert.

An einem *kreuzenden Traktorenweg* finden wir einen fest in die Wiese eingelassenen, alten *Steinwegweiser:* Setzen wir einen rechten Winkel zu dem mit »per Giazza« beschrifteten Pfeil, so überqueren wir den gekiesten *Traktorenweg* und sehen nach ein paar Schritten eine *Wiesenmulde,* die hangabwärts zu einer mit Felsbrocken durchsetzten *Senke* mit einzelnen Laubbäumen führt – dort läßt sich ein *Wiesenweg* erkennen, der zwei Hügel umquert und auf dem man 10 Minuten später die (asphaltierte) neue *Fahrstraße* von Velo nach St. Giorgio erreicht.

Auf der *Straße* wenige Schritte nach rechts, dann links ab auf den mit roter Schranke gesperrten Wiesenweg, der parallel zur Straße das verfallende Osteria degli Spiazzoi (1398 m) passiert und bald darauf zur *Malga Bosco* (1364 m; vorzügliche Kuhmilch!) leitet.

Der anfangs mit groben Steinplatten eingefaßte alte Weg ist ebenso typisch für die Lessinischen Alpen, wie die meist kreisrunden, kleinen Seen, die sich in dem fossilienreichen, vulkanischen Gestein der weiten Hochfläche gebildet haben.

Wir gehen rechts entlang der Längsrichtung der *Grundmauern des Stallgebäudes* der Malga Bosco und queren wegelos die *Wiesen* abwärts zum bewaldeten Taleinschnitt des *Vajo di Squaranto* (20 Minuten), dessen ausgetrocknetem *Flußbett* wir links abwärts folgen.

Gut ¹/₂ Stunde dauert die etwas mühsame Durchwanderung des *Vajo di Squaranto,* bis sich der Wald ringsum merklich lichtet und einer etwas breiteren *Wiesenaue* (1171 m) Platz macht. Auf Höhe eines einzelnen Almgebäudes an der linken Hangseite entdecken wir rechts einen von Steinen gesäumten *Wiesenweg,* der uns in etwa 20 Minuten hangaufwärts zum Weiler *Merli* (1256 m) bringt. Einkehrmöglichkeit am ersten Haus, das wir erreichen.

Entlang des gekiesten *Dorfwegs* passiert man die *Kapelle St. Anna* (1267 m) und verläßt dann in einem Rechtsbogen den nach Süden verlaufenden Taleinschnitt des Vajo di Squaranto. Etwa 40 Minuten folgt man dem ebenen *Fahrweg* in vielen Windungen durch *Wald und Wiesen* bis zum Dorf *Maregge* (1264 m) an der Fahrstraße nach Bosco Chiesanuova (Gasthaus).

24.1

Maregge

S. Francesco

Croce

Albergo Croce

Valdiporro

Vaio dell' Anguilla

24.2

Erbezzo

Bosco Chiesanuova

Masselli

Manar

Corbiolo

Cappella-Fasani

Vaio del Falconi

Progno di Valpantena

Ceredo

Lughezzano

Arzere

Corso

Ponte di Véja

Vaio della Marciora

Giare

Bellori

0   1 km

Lugo

M. Tesoro
▲
917

M. Nuvola
▲
817

Vaggimal

Corrubio

Cerna

Fane

Boar

Auf der *asphaltierten Straße* etwa 500 Meter nach rechts, bis an der linken Straßenseite (Punkt 1283 m) ein rot-weiß-rot markierter *Alpenvereinsweg* den licht bewaldeten *Hügel* aufwärts leitet. Nach wenigen Minuten wird eine *Anhöhe* erreicht und ein kreuzender *Karrenweg* gequert. Dann geben *zwei markante Felsplatten* von etwa 2 m Höhe den Durchlaß zur jenseitigen *Hügelsenke* abwärts frei. Links eines Wassertümpels kommen wir entlang der *Wiesensenke* zu den Gehöften der *Malga Tinazzo (1262 m)* – Vorsicht bissiger Kettenhund!

Auf dem leicht abfallenden *Sträßlein* durch die *Ansiedlung* auswärts bis zu einer *Weggabelung* – dort rechts bis zum Weiler *Zamberlini (1234 m).*

Bei einem *Steinmarterl (anno 1842)* am Ortsanfang dem mit groben Steinplatten eingefaßten, links das Dorf umquerenden *Wiesenweg* folgen. Der Weg steigt kurz an und vergabelt sich wieder – links aufwärts zu einem *Mischwald.* – Wir passieren einen natürlichen *Felsdurchlaß,* dann durchquert unser Weg kurz eben den *Wald,* fällt daraufhin wegelos durch eine *breite Schneise* ab und erreicht eine *Steinkapelle (Scalon; anno 1831).*

An der *Kapelle* links vorbei zu einem *breiten, gekiesten Fahrweg,* der uns in der zuvor eingeschlagenen Richtung ohne nennenswerten Höhenunterschied weiter durch die Ansiedlung *Scala* (1237 m) und dann in leichtem Anstieg durch lichten *Wald* bis zu einer *Anhöhe* führt. Von hier aus erkennen wir am Doppelturm der Klosterkirche den Hauptort der Mittleren Lessinischen Alpen, Bosco Chiesanuova (1106 m), weit unten auf einem waldigen Hügel.

Noch wenige Schritte auf dem *Fahrweg* bergab bis zu einer *Linkskurve.* Dort steigt man über den *Stacheldrahtzaun* und trifft auf einen verwachsenen *Wiesenweg,* der in mehreren Serpentinen durch *Wald* hinab zum Dorf *Croce (1147 m)* führt – Übernachtungsmöglichkeit im *Albergo »Croce«* (1¹/₂ Stunden seit Maregge, 5¹/₂ Stunden seit Giazza).

Der Weiterweg nach *Erbezzo* verläuft auf der *Fahrstraße* vor dem Albergo zwei, drei Schritte nach rechts und biegt auf dem ersten abzweigenden *Wiesenweg* links ab. An einer *Wegvergabelung* rechts und am Waldrand entlang hinab zum Dorf *Lesi (1118 m).*

Durch das *Dorf* und auf markiertem *Wanderweg Nr. 2* weiter am Waldrand entlang, links oberhalb der abfallenden Wiesensenke. An der nächsten *Weggabelung* weiter auf dem Weg, an dem die Steinplatten vom rechten Wegrand zum linken wechseln.

Ohne auf weitere Wegverzweigungen zu achten, steigen wir parallel zur *Wiesensenke* leicht abwärts bis zu ihrer *flachsten Stelle,* an der sie in eine bewaldete, kleine Schlucht übergeht. Hier stoßen wir auf einen breiten *Hohlweg,* der uns bei der *ersten Verzweigung* in einem Rechtsbogen abwärts zur *Schlucht* bringt.

Wir erreichen ein ausgetrocknetes *Bachbett (887 m),* dem wir nun bis zur *Einmündung* in das breite, ebenfalls ausgetrocknete Flußtal des *Vajo Dell'Anguilla* folgen ($^1/_2$ Stunde).

Entlang diesem *Lauf* etwa 10 Minuten abwärts – so gut es geht auf der rechten Seite, denn dann (Punkt 831 m) zweigt der im Gebüsch leicht zu übersehende, rot-weiß markierte *Wanderweg Nr. 4* rechts durch dichtes Unterholz den *steilen Hang* aufwärts.

Nach etwa 40 Minuten Anstieg in Serpentinen kommen wir zu einem *einzelnen Almgebäude* und sehen die Ortschaft *Erbezzo (1118 m)* über uns, zu der wir nach 10-minütigem Anstieg durch licht bewaldete *Wiesen* gelangen. Übernachtung im *Albergo »Berna«* Via Roma 78–81.

24.2 Erbezzo – Ponte di Véia – Valpantena – Giare – Monte Tondo – Montecchio – Avesa – Verona – (Venedig)

Verkehrsmöglichkeiten Linienbus von Ponte di Véia und Giare nach Verona. Stadtbus vom Vorort Avesa ins Zentrum von Verona.
Wegmarkierung Rot.
Tourenlänge 25 km von Erbezzo bis Montecchio; 31 km bis Avesa, einem Vorort von Verona.
Wanderzeit $5^1/_2$ Stunden bis Montecchio, $7^1/_2$ Stunden bis Avesa.
Höhenunterschiede Insgesamt 550 m Anstieg, 1000 m Abstieg bis Montecchio; 1200 Meter Abstieg bis Avesa.
Wanderkarte Siehe Tour 24.
Anmerkung »Costagrande« ist eine alte Villa aus dem 17. Jahrhundert, die heutzutage als Seminaraufenthalt für die verschiedensten Anlässe dient. Nur noch 1–$1^1/_2$ Gehstunden von Avesa entfernt, bietet sie dem E 5-Wanderer außerhalb von Montecchio eine Unterkunft, »auch während der Hauptsaison«, wie der Leiter dieses großzügig geführten Hauses dem Autor versichert hat.

Tourenbeschreibung Vom *Kirchplatz in Erbezzo* auf der *Hauptstraß*e in Richtung Verona bis zur *ersten Rechtskurve,* an der eine (in Gegenrichtung verlaufende) *Einbahnstraße* geradeaus abwärts führt. Auf dieser etwa 50 Meter, dann in der eingeschlagenen Richtung auf einem *gekiesten Fahrweg* weiter, bis dieser eine *Kehre* der Fahrstraße nach Verona berührt. *An der Kehre* entlang der

»*Via Campioniva*« geradeaus, bis zur *Fahrstraße* – auf dieser 100 Meter nach links, bis rechts ein von großen Steinplatten gesäumter Weg auf die *Straße* trifft. Hier die *Straße* überqueren und auf unasphaltiertem Weg der Vorort *Masselli* (1005 m) erreicht. Auf geteerter, ebenfalls von Steinen eingefaßter *Dorfstraße* verlassen wir die Ortschaften um Erbezzo.

Nach etwa 500 Metern geht es bei einem *alten Steinkrenz* auf *gekiestem Traktorenweg* geradeaus weiter, bis wir auf *freie Wiesen* gelangen. An der *Weggabelung* links, entlang des zur Linken mit Büschen bewachsenen *Traktorenwegs.* Allmählich wächst der Weg mit Haselnußstauden und wilden Weichseln zu, und durch diese »*grüne Gasse*« geht es schließlich den *Höhenrücken* auf steil abfallendem *Hohlweg* hinab zum Dorf *Portello (776 m).*

Wir passieren auf *Traktorenweg* den *rechten Ortsrand,* umrunden den mit Obstbäumen bewachsenen *Hügel,* auf dem das Dorf liegt, nach rechts und erreichen so den unasphaltierten *Dorfweg* von Portello nach *Ill Castello (480 m).* Dieser kleine Ort liegt rechts malerisch am Fuß der licht bewaldeten, durch Steinterrassen kultivierten, 654 Meter hohen Felspyramide »*La Rocca*«.

Durch die *Ortschaft* zum rechten Fuß der *Felspyramide.* An der untersten *Felsterrasse* entlanggehend, entdeckt man einen schmalen *Fußpfad,* der in steilen Serpentinen durch dichten *Niederwald* hinab zur Einmündung des Vajo dell' Falconi in das Valpantena und zur *Fahrstraße* nach St. Anna d' Alfaedo führt (1^{1}/$_{4}$ Stunden).

Auf der *Straße* durch das *obere Valpantena* etwa 200 Meter bergauf, bis man gegenüber einer überhängenden Felsplatte am rechten Fahrbahnrand eine markierte *Pfadspur* nach links ins *Gebüsch* führend auffindet. Dieser *Pfad* leitet uns hinab zu zwei tiefen, bewaldeten *Furchen:* Von der *Ponte di Véia* herab mündet ein Bachlauf (links) in den Fluß durch das Valpantena. Auf kleiner *Brücke* überquert man den *Fluß* durch das Valpantena und gelangt so ans *rechte Ufer des Ponte di Véia-Bachs,* dem wir nun auf blau-gelb markierter *Pfadspur* etwa 15 Minuten aufwärts folgen.

Schon während des Anstiegs deuten die trogförmig ausgewaschenen Stufen des Bachbetts auf glaziale Tätigkeit hin: Beim Durchgang unter der *Ponte di Véia (611 m),* einer etwa 30 Meter hohen und 20 Meter breiten, natürlichen *Felsbrücke* erleben wir dann ein seltenes Monument der erdgeschichtlichen Entstehung: Die »archäologische Zone« der (abgesperrten) Felshöhle zur Rechten legt mit der Höhlendecke ein »geologisches Fenster« (siehe stratigraphisches Fenster, Tour 25.2) frei – Flechten und Moose wachsen aus dem wasserdurchlässigen Gestein herab.

Entlang des *Besichtigungsweges* aufwärts zu einem *Gasthaus* (Einkehrmöglichkeit; Haltestelle der Buslinie nach Verona).

Am *Gasthaus* links und auf ebenem *Feldweg* in etwa 20 Minuten zur Ortschaft *Giare* (684 m; Bushaltestelle). *Durch den Ort* und auf asphaltierter, leicht ansteigender *Straße* in weiteren 20 Minuten zum Ort *Schioppio* (752 m).

Zwischen einer großen Bar (links) und der Straße nach Coda und Stallavena (zur Rechten) findet man einen *Wiesenweg,* der in leichtem Anstieg parallel zur Straße verläuft. An einer *dreifachen Wegverzweigung* folgt man dem ganz rechts verlaufenden *Wiesenweg* (unterirdisches Aquädukt) weiter, bis er wieder auf die *Fahrstraße* nach Stallavena trifft. Auf der *Straße* etwa 10 Minuten durch freie *Wiesen* bis zu einem langgezogenen, bewaldeten *Höhenrücken,* an dessen *Fuß* sich die Autostraße vergabelt (673 m): Wir gehen noch etwa 20 Meter nach rechts und steigen dann auf einem *Traktorenweg* den *Höhenrücken* aufwärts – im Westen reicht die Aussicht bis zum Gardasee!

Nach etwa 20 Minuten erreicht man die mit Villen *besiedelte Hochfläche* und ein großes Steinkrenz (Croce Bianca; 763 m). Die ersten Villen, die erreicht werden, umgeht man links der *Einzäunungen* auf einem *Fußpfad,* der 10 Minuten später zu einem breiten *Wiesenweg* wird und zu einer Weggabelung führt – dort links weiter, vor einem einzelnen, alten *Bauernhof* wieder links und auf gekiestem, ebenem *Fahrweg* in insgesamt 45 Minuten durch die immer stärker *besiedelte Hochfläche.*

Nach dem *Haus mit der Nummer 11* biegt man nach links ab zu einer *Villa* mit großem Garten und einem *runden Seerosenteich.* Links der Villa, die an einem steil abfallenden *Vorsprung des Bergrückens* (739 m) steht, leitet ein steiler *Serpentinenpfad* durch dichten *Mischwald* abwärts.

Nach etwa 10 Minuten Abstieg trifft der *Pfad* auf eine *Traktorenspur,* die uns rechts durch licht bewaldete Wiesen um den *Fuß des Bergrückens* bis zu einer *asphaltierten Straße* führt.

Auf der *Straße* links abwärts zu einer *Straßenkrenzung:* Diese geradeaus überqueren zu einem durch *Buschwerk hangaufwärts* leitenden *Fußpfad,* der kurz darauf wieder auf eine *Straße* trifft. Auf dieser etwa 500 Meter bis kurz unterhalb des höchsten Punkts der Straße – dort auf links abzweigendem, von Felsplatten und Obstbäumen flankiertem Weg aufwärts zu einer *kleinen Ansiedlung* (10 Minuten). An der nächsten *Weggabelung* wieder links und auf *Wiesenweg* leicht hangaufwärts.

Nach etwa 5 Minuten sieht man von einer kleinen *Anhöhe des Monte Tondo (705 m)* aus die Städte Verona und Vicenza weit unten in der Tiefebene.

Auf dem nun ebenen *Wiesenweg* durch lichte Birken- und Kastanien-Bewaldungen zu einem *Zauntritt.* Dahinter an der *Wegga-*

belung rechts durch *Gebüsch* abwärts, bis man das bewohnte, alte *Castell St. Stefano* (618 m) links der *Grundstücks-Einzäunung* passiert. Am *Ende der Steinmauer,* die noch ein weites Feld vor dem Castell begrenzt, biegt eine *Pfadspur* nach links abwärts.

Immer entlang eines dreireihigen Stacheldrahtzauns wandert man durch einen *Kastanienwald,* passiert eine schmale *Wiesenfläche* und steigt auf schmalem *Pfad durch Gebüsch* links hinab zu einem *Hof mit kleiner Steinkapelle* (15 Minuten) an der Fahrstraße nach Montecchio.

Statt dieser zu folgen, kann man den neu angelegten, markierten *Wanderweg* nach rechts bis *Montecchio* einschlagen (495 m; 30 Minuten; Einkehr- und Unterkunftsmöglichkeiten; siehe Anmerkung).

Ab *Montecchio* kann man nur bei trockener Wetterlage und intaktem Steig (die Weganlage ist oftmals durch Unwetter oder Beschädigung unbegehbar!) dem *E 5* durch die tiefe *Borago-Schlucht* folgen (erkundigen!): Von der *Bar am Dorfplatz* auf be-

Verona, Blick vom Torre Lamberti auf die Piazza dell'Erbe

(© Helmut Dumler)

zeichnetem Weg erst rechts, dann links in südöstlicher Richtung hinab zur *Schlucht »Passo della Volpe«.* Jenseits durch *Mischwald* aufwärts zum *»Grande Salto«* (= Großer Abgrund) – links die Villa Costagrande (30 Minuten; siehe Anmerkung).

Drei massive Eisentreppen führen hinab in die dunkle und feuchte *Schlucht,* deren tiefer Gelände-Einschnitt nicht nur geologisch Interessierte beeindruckt! – Nach rund 1 Stunde verlassen wir die *Schlucht* und erreichen die ersten Häuser von *Avesa.* Entlang der *Fahrstraße* zum *Ort* (97 m; 20 Minuten).

Bei *Schlechtwetter* verlassen wir *Montecchio* entlang der *Via S. Giuseppe* bei der *Kapelle* am *westlichen Ortsrand* nach links auf einem *Güterweg.* Wir wandern dann stets auf dem *Höhenrücken* zwischen den Gewässer-Einschnitten des Progno di Quinzano (rechts) und des Progno Borago (links) in südlicher Richtung die letzten Ausläufer der Lessinischen Berge bis hinab zur *Tiefebene* von Verona, die wir beim *Vorort Avesa* (97 m; 2 Stunden) erreichen. Mit dem Linienbus weiter zum Endziel des traditionellen E 5, der Provinzhauptstadt *Verona* (59 m).

Wissenswertes am Ende der markierten E-5-Route

Giazza (Lijetzan) ist eine der »Dreizehn Gemeinden«, die nordöstlich von Verona in den Lessinischen Alpen verstreut sind. Im Mittelalter bildeten die – wahrscheinlich bajuwarischen Anwohner – eine selbstverwaltete Bauernrepublik innerhalb des Machtbereichs von Verona und später der Republik Venedig.

Es handelt sich um die ausgedehnteste deutsche Sprachinsel in Oberitalien, heute wird nur noch in Giazza der mittelhochdeutsche Dialekt »Tautsch« gesprochen, der außer seinen bajuwarischen Sprachrelikten auch vereinzelt an Gotisch und Langobardisch erinnert.

Den Sprachforschern gibt die sich selbst »Zimbern« nennende Bevölkerung noch manche Rätsel auf, doch ist heute anzunehmen, daß das Wort »Zimbern« von »timbrian« kommt, das nichts anderes heißt als Zimmerleute.

In Giazza ist im »Tautsche Puachar Haus« ein Museum mit alter Volkskunst eingerichtet.

Verona liegt an den Ausläufern der Lessinischen Alpen und am Ausfluß der Etsch in die oberitalienische Tiefebene.

Die weltberühmte Provinzhauptstadt ist als zentraler Handelsumschlagplatz (Obst und Gemüse) zur größten Stadt des venezianischen Festlandes geworden. – Schauplatz der Dietrich von Bern-Sage und der Romeo und Julia-Affäre.

Verona, der Balkon von Shakespeares Julia   (© Klaus Thiele)

Das Amphitheater erinnert an die Zeit der Römer (89 v. Chr.). Im 6. Jahrhundert folgten die Ostgoten (Dietrich von Bern), später Franken (Pippin), Sachsen und Staufer – alle gleichermaßen an diesem wichtigen strategischen Endpunkt der Brennerstraße interessiert.

Im 13. Jahrhundert herrschte das ghibellinische Fürstengeschlecht Della Scala, das 1387 von den Visconti verdrängt wurde. 1405 kam die Stadt an die Republik Venedig.

1814–66 wurde Verona als österreichische Festung ausgebaut.

Die romanische Kunst (11. Jh.) und die Zeit der Renaissance (Baudenkmäler etc.) haben die Stadt entscheidend geprägt.

Venedig – jahrhundertelang »Königin der Meere«. Vom hohen Mittelalter bis Ende des 18. Jahrhunderts maßgebliches Kultur- und Kunstzentrum für ganz Europa.

Was für ein Kontrast für den E 5-Wanderer!

Mögen auch auf der letzten Wegstrecke mit Bahn oder Bus hierher die Ölraffinerien, Fabriken, Schornsteine, Hochhäuser und Riesentanker in schwarzen Kanälen ebensowenig einladend anmuten, wie die Abgasfahnen und der Wald von Fernsehantennen über den Dächern der Industrieviertel von Marghera und Mestre – die rund 200 000 Menschen, die hier Arbeit und eine Wohnung fanden, möchten mit ihren knapp 100 000 im historischen Zentrum (Serenissima) lebenden Landsleuten nicht tauschen...

Wenigstens einen Tag sollte, ja muß man sich für Venedig nehmen: Im Informationsbüro der »Ente Provinciale per il Turismo«, bzw. der »Azienda Autonoma Soggiorno e Turismo« am Bahnhof Santa Lucia kann man sich das bunt illustrierte Informations-Faltblatt »Venezia Lido« besorgen. Darin findet man in deutscher Sprache fünf Rundgänge (gelbe Hinweistafeln) erwähnt, die auch dem Ortsunkundigen eine zuverlässige Orientierung im Labyrinth der Gassen, Plätze und Lagunen der Serenissima ermöglichen. Man kann auf diesen Rundgängen die wichtigsten Baudenkmäler Venedigs kennenlernen. (Kurzbeschreibung im erwähnten Prospekt).

Venedigs weltberühmter (was ist hier nicht weltberühmt?), 4 km langer Canal Grande liegt direkt vor dem Bahnhof Santa Lucia. Die Kirche gegenüber stammt aus dem 18. Jahrhundert: San Simeon Piccolo. Wer Lust hat, kann ab Bahnhof mit dem regelmäßig verkehrenden Schnellboot (motoscafo) bis Rialto (etwa auf halber Strecke des Canal Grande) fahren. Oder mit dem beschleunigten Schiffsverkehr (accelerato), dem Vaporetto bis San Marco am Ende des Canal Grande. So oder so ist die Fahrt durch den Canal Grande jedenfalls der kürzeren Strecke (ebenfalls mit Schnellbooten) durch den Rio Nuovo vorzuziehen, da sie besonders dem Erstbesucher viel interessantere Impressionen vermittelt.

San Marco ist von den sechs Stadtteilen (Castello, San Polo, Santa Croce, Cannaregio, Dorsoduro), von denen je drei zu beiden Ufern des Canal Grande liegen, das bekannteste Sechstel der Serenissima: Markusplatz und Markusdom (11. Jh.) Dogenpalast (12., 14. und 15. Jh.) und der Torre dell' Orologio, der im 15. Jahrhundert erbaute Uhrenturm (fertiggestellt 1688) an der Nordostecke des Markusplatzes, die Prachtbauten der Prokuratien (mit interessanten Museen) und der 99 m hohe Campanile – um nur die augenfälligsten Sehenswürdigkeiten rund um den Markusplatz zu nennen.

Vom Markusturm (Fahrstuhl) aus bewunderte schon Goethe das »einzige Schauspiel« bei Flut.

Das Panorama ist heute noch ebenso großartig, so wie auch der Dichterfürst in seinem »Tagebuch der italienischen Reise« bereits vermerkte, daß: »die Pferde auf der Markuskirche ... fleckig waren, teils einen schönen gelben Metallglanz hatten teils kupfergrünlich angelaufen«. Und weiter dick unterstrichen vom Autor des E 5:

»Und wenn ihre Lagunen sich nach und nach ausfüllen und stinken, und ihr Handel geschwächt wird, und ihre Macht gesunken ist, macht dies mir die ganze Anlage der Republik und ihr Wesen nicht um einen Augenblick weniger ehrwürdig. Sie unterliegt der Zeit, wie alles, was ein erscheinendes Dasein hat.«

Venedig ist heute keine sterbende Stadt mehr. Wohl sind nach UNESCO-Ermittlungen von den rund 10 000 eingetragenen Denkmälern und Kunstwerken des historischen Stadtkerns immer noch mehr als 200 Kirchen und über 400 Paläste und alte Gebäude in Gefahr. Aber die weltweit angelaufenen Hilfsaktionen beginnen dem Zerfall, Hochwassern, mißlichen Wohnverhältnissen und Umweltproblemen zum Trotz zu greifen:

Musterbeispiel dafür ist die von französischen Restaurateuren erneuerte barocke Marmor-Kuppelkirche Maria della Salute an der Mündung des Canal Grande, oder etwa die hauptsächlich von Deutschen instandgesetzte Renaissancekirche Santa Maria dei Miracoli oder die von Amerikanern restaurierte byzantinische Basilika Santa Maria e Donato – neben vielen anderen, wieder auf alten Glanz gebrachten oder gegenwärtig im Wiederaufbau befindlichen Baudenkmälern. Wurde doch in Venedig 1978 im Rahmen der »Pro Venetia Viva«-Stiftung des Europarats das erste internationale Steinforschungszentrum ins Leben gerufen. Und mit ihm die erste internationale Ausbildungsstätte für Handwerker im Denkmalschutz.

Tröstliches Finale für den E 5-Wanderer, bei seinem abschließenden Bummel durch die »Königin der Städte« auch noch das melodische »Oheooooh!« der Gondolieri durchs Motorbootgeknatter zu hören; und auch hier – trotz rieselnden Marmors, bröckelnder Fassaden und düsterer stickiger Lagunen tief aufatmend feststellen zu können, daß Venedigs italienische Vergangenheit eine europäische Zukunft hat.

25 Alternativstrecke – Allgemeines

Die Alternativstrecke versucht, im Gegensatz zum markierten E 5, auch im Südabschnitt auf der Höhe der Berge zu bleiben. Es sei darauf hingewiesen, daß diese Etappe Orientierungssinn, Ausdauer und Improvisationsvermögen erfordert. Trittsicherheit und auch etwas Schwindelfreiheit sind nötig.

So verläuft die Alternativstrecke von Bozen bis Maria Weißenstein auf einem 1977 neu angelegten Höhenweg über dem Etschtal. Dann wechselt sie bei Cavalese ins Trentiner Gebiet, um anschließend das Lagorai-Gebirge zu überqueren. Diese Route führt durch die Abgeschiedenheit der Fleimstaler Alpen.

Von Palai bis Lévico verlaufen beide Wege gemeinsam auf der Höhe. Auf einen Besuch von Lusern wird verzichtet und direkt zu den einsamen Höhen des Coepasses hinübergewechselt.

Am Pasubio streift die Alternativstrecke die tristen Stellungen der Kampfgebiete des 1. Weltkrieges und erreicht zusammen mit der traditionellen E 5-Route die markanten »Piccole Dolomiti« und die Cima Carega.

Der Fernwanderer steht jetzt vor der Entscheidung, entweder den markierten E 5 hinab nach Giazza und hinaus in die Tiefebene von Verona zu wählen, um von dort aus mit dem Zug weiter nach Venedig zu fahren. Oder er wandert weiter an den Gardasee. Das entspricht zwar nicht mehr der Schlußetappe des E 5, dafür endet diese Variante auf der Höhe der Gardasee-Berge.

Selbstverständlich bleibt es auch in diesem Falle dem Wanderer überlassen, die eine oder andere Route zu wählen oder sich auch aus beiden Möglichkeiten eine eigene Wanderkombination zusammenzustellen.

Um einerseits Wanderern ausgewählte Etappen zu ermöglichen und andererseits beim Abbruch der Wanderung (z. B. wegen Verletzung, Krankheit etc.) vorzubeugen, sei darauf hingewiesen, daß im Südabschnitt alle Tagesendziele mit dem Auto zu erreichen sind, so daß man sich eventuell abholen lassen kann.

Nur erschwert anzufahren (schlechte bzw. gesperrte Straßen) sind jedoch das Rifugio Lancia und das Rifugio Papa am Pasubio, sowie Giazza (gute Straße, jedoch ist der Ort kaum zu finden aufgrund schlechter Beschilderung). Im Nordabschnitt sind das Staufner Haus, die Kemptner, die Memminger und die Braunschweiger Hütte sowie die Pfandler Alm und die Kirchsteigeralm (oder Meraner Hütte) ebenfalls nicht mit dem Auto erreichbar.

25.1 Bozen (Bolzono) – Leiferer Höhenweg – Maria Weißenstein (Madonna di Pietralba)

Verkehrsmöglichkeiten Bahn bis Bozen; Buslinie Nr. 7 vom Bahnhof nach Haslach (Aslago) (werktags); Bus 3 x täglich nach Maria Weißenstein (Madonna di Pietralba).

Wegmarkierung Rot-Weiß (-Rot) AVS; Weg Nr. 3 von Oberau bis Tiroler Hof; Leiferer Höhenweg Nr. 12 Tiroler Hof – Schwabhof; Weg Nr. 1 vom Tobel bis Weißenstein.

Tourenlänge 15 km.   **Wanderzeit** 7–8 Stunden.

Höhenunterschiede Insgesamt 1500 m. Steiler Anstieg von Bozen (262 m) bis Tiroler Hof (868 m) und vom Schwabhof (700 m) bis Gasthof Munter (1363 m).

Wanderkarte 1:50 000 Kompass Wanderkarte Nr. 54.

Anmerkung Viele Eidechsen entlang des Leiferer Höhenwegs Vorsicht vor Schlangen: (Es können Kreuzottern, Sandvipern und Schildvipern angetroffen werden). Wenn der Wanderer früh aufbricht (um nicht in der heißen Mittagshitze unterwegs sein zu müssen), den Weg nicht verläßt und seinen Rastplatz vorher mit einem langen Stock abgeklopft, kann eigentlich nichts passieren, da eine Schlange niemals von sich aus angreift. Für den Fall eines Falles ist es gut, wenn man die Hinweise bei Wissenswertes in diesem Buch vor der Wanderung durchgelesen hat und z. B. eine Absaugspritze zur Hand hat.

Wissenswertes Vor rund 2000 Jahren war die Etsch noch nicht reguliert. Endlose Auwälder aus Erlen und Pappeln säumten ihren Lauf, und die Seichtwassertümpel im Schilf waren eine Brutstätte für Malariastechmücken, die Ursache des »Leiferer Tods«. Dieses heimtückische Wechselfieber befiel vor allem die Bauern und Taglöhner, die ohnedies schon durch die einseitige Maiskost körperlich geschwächt waren. (Pellagra). Mitten durch dieses Gebiet verlief ein Saumpfad als Durchgangsweg durchs westliche Etschtal von Trient (Trento) im Süden bis nördlich von Auer (Ora)

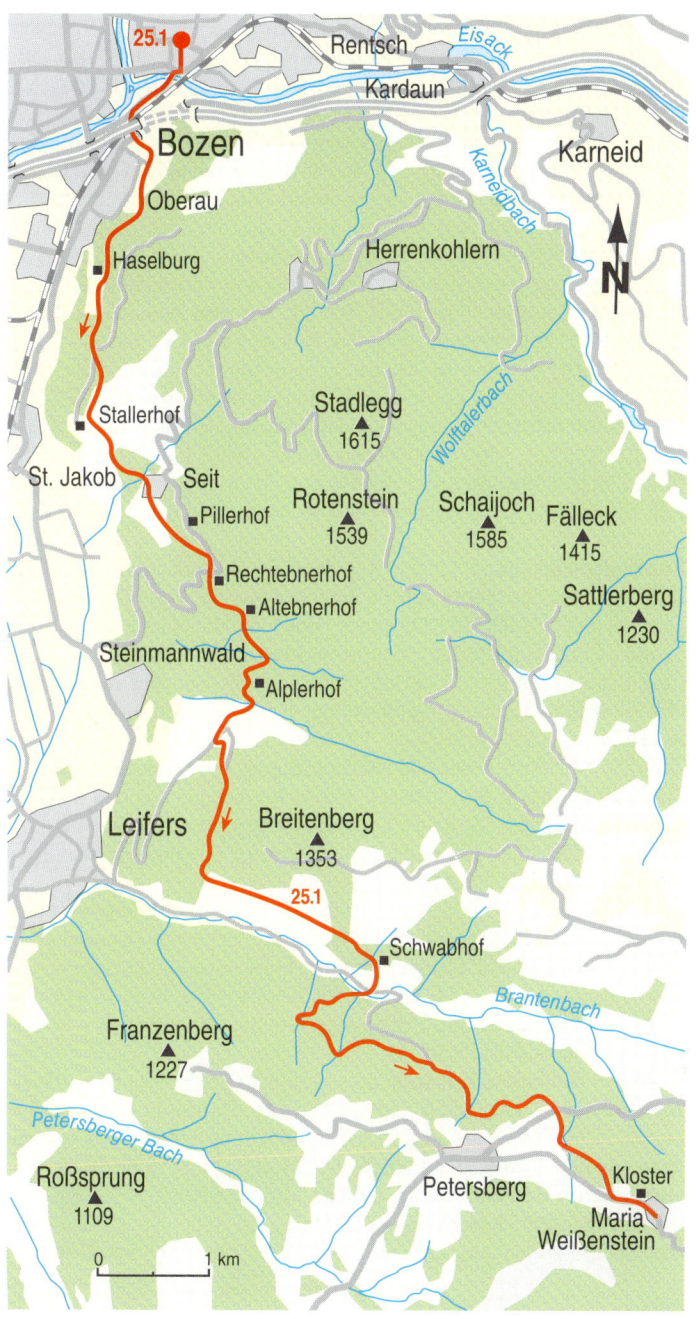

25.1

Rentsch

Eisack

Kardaun

Karneid

Bozen

Oberau

Herrenkohlern

Karnerbach

Haselburg

Stallerhof

Stadlegg
1615

Wolflalerbach

St. Jakob

Seit

Pillerhof

Rotenstein
1539

Schaijoch
1585

Fälleck
1415

Rechtebnerhof

Altebnerhof

Sattlerberg
1230

Steinmannwald

Alplerhof

Leifers

Breitenberg
1353

25.1

Schwabhof

Brantenbach

Franzenberg
1227

Petersberger Bach

Roßsprung
1109

Petersberg

Kloster

Maria
Weißenstein

N

0   1 km

(Gmund). Bei Auer setzte eine Fähre über den Fluß. Anschließend führte der Weg am Kalterer See vorbei nach Meran und weiter durch den Vinschgau nach Norden. (Vorläufer der Via Claudia Augusta).

Aus dieser Zeit (900 v. Chr.) stammt das bei Pfatten entdeckte Gräberfeld mit zahlreichen Aschenurnen, Haarnadeln aus Bronze und gravierten Messern. Ein als Deckel für eine Aschenurne benutzter Inschriftenstein stammt aus dem Jahr 200 v. Chr. Auch Kelten und Römer begruben hier ihre Toten.

Während der turbulenten Zeit der Völkerwanderung (375–590 n. Chr.) gewann auch noch ein zweiter Weg von Auer nach Bozen Bedeutung, und zwar entlang der linken Seite der Etsch. Wahrscheinlich ist es dieselbe Strecke, die heute der Leiferer Höhenweg nimmt: Der früher nur den Einheimischen vertraute Weg bot Schutz und führte in seinem weiteren Verlauf auf den Breitenberg (Monte Largo). Dort, 400 Meter östlich über dem Hochegghof, findet sich heute noch die relativ gut erhaltene Trens-Birg, eine Fliehburg in 1272 Meter Höhe mit weitem Blick übers Eschtal.

Tourenbeschreibung Nach der *Jenesien-Talstation* rechts, dann links und wieder rechts auf die *Bozener Wassermauer-Promenade* zum *Schloß Maretsch*. Dahinter links in die *Castel Maretsch-Straße*. Links um die Kirche und rechts zur *Museumstraße*. Links durch die *Laubengasse* am *alten Rathaus* vorbei und rechts über den *Kornplatz* und den *Waltherplatz*. Geradeaus durch die *Via Alto Adige* auf den *Verdi-Platz*. Über die *Loreto-Brücke* in die *Trienter Straße*. Auf dieser 300 Meter entlang, (oben die Haselburg). Dann links durch den Ortsteil *Haslach* (Aslago) an der *St. Gertraud Kirche* (San Geltrude) geradeaus hinauf nach *Oberau* (Oltrisarco). Hier auf Fahrweg zur *Haselburg* (Castel Flavon; etwa 400 m; 1 Stunde).

Auf unserem Höhenweg östlich der Etsch weiter bis zu einer weißen Säule mit je einer Heiligenfigur zu jeder Himmelsrichtung. Hier links auf Fußweg hinauf. Unter steilen Felsabstürzen gewinnt man rasch an Höhe und der Blick ins Etschtal wird immer weiter. Durch mächtige Porphyrgesteinshalden führt der *Pilgerpfad* an einer Grotte vorbei.

Weiter auf einen Fahrweg, diesen überqueren und auf markiertem Weg zum *Tiroler Hof* (etwa 800 m). Dahinter scharf rechts zunächst auf Wiesenpfad und dann links unbefestigt über Wiesen in südöstlicher Richtung zum Wald. (Hangfallinie in leichtem Abstieg queren und dabei nicht zu weit hinabsteigen!)

Man erreicht den *Rechtebner Hof*. Auf *Weg Nr. 12* aufwärts über Wiese zum Wald, kurz auf Teerstraße zum *Altebner Hof*, daran links vorbei auf Traktorweg 700 Meter bis unterhalb des Alplerhofs (Alpetta; von hier nicht sichtbar) an scharfer Linkskehre. Geradeaus hinab auf *Weg Nr. 12* Richtung Leifers (Laives). Durch den *Tobel,* jenseits hinauf, kurz hinab auf das Fahrsträßchen von Leifers zu den *Steinerhöfen* (gutes Brunnenwasser!). Durch die Gebäude hindurch und links bergauf zum *Hocheggerhof* (Costalta; etwa 900 m), kurz durch Wald und dann in großer Kehre östlich ins *Brantental* (Vallarsa) (3 Stunden).

Hier ist der letzte und auch schönste Ausblick hinab ins weite Etschtal mit seinen grünen Terrassen und bewaldeten Plateaus, seinen Weinrebenhängen, die endlos nach Süden und nördlich weit hinauf ins Überetsch reichen und westlich die Hänge des Montiggler Berges bedecken. Dahinter, nochmals unterbrochen vom Grün der Weinbaugebiete, drängen sich Kaltern und Eppan an die Anhöhen des langen und breiten Bergrückens der Mendel (durchschnittlich 1500 m), die von der Roèn-Spitze (2116 m) im Süden und vom Gantkofel (1868 m) im Norden begleitet wird . . .

Nun endgültige Abkehr vom Lauf der Etsch und durch den schattigen Mischwald aus Mannaeschen, Robinien, Perückensträuchern und Flaumeichen. Bei jedem herannahenden Schritt huschen Eidechsen ins Gebüsch oder retten sich mit einem beherzten Sprung die Felsvorsprünge hinab.

Dann beginnt ein harmloser Felspfad, immer auf gleicher Höhe über dem Brantental verbleibend. Er ist mit 10 Drahtseilen gesichert, die man aber fast nie braucht. In einer Stunde ist der »Schwabhof« (700 m) erreicht. Eine kurze Einkehr (Übernachtungsmöglichkeit) wird sich niemand entgehen lassen!

Unterhalb auf steilem Hohlweg hinab zum *Brantenbach,* flußaufwärts über die Brücke. Dann zweigt nach 300 Meter an einer Holzsammelstelle ein kaum sichtbarer Waldpfad rechts ab. Steil aufwärts und ab einer Linkskehre wird diese Richtung ständig beibehalten. Man trifft wieder auf Stationen des *Pilgerwegs* nach *Maria Weißenstein* (erste Station nach 1 Stunde). Hinauf zu der sichtbaren Kapelle und dem *Gasthof Munter* (= Gasthof Dreiviertelweg; 1363 m; 1 Stunde).

Dort weiter vor bis zum Teersträßchen (in der eingeschlagenen Richtung). Nach 20 Metern an einem unscheinbaren *Gefallenen-Denkmal* die Straße überqueren. Auf *Weg Nr. 1* über Almwiesen und durch lichten Nadelwald nach *Maria Weißenstein* (Madonna di Pietralba; 1521 m; 30 Minuten).

Auf dem Klostergelände steht heute der Gasthof Weißenstein. Der Gasthof ist ganzjährig geöffnet. »Im Sommer sind immer Zimmer frei«, versicherten mir die Wirtsleute, die Familie Thaler.

25.2 Maria Weißenstein – Jochgrimm (Passo di Occlini) – Cavalese

Verkehrsmöglichkeiten   3 mal täglich Busverbindung von Bozen nach Maria Weißenstein (Madonna di Pietralba), sowie von Bozen (7.20 Uhr) nach Cavalese.

Wegmarkierung   Rot-weiß (Rot) AVS. Weg Nr. 2 von Maria Weißenstein bis Neuhütt; Weg Nr. 1, 509 bis Jochgrimm; Weg Nr. 4 bis Kugeljoch; rot bis Dajano.

Tourenlänge   15 km.

Wanderzeit   5 Stunden.

Höhenunterschiede   Insgesamt 700 m.

Wanderkarte   1:50 000 Kompass Wanderkarte Nr. 74.

Anmerkung   1) Wer die Variante durch das Lagorai-Gebirge vorzieht und auf den geologisch interessanten – wenn auch manchmal stark frequentierten Bletterbach (siehe Wissenswertes) nicht verzichten möchte, dem bietet sich folgende Alternative: Am zweiten Tag von Maria Weißenstein auf der traditionellen E 5-Route bis Oberradein. Von dort zum Kugeljoch (P. Cugola). Tourenbeschreibung: (Von Maria Weißenstein bis kurz vor Oberradein siehe Tourenbeschreibung 15).

Vor der ersten Ansiedlung vor Oberradein (St. Vito) auf markiertem Steig links um die Anhöhe herum und kurz vor der Ortschaft links auf Steig Nr. 7. Der Steig führt bald darauf als ungeteerter und für Kraftfahrzeuge gesperrter Fahrweg etwa 1,5 Kilometer lang weiter. 200 Meter bevor dieser aussichtsreiche Höhenweg eine scharfe Linkskehre macht, biegen wir rechts ab auf den markierten Steig »K«, der uns über bewaldete Wiesen nahe der Unteren Kugelalm auf den Weg 4 anschließt.

Auf diesem, vom Jochgrimm herüberführenden Weg erreichen wir in südlicher Richtung das Kugeljoch (Passo Cugola). (Weiterweg siehe Tourenbeschreibung).

2) Am Verkehrsamt in Cavalese auf jeden Fall vorher erkundigen, ob die Schutzhütte am Paion del Cermis oder andere Unterkünfte an der Bergstation der Seilbahn Übernachtung bieten. Dann kann am Abend zuvor noch aufgefahren werden, um an nächsten Tag früh loszuwandern. (Schlechtwettervariante siehe Tour 25.3).

Wissenswertes   Der Bletterbach ist ein bis zu 500 Meter tiefer Taleinschnitt, der an der Westseite des Weißhorns mit einem dreieckförmigen Einzugstrichter seinen Anfang nimmt. Die Geologen sprechen von einem »stratigraphischen Fenster«, und der als Schulbeispiel dienende Querschnitt weist, besonders deutlich an der Nordseite des Butterlochs, (an dem unsere Wanderung vor-

beiführt) verschiedene Schichtungen auf: Ganz unten Grödner Sandstein aus verschiedenfarbigen Schichten von aschgrau bis dunkelrot, reich an Fossilien. Darüber lagern Bellerophon-Schichten (Endformation des geologischen Altertums) mit Gipseinlagerungen. Dann folgen 300 Meter hohe Werfener Schichten. (1. Unterabteilung des Trias) aus Mergel und Sandstein.

Im Bachbett wird der aufmerksame Wanderer viele Versteinerungen aus der Werfener Epoche entdecken (Meeresweichtiere mit schraubig gewundenem Gehäuse sowie Muscheln).

Cavalese im Fleimstal (1000 m) ist geschichtlich seit 1000 Jahren als der Hauptort des Fleimstals nachgewiesen. Hier ist noch der Sitz der Fleimser Talgemeinschaft, eine Bauernrepublik, die auf eine einzigartige, rechtlich-geschichtliche Tradition zurückblickt.

Die »Magnifica Communita di Fiemme« sicherte den Dörfern des Tals ihre Unabhängigkeit von der drückenden Lehnuntertänigkeit gegenüber der Feudalherrschaft der Adeligen und des Fürstbistums.

Es war eine echte demokratische Wählergemeinschaft, die alljährlich am 15. August unter freiem Himmel auf konzentrischen Steinblöcken rund um einen Tisch tagte: An der »Bank des Rechts« (Banco dela ràson) wurden Gericht abgehalten und die Belange des Tals in eigener Verantwortung geregelt.

Diese Bank steht heute noch unversehrt im jahrhundertealten Park Madonna delle Pieve. Getagt wird dort zwar nicht mehr, aber der große Waldbesitz der Gemeinde wird weiterhin gemeinsam von der Communita verwaltet.

Zeugnis dieser Respekt abverlangenden Vergangenheit ist auch der außen freskengeschmückte Palast der Talgemeinschaft aus dem Mittelalter, der seinen heutigen Renaissance-Charakter unter Beachtung der überlieferten Bauart des Ortes im 16. Jahrhundert erhielt. Im Innern ist ein Museum eingerichtet, in dem Dokumente der Archäologie und Geschichte (Schriftstücke, volkskundliche Werkzeuge) sowie eine Gemäldesammlung der ortsansässigen Maler (Untersperger) aus dem 18. bis 20. Jahrhundert ausgestellt sind. Sehenswert ist auch die im 12. Jahrhundert erbaute gotische Pfarrkirche (Freskenreste aus dem 15. Jahrhundert, gotisches Schiffskielportal, Gemälde der Fleimstaler Schule).

Berühmt ist Cavalese durch seine hölzerne Spielzeug-Fabrikation und Möbelherstellung und nicht zuletzt durch den Wintersport.

Cavalese wirkt durch seine umliegenden Dörfer Carano, Dajano, Vareno, Tesero und Lago reizvoll aufgelockert, so daß der Besucher niemals Beengung empfindet. Ebenso harmonisch fügt sich die typisch Fleimstaler Bauweise (Steinhäuser und hölzerner

Balkon) in die imposante Kulisse der Lagorai Berge, der Latemar-Untergruppe mit dem Schwarzhorn, der Pala di Santa und dem Monte Agnello, ungemein wohltuend für den Beobachter, ein.

6 Hotels und Schutzhütten der Cermisalm gewährleisten angenehme Unterkunft in jeder Preislage – jedoch meist nur im Winter, selten in der Sommersaison ...

Tourenbeschreibung Rechts am sichtbaren Kloster und Kirchengebäude vorbei, durch das ganze Anwesen hindurch auf *Weg Nr. 2* nach *Neuhütt* (1¼ Stunden). Auf der *neuen Forststraße* 500 Meter hinab, dann links auf *alter Forststraße* zum *Petersberger Leger*. Wenn die zwei Forstwege wieder zusammentreffen, auf dem neuen bleiben! (Nicht abkürzen, hier gibt es viele verschiedene Forstwege – man verirrt sich leicht!)

Direkt an dem Hof *Petersberger Leger* (1529 m; Einkehr- und Unterkunftsmöglichkeit) links vorbei (mindestens 7 ausgewachsene Bernhardiner wollen einem Angst einjagen!), dann auf markiertem Steig in ³/₄ Stunde steil durch Forstwald hinauf nach Neuhütt (etwa 1800 m). 50 Meter unterhalb folgen wir der Fahrstraße bis zur neu errichteten *Forsthütte*. Hinter ihr rechts über die Almweiden etwa 20 Meter aufwärts, bis man an einer Tanne auf die *Markierung 1/509* trifft.

Bequem, immer auf dem Almweg verbleibend, umgehen wir das *Weißhorn* (Corno Bianco; 2317 m) auf halber Höhe seines östlichen Ausläufers. Dabei gewinnen wir schöne Ausblicke über das Eggental, hinauf zur Latemar-Gruppe und zum Rosengarten.

In etwa 1 Stunde sehen wir das Schwarzhorn (2439 m) steil vor uns aufragen, darunter – leider – ein riesiges, privates Sporthotel. Weiter rechts davon steht die *Schutzhütte Jochgrimm* (Rifugio di Passo di Occlini; 1989 m; Einkehr- und Unterkunftsmöglichkeit). Lohnend ist auch der Aufstieg auf das Weißhorn – Ausblick über das Sarntal ins Etschtal, bis zu den Ötztalern und der Ortlergruppe – im Osten die Latemar-Gruppe!

Unmittelbar hinter der Schutzhütte gehen wir links über den kleinen Bach auf die Wiese und schlagen dann, uns nach rechts haltend, den Wiesenweg ein. Diesem folgen, bis er endet. Dann die Richtung beibehaltend noch 100 Meter weiter über die Almweiden hinab, bis man an einer Tannengruppe die *Markierung Nr. 4* entdeckt. Auf diesem nur wenig begangenen, traumhaft schönen Waldpfad geht es ohne nennenswerte Höhenunterschiede am *Fuß des Schwarzhorns* entlang. Später etwas steiler ansteigend. Weiter an der unteren Kugelalm vorbei.

An der höchsten Stelle (2000 m) führt ein breiter Weg nach rechts zum *Kugeljoch* (Passo Cugola; 2077 m; 1 Stunde), dem

Übergang nach Cavalese zwischen Schwarzhorn (2439 m) und der
steil aufragenden *Leitenspitze* (Sasso del Gazzo; 2027 m).

Von der Leitenspitze führt rechts an der *oberen Kugelalm* vorbei ein ausgewaschener Almweg steil hinab zum südlichen Fuß
des Schwarzhorns (etwa 1 Stunde). Anschließend durch einsame
Almweiden mit hohen Fichtenbeständen auf Fahrstraße nach
Daiano (1190 m; ¹/₂ Stunde). In weiteren 20 Minuten auf Fußweg,
wobei man die in weiten Kehren nach *Cavalese* hinunter führende
Dorfstraße immer wieder kreuzt – zur Ortsmitte von Cavalese
(979 m; Einkehr- und Unterkunftsmöglichkeiten).

Am Hauptplatz weist das große blaue Schild zur *Talstation der
Bergbahn* auf den *Monte Cermis (Paion del Cermis)*.

Zimmervermittlung am Verkehrsamt. Bahn- und Liftfahrzeiten
sowie eventuelle Unterkunftsmöglichkeiten auf der Cermis-Alm
erfragen.

25.3 Cavalese – Alpe Cermis – Lagorai-Gebirge – Bivacco A.N.A. Telve – Rifugio Sette Selle – (Palai) – Rifugio Lago Erdemolo

Verkehrsmöglichkeiten Linienbus Cavalese-Trient. Linienbus
Trient – Palai (Palu del Fersina). Kabinenseilbahn von Cavalese
auf die Alpe Cermis; Sessellift zur Cermis-Spitze Paion.
Wegmarkierungen Rot-weiß (-rot); Wanderwegweiser; Wege-
nummern.
Tourenlänge 16 km zum Bivacco A.N.A. Telve; 12 km zum Ri-
fugio Lago Erdemolo.
Wanderzeit 8¹/₂ Stunden zum Bivacco A.N.A. Telve; 3¹/₂ bis 4
Stunden zum Rifugio Lago Erdemolo.
Höhenunterschiede 1100 Höhenmeter per Seilbahn und Sessel-
lift; etwa 600 Meter An- und Abstiege zum Bivacco A.N.A. Telve;
etwa 700 Meter zum Rifugio Lago Erdemolo.
Wanderkarte 1:50 000 Kompass-Wanderkarten Nr. 74 und 75.
Anmerkung 1. Für die Gesamtetappe sind zwei Wandertage er-
forderlich: Cavalese – Bivacco A.N.A. Telve (1 Tag) und Bivacco
A.N.A. Telve – Palai oder Rifugio Lago Erdemolo (1 Tag).

2. Orientierungssinn, Ausdauer und Improvisationsvermögen
sind für diesen Höhenweg durch das einsame Lagorai-Gebirge
(durchschnittliche Höhe etwa 2000 Meter) erforderlich (auch für
die Moenatal-Variante). Nur bei gutem Wetter unternehmen!

3. Für den Wegabschnitt Alpe Cermis – Einmündung der Moenatal-Variante ist zudem etwas Schwindelfreiheit erforderlich.

Daher die folgende Ausweichroute durch das Moenatal: Von der
Ortsmitte in Cavalese auf der Staatsstraße in Richtung Trient. Gegenüber der Esso-Tankstelle links hinab Richtung Ospedale.
Dann weiter links. Ein gelber Wegweiser »Pensione Alla Cascata«
zeigt an einem Trafohäuschen scharf nach rechts. Eine Straße
führt steil abwärts durch Wald bis zum Albergo Cascata (2 km,
Übernachtungsmöglichkeit). Unterkunft auch in der Malga Nuo-
va (1744 m; 2 Stunden; Selbstversorgerhütte mit 6–7 Schlafplät-
zen).

Vom Gasthaus auf bezeichneter Forststraße (= Weg Nr. 317) zur
Forc. di Val Moena und Forc. di Val Sorda. Weiter entlang des
Moena-Bachs (Rio di Val Moena). Nach 2 Kilometern die Ab-
zweigung zum Val Grana nicht beachten! Statt dessen verläuft immer leicht ansteigend, der markierte Weg Nr. 317 auf einer Forststraße bis zur Stalla Vecchia (9 km). Die Talsenke der Alm auf
Fußweg Nr. 317 durchqueren und zum Teil wegelos durch Geröll
an den Nordhängen der Cima delle Stellune (2605 m) in Serpen-

Cavalese (© Fototeca ATP-Trentino, Faganello)

tinen aufwärts bis zur Einsattelung der Forcella di Val Moena (2332 m). Auf der Anhöhe mündet der Höhenweg durch das Lagorai-Gebirge von links ein. Weiterweg siehe zweite Seite der nachfolgenden Tourenbeschreibung.

Wissenswertes Das Lagorai-Gebirge ist als Porphyrblock zwischen den Kalksandsteingebirgen des Latemar und der Brenta eingeschoben und noch der Bozener Porphyrplatte zugehörig. Seine Abhänge sind mit dichten Nadelwäldern bestanden, darunter viele Zirbelkiefern. Die Oberseite des Gebirges ist an vielen Stellen von Porphyrgesteinshalden überzogen. Dank seiner allgemein schwer zugänglichen Lage blieb das ganze Gebirge bisher vom Tourismus verschont. Seine stillen Bergseen und die weiten Ausblicke bieten dem E 5-Wanderer einen willkommenen Übergang zum Pasubio-Massiv und zu den Lessinischen Bergen.

Das Trentino wird als italienisches Finnland bezeichnet: 297 Seen mit einer Gesamtfläche von rund 32 000 Quadratkilometern – das gibt es auf so engem Raum in Italien nur hier.

Die Gebirgsseen entstanden durch den Rückgang der Gletscher. 257 kleinere Seen werden oberhalb der 1500 Meter-Grenze gezählt (bis 3200 Meter). 104 Seen liegen zwischen 2000 und 2300 Meter Höhe – eine Folge der jüngsten Eiszeit.

Tourenbeschreibung Von der Bergstation der Seilbahn (2000 m, »Eurotel Cermis«) entweder zu Fuß oder mit dem Sessellift zur Bergstation des Lifts auf dem Gipfel der *Alpe Cermis,* dem *Paion del Cermis* (2229 m; Rifugio Cermis).

Wir erleben einen einzigartigen Rundblick auf die Unberührtheit der Fleimstaler Berge: Vor uns die Lagorai-Kette, die im Verbund mit dem mächtigen Cima d'Asta-Gebirgsstock das gesamte Gebiet zwischen dem Fleimstal im Norden und dem Suganatal im Süden beherrscht und im Osten bis an den Rollepaß reicht. Über dem Etschtal im Westen erhebt sich die Paganella, dahinter reihen sich nach Norden zu die Gletscher der Adamello-Presanella-Gruppe und des Ortler-Cevedale-Massivs. Die Weißkugel schließt mit den Ötztaler Alpen an die Zacken der Dolomiten im Nordosten an.

Unser Weg führt uns zunächst entlang einer Skiabfahrtspiste (= Weg Nr. 3/6) südlich hinab zur *Forcella di Bombasel* (2180 m) am Fuße des Cimon del To della Trappola (2401 m; Porphyrgestein!) und anschließend in südöstlicher Richtung aufwärts zu den *Bombaselseen* (Laghi di Bombasel; 2268 m; 1 Stunde). Das klare Hochgebirgswasser garantiert optimale Lebensbedingungen für Saiblinge, daher kann man hier oben auch Bergsteigern mit der Angelrute im Rucksack begegnen.

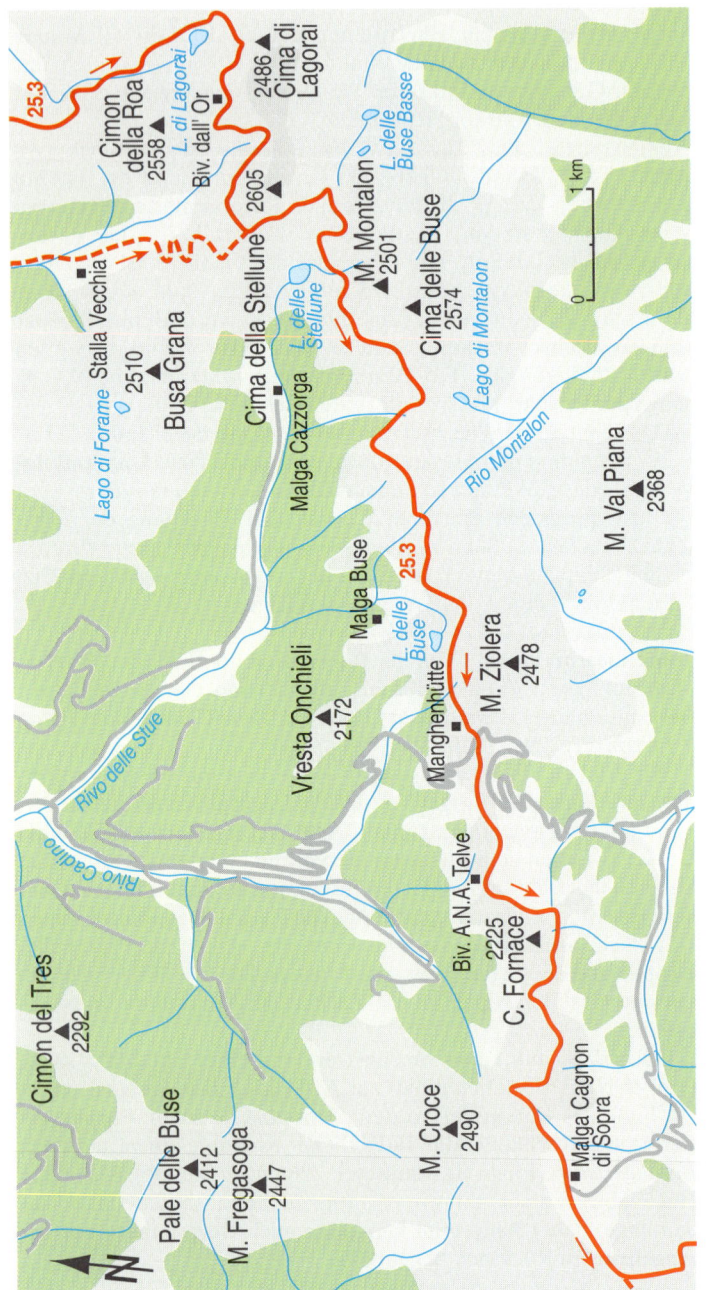

25.3

Cimon
della Roa
2558 ▲
Biv. dall' Or
L. di Lagorai
2486 ▲
Cima di
Lagorai
2605 ▲

L. delle
Buse Basse
M. Montalon
2501 ▲
Cima delle Buse
2574 ▲

Stalla Vecchia
2510 ▲
Busa Grana
Lago di Forame
Cima della Stellune
L. delle
Stellune
Malga Cazzorga

Lago di Montalon
Rio Montalon

M. Val Piana
2368 ▲

0   1 km

Malga Buse
L. delle
Buse
25.3
M. Ziolera
2478 ▲

Vresta Onchieli
2172 ▲
Manghenhütte

Rivo delle Stue

Rivo Cadino

Biv. A.N.A. Telve
C. Fornace
2225 ▲

Cimon del Tres
2292 ▲

Pale delle Buse
2412 ▲
M. Fregasoga
2447 ▲

M. Croce
2490 ▲

Malga Cagnon
di Sopra

N

Zwischen den beiden Seen hindurch und östlich aufwärts zu einer kleinen Scharte. Noch wenige Schritte weiter, und wir können links unten den dunklen, großen Lagorai-See (Lago Lagorai) einsehen.

Wir wenden uns dann südlich und steigen auf der Pfadspur die steilen Wiesenhänge in Richtung der Cima delle Sute (= Stelon delle Sute; 2616 m) abwärts ins *Valle dei Laghetti di Lagorai*, wo wir gemeinsam mit dem Weg Nr. 6/316, der vom Großen Lagorai-See heraufführt, weiter in südöstlicher Richtung ansteigend, erst ein kleines Joch und dann die kleinen Lagorai-Seen (Laghetti di Lagorai; 2270 m; 1 Stunde) erreichen.

Wir könnten dann gleich am rechten Seeufer den roten Markierungen über die mächtigen Porphyrgesteinshalden aufwärts folgen – den kleinen Umweg weiter in südöstlicher Richtung aufwärts zur *Forcella di Lagorai* (2372 m; 20 Minuten) werden wir jedoch nicht bereuen: Wir stehen der mächtigen Pyramide der Cima d'Asta direkt gegenüber.

Bombasel-Seen (© Fototeca ATP-Trentino, Faganello)

Die »Zone Caoria« wurden die umliegenden Gipfel und Täler bis weit hinaus in das nur zu ahnende, flacher abfallende Land in Richtung Trient genannt. Eine der am härtesten umkämpften Stellungen im 1. Weltkrieg, bei der beispielsweise fast alle männlichen Einwohner der Ortschaft Caoria unten im Vanoital ihr Leben lassen mußten. Kavernen und rostende Eisenteile ringsum legen bis heute Zeugnis davon ab.

Wir folgen von jetzt an der Markierung 321 (Val Moena) in stets südwestlicher Hauptrichtung, wobei wir die schroffen Gipfel der Lagorai-Kette stets auf ihrer Nordseite umrunden. Die roten Markierungen auf dem Porphyrgestein nie aus den Augen lassen, der Weg ist extra vom Alpenverein Cavalese auf Vorschlag des Autors und des Deutschen Wanderverlages durchgehend markiert worden!

Wir umrunden oberhalb die kleinen *Lagoraiseen,* passieren das in Planung befindliche *Biavacco dall'Or,* weichen nach Süden ab und kommen auf der Moenatalseite zum *Passo dei Sabbioni* (etwa 2200 m). Von allen Seiten wird der Wanderer dabei durch das laute Pfeifen der Murmeltiere angekündigt!

Drahtseile erleichtern den Übertritt auf den Felssteig, der uns in einer großen Nordwestschleife sicher um die Stelluna-Spitze (Cima della Stellune; 2605 m) zum *Moenajoch* leitet (Forcella di Val Moena; 2294 m; 1 Stunde). Hier mündet die Schlechtwettervariante 317 durch das Moenatal ein.

Unter uns liegt, prächtig anzuschauen, der Stelluna-See (Lago delle Stellune; 2091 m; rechts des Sees, auf dem Weg ins Stuetal – westlich – Notabstiegsmöglichkeit zur Malga delle Stellune, 1976 m, 20 Minuten, in der man im Heu übernachten darf).

In leichtem Abstieg zum linken See-Ufer queren wir weiter in südwestlicher Richtung die mächtigen Porphyrgesteinshalden und erreichen einen moosbewachsenen Grat. Die bewaldeten Höhenzüge ringsum lassen die karge Abgeschiedenheit der Felsregion bald vergessen. – Nach Umrundung der Cima delle Buse (2574 m) kommen wir zur *Forcella di Montalon* (2133 m; 1 Stunde). In einem scharfen Nord-Süd-Knick umgehen wir die Pala del Becco (2423 m) und zwei weitere Montalongipfel, ehe wir dann den Lago delle Buse (2060 m; 1 Stunde) einsehen können.

Kurz vor der Senke des Sees noch nicht zur sichtbaren Manghen-Paßstraße absteigen, sondern noch einmal kurz aufwärts zu dem kleinen Joch links oberhalb. Von dort hinab zur *Manghenhütte* am Manghenpaß (Albergo Passo del Manghen; 2047 m; 1 Stunde; Einkehrmöglichkeit).

Entlang der *Fahrstraße* nur wenige Meter bergab, dann links auf bezeichnetem *Wanderweg* (Biv A.N.A. Telve/Passo Cadin o di

Fiemme) *310:* In leichtem Auf und Ab durch mannshohe Gras-
und Buschregion (Alpenrosen!), dann in einem Rechtsbogen hinab zur Senke des *Passo Cadino* (1954 m; 30 Minuten). Vor uns sehen wir bereits oben am Hang die steilen Geröllserpentinen und
das *Bivacco A.N.A. Telve* (etwa 2050 m; 15 Minuten; Einkehr und
Unterkunft; im August eventuell bewirtschaftet, sonst Matratzen-
lager mit Selbstversorger-Küche).

Die herrliche Aussicht über das weite Val Sugana entschädigt
die lange und anstrengende Tagestour auf's Beste!

2. Tag: Vom *Bivacco* wandern wir leicht ansteigend über steil
abfallende, jedoch durch Buschwerk gut gesicherte Grashänge um
den Monte Cadino (2112 m) nach Süden und erreichen nach
15 Minuten die *Ostseite* der Cima Fornace (2225 m) – vor uns
thront wieder einmal die Cima d'Asta in ihrer Pracht!

In einem Schwenk nach Westen umgehen wir dann den Gipfel
der Cima Fornace und wandern in leichtem Auf und Ab über Porphyrgestein weiter. Dann umrunden wir den kleinen Berg (Punkt
2152 m) vor uns und anschließend – wieder die Talseite wechselnd
– die Cima Bolenga (2272 m) und kommen so zum *Passo Cadin o
di Fiemme* (2108 m; 45 Minuten).

Vom *Paß* aus können wir südwestlich die *Malga Cagnon di sopra* (1885 m; 20 Minuten) einsehen, wo wir uns mit Milch und Kä-
se stärken können, bevor wir uns an den Aufstieg zum *Passo Cagnon di sopra* machen (212 m; 30 Minuten; Übergang hinab nach
Palai in etwa 1¹/₂ Stunden).

Am *Paß* links und auf sandigem, aber festem Steig über den ins
Tal abfallenden Sand- und Schuttreissen aufwärts zum *Monte
Conca* (2301 m). Weiter nach Südosten durch *Grashänge* hinüber
zur *Cima Palu* (2261 m), und an deren steilen Südwesthängen hinab zum *Passo di Palu o di Calamento* (2071 m; 1 Std.).

Wieder steil aufwärts zur *Einsattelung* zwischen Monte Slimber
(2204 m; links) und Monte Stanga (2150 m), dann in Serpentinen
abwärts zum *Rifugio Sette Selle* (= Rifugio Laner, 2014 m; Ein-
kehr- und Unterkunftsmöglichkeit; siehe auch Tour 18).

Ab dem *Rifugio* folgt man am besten dem Weg 343 etwa 100
Höhenmeter talwärts und folgt dem ersten, links über den *Bach*
abzweigenden *Hangweg* nach Süden. Entlang der *östlichen Fer-
sental-Seite* unterqueren wir so die von zahlreichen Gräben durch-
zogenen und dicht mit Niederholz verwachsenen Abhänge von
Cima di Sette Selle, Sasso Rotto, Sasso Rosso, Monte del Lago
und Cima di Cave und erreichen dann das *Rifugio am Lago Erdemolo* (2006 m; 1¹/₂ Stunden; Einkehr und Unterkunft).

Dorthin kommen wir auch, wenn wir ab dem *Rifugio Sette Selle*
dem Weg 343 durch die mächtigen Steinhalden der Cima di Sette

Selle steil aufwärts folgen. Am höchsten Punkt des Weges (45 Minuten) leicht abwärts weiter, dann meist eben am Hang durch riesige Felsbrocken (der Sasso Rotto macht seinem Namen alle Ehre!) hinüber zur grünen Einsattelung der *Forcella delle Conelle* (2198 m; 30 Minuten; bezeichneter Übergang links auf Weg 311 nach Stalon). An dieser Stelle unbedingt der *Wegspur* rechts abwärts folgen, die auf den zuvor beschriebenen *Hangweg* einmündet (der Gipfelweg über den Monte del Lago und die Cima di Cavé setzt absolute Schwindelfreiheit voraus!).

25.4 (Palai-) Rifugio Lago Erdemolo – Malga Masi – Vetriolo Terme – Lévico Terme

Verkehrsmöglichkeiten Bus von Vetriolo Terme nach Lévico.
Wegmarkierungen Rot-weiß-rot; SAT-Zeichen, E 5-Zeichen.
Tourenlänge 21 Kilometer.
Wanderzeit Palai – Val Cava – Passo la Portella: 3 Stunden. Palai – Rifugio Lago Erdemolo – Passo la Portella: 3½ Stunden. Passo la Portella – Val Portella– Malga Masi: 2 Stunden. Passo la Portella – Kammwanderung Malga Masi: 3 Stunden. Malga Masi – Vetriolo: 1 Stunde. Vetriolo – Lévico: 1½ bis 2 Stunden.
Höhenunterschiede Palai – Passo la Portella: 752 m Anstieg. Passo la Portella – Malga Masi: Etwa 150 m Anstieg, 450 m Abstieg. Passo las Portella – Kammwanderung – Malga Masi: 400 m An- und 700 m Abstieg. Malga Masi – Vetriolo: 250 m Abstieg. Vetriolo – Lévico: 1000 m Abstieg.
Wanderkarte 1:50 000 Kompass Wanderkarte Nr. 75.
Anmerkung Die Kammwege und Paßübergänge (selbst der Passo la Portella) können im Frühsommer noch verschneit und daher ebenso wie bei Schlechtwetter gefährlich sein – daher vorher in den Palaier Gasthäusern erkundigen! Inzwischen ermöglichen Ausweichwege (Val Cava, Malga Brenstal, Val Portella) eine vollständige, beliebig kombinierbare Umgehung der Gipfelbereiche (im folgenden Text vereinfacht »Variante« genannt).

Die Variante: Von Palai (1400 m) entlang der südöstlichen Fahrstraße (Abkürzer auf Hofwegen möglich) in Richtung Pergine hinab zur großen Straßenbrücke. Nach dieser noch etwa 500 Meter auf der Straße weiter, bis links die Wanderwege 11 und 324 hinauf ins bewaldete Val Cava weisen. Auf asphaltiertem Forstweg

Bedollo

La Centrale

Regnana

Rivo di

Regnana

M. Lemperperch
▲
2008

Uomo Vecchio
2233
▲

M. Rujoch
2415
▲

Passo Cagnon
di Sopra

25.3 °

M. Conca
2301
▲

Palú del
Fersina

25.4 ●

M. Slimber
2150

M. Stanga ▲

Rif. Sette Selle

2203
▲

2396
▲

Cma. di ▲
Sette Selle
2394

Sasso Rotto
▲

Sasso
Rosso 2310
▲

Sopra
Conella ▲
2308

Cima di Cave
▲

M. del Lago
2329
▲

Piazzo Alto
2264
▲

2292
▲

T. Fersina

T. Fersina

Rivo Prigal

Sette Laghi

M. Gronlait
2383
▲

25.4

0   1 km

Hoabonti
2334

M. Cola
2262

L. delle Carezze

M. Fravort
2347
▲

Presa

Statter

Selembis

La Fontanella
2037
▲

La
Bassa
1834
▲

Montibelleri

Rozza

steil hinauf zu den Almen Rinder und Meus (1550 m) und weiter bis zur »Baita Bach« (etwa 1700 m; $1^1/_2$ Stunden).

Dort entweder rechts auf erst ebenen, dann leicht ansteigenden Güterwegen fersentalauswärts über Malga Brenstal – Prati Imperiali (Kaiserwiesen) – Malga Stoana bis zum Weitjoch »la Bassa« (1834 m; $3^1/_2$ Stunden; durchgehend als Weg 11 gut bezeichnet; im Buch ohne Wegeskizze).

Oder ab der »Baita Bach« auf Weg 324 direkt und zuletzt steil hinauf zum Passo la Portella (= Törl; 2152 m; $1^1/_2$ Stunden). Dort münden die Wege vom Erdemolosee und vom Seejoch (= Forc. del Lago; siehe Anmerkung 3, Tour 18) ein.

Wer dort nicht die (nachfolgend beschriebene) Kammwanderung wählt (wovon zum Beispiel bei Nebel abzuraten ist!), folgt jetzt dem Übergang hinab ins Val Portella: Auf der Pfadspur an der linken Wiesenhangseite abwärts, bis man einen Verbindungsweg von der Malga Presa (etwa 1700 m) heraufkommend zur rechten Hangseite einsehen kann – dann wegelos hinüber zu diesem Weg durch die licht bewaldeten Hänge des Monte Fravort (2347 m). In leichtem Anstieg weiter, unter der La Fontanella vorbei und hinauf zum *La Bassa-Sattel* (Weitjoch; 1834 m). Nun rasch abwärts zur *Malga Masi* (1712 m; 2 Stunden; Einkehr und Unterkunft; weitere Tourenbeschreibung im Anschluß an den Hauptweg).

Der Direktweg ab Palai (siehe Tour 19)**:**
Durch Palai (Palú del Fersina; 1400 m) auf der Dorfstraße hangaufwärts in 15 Minuten zum gelben Schild »Lago Erdemolo«. Dem Wegweiser folgend, bald nach rechts und wieder auf Fahrweg hinauf zum obersten Hof von Palai. Dort erfolgt der »Einstieg« ins Tal des *Fersenbachs.*

Wo der Fersenbach einen schäumenden Zulauf bekommt, überqueren wir diesen auf einem Steg und folgen dann dem Lauf des Fersenbachs durch licht bewaldete Almwiesen steil aufwärts bis zum *Erdemolosee* (Lago Erdemolo; 2006 m; 2 Stunden; Einkehr- und Unterkunftsmöglichkeit).

Tourenbeschreibung Vom Rifugio Lago Erdemolo führt unser Pfad rechts am See vorbei und steigt durch weite Alpenrosenhänge hinauf zum sichtbaren, niedrigsten Übergang, dem *Seejoch* (Forcella del Lago; 2213 m; 45 Minuten; Einmündung des Höhenwegs vom Rifugio Sette Selle, siehe Anmerkung 3 der Tour 18).

Dann beginnt eine Kammwanderung, die uns hinüber zum Steig entlang den Nordwestabstürzen des Hoabonti bringt: Falls die Weganlage nicht zerstört ist und keine Altschneereste die nach rechts zum Teil steil abfallenden Felsrinnen füllen, bereitet die

Querung des fast ohne Höhenverlust verlaufenden Felssteigs keine Schwierigkeiten. Trittsicherheit ist natürlich, wie überall im Gebirge, Voraussetzung.

Nach etwa 30–45 Minuten erreichen wir, leicht absteigend, den *Passo la Portella* (= Törl; 2152 m; Wegübergang vom Val Cava ins Val Portella, siehe Tourenbeschreibung der Variante). Eine im 1. Weltkrieg in den Fels gesprengte Kaverne bietet bei Schlechtwettereinbruch Unterstand.

Der Aufstieg zum Monte Gronlait folgt den Trittspuren durch die mit spärlichem Graswuchs besetzte Felsschulter: Meist wird man sich etwas links der Hangfallinie hocharbeiten, so daß man etwas links des Gipfels (2383 m, 30 Minuten) den Grat erreicht.

Und wieder ein großartiger Ausblick, wobei wir von Norden bis Nordosten die gesamten Fleimstaler Berge überschauen: Die Cima d' Asta und die Lagorai-Gruppe, das Moenatal und das Latemar, das Weiß- und das Schwarzhorn. Im Westen leuchtet das langgestreckte Massiv der Brenta. Und im Süden können wir unser morgiges Ziel, die Hochfläche von Lavarone, einsehen.

Vielleicht führt aber auch gerade ein Schäfer unter lautem Sing-Sang seine Herde die steilen Südhänge des Hoabonti hinunter? Oder wir begegnen auf den kargen Weideflächen des Monte Gronlait einem Ziegenhirten mit seinen Geißen.

Unsere Kammwanderung nach Süden leitet uns stets in gebührendem Abstand steil abfallender Felsflanken problemlos abwärts zum tiefsten Punkt des Weges, der Einsattelung (etwa 2150 m) zum *Monte Fravort.* An der Ostflanke des Berges steigen wir steil hinauf zum Gipfel (2347 m; 1^{1}/₄ Stunden).

In langgezogenem Abstieg geht es dann südwestlich hinunter zur *La Fontanella,* einem kargen Höhenrücken, von zahlreichen Kavernen und alten Kanonenziehwegen durchsetzt.

Wieder in Südrichtung hinab zum nahen *La Bassa-Sattel* (= Weitjoch; 1834 m; 1^{1}/₄ Stunden; Eimündung der Schlechtwettervariante) und von dort rasch hinab zur *Malga Masi* (1712 m, 15 Minuten; Einkehr- und Unterkunftsmöglichkeit).

Entlang des Fahrwegs durch die Südhänge des Monte Panarotta (2002 m) und der Cima Storta (1872 m) wandern wir hinab nach *Vetriolo Terme* (1481 m; 1 Stunde; Einkehr- und Unterkunftsmöglichkeiten; Busverbindung nach Lévico Terme).

Wer sich die rund 1000 Höhenmeter Abstieg nicht entgehen lassen möchte, biegt kurz vor Erreichen des Ortskerns auf dem steilen Fußweg (Nr. 305) nach links in den Wald hinab. Der gut markierte Weg bringt uns zuverlässig, meist durch Wald, hinab nach *Lévico Terme* (505 m; 1^{1}/₂–2 Stunden; Einkehr- und Unterkunftsmöglichkeiten: Hilfreiche Auskünfte in der Bar »Vecchia Fontana«; für den direkten Weiterweg empfehlenswert das Albergo La Vedova siehe Touren 20, 25.5).

Nach den zum Teil langen Gebirgsdurchquerungen bieten der Lévicosee und der Caldonazzosee willkommene Gelegenheiten für einen ein- oder mehrtägigen Badeaufenthalt. Campingplätze und Bootsverleih gibt es an beiden Seen, wobei der Lévicosee eher gehobenen Ansprüchen gerecht wird, der größere Caldonazzosee hingegen mit seinen frei zugänglichen Stränden wie geschaffen für »Wanderer unterwegs« ist. . .

25.5 Lévico Terme – Piazzo Alto – Bertoldi – (Lavarone) – Carbonare – Ex-Fort Cherle – Coepaß (Passo Coe)

Verkehrsmöglichkeiten Busverbindung von Bertoldi nach Carbonare.
Wegmarkierung Rot-weiß (-rot); gelb vom Piazzo Alto nach Bertoldi.
Tourenlänge 17 km. 4 km zusätzlich zu Fuß von Bertoldi nach Carbonare.
Wanderzeit 7 Stunden; 1–1¹/₂ Stunden zusätzlich zu Fuß von Bertoldi nach Carbonare.
Höhenunterschiede Insgesamt 1400 m; steiler Anstieg von Lochere (550 m) nach Piazzo Alto (1291 m).
Wanderkarten 1:50 000 Kompass Wanderkarte Nr. 75 und Nr. 101.
Anmerkung Nachdem der »Kaiserjägerweg« zu einer gut befahrbaren Straße ausgebaut worden ist, empfiehlt sich der Wegverlauf San Giuliana – Baita del Cangi – Piazzo Alto (s. Tour 20).

Tourenbeschreibung *Lévico Terme:* Von Vetriolo kommend abwärts auf den tiefsten Punkt der Ortschaft Lévico Terme. Erste Straßenüberquerung, weiter abwärts auf schlecht asphaltierter Straße zum *Dorfplatz*. Auf der *Via Montel* zur zweiten Straßenüberquerung am *Piazza Montel*. Dann durch die *Via Generale Diaz* zum *Piazza San Rocco*. Dritte Straßenüberquerung, Wegweiser zum *Piazza Venezia* folgen, dort vierte Straßenüberquerung. Nach dem gelben Schild »Pensione Primavere« über die *Via Cesare Battisti* zum Ortsausgang.

Auf steiniger, ausgewaschener Straße abwärts, auf der kleinen Brücke (die gleichzeitig als Aquädukt dient) über die Bahngeleise. (Wir befinden uns rechts vom Bahnhof). Hinab zur Hauptstraße. Auf dieser links 50 Meter, dann rechts am alten Gehöft auf

La Fontanella
▲ 2037
Tingheria
25.4
Polon

La Bassa ▲
1834   ■ Malga Masi

M. Panarotta
▲ 2002

1872
▲
Cma. Storta

Vetriolo Terme

0   1 km

Novaledo

Rio Maggiore

Lévico Terme

Barco

Lago di
Levico

25.5

F. Brenta

S. Guiliana

Cima della
Val Grande
▲
1242   ▲ 1908

Lochere   Dazio

Cma. di Vezzena
Il Pizzoto ▲
1810

Albergo la Vedova ■

M. Pegolara
▲ 1199

Piazzo Alto
25.5 ▲ 1291

Pso. di Vezzena
▲ 1404

Monte Cimon   ■ Albergo M. Rovere
▲ 1525

die Teerstraße zum *Gasthaus La Vedova* in *Lochere*. (Albergo la Vedova; 500 m; 45 Min.; Einkehr- und Unterkunftsmöglichkeit) .

Etwa 250 Meter nach dem Gasthof auf den *Weg Nr. 202* in steilen Aufstiegen durch Wald, mehrmals die Fahrstraße querend. Ausblicke ins Val Sugana mit dem Caldonazzo- und Lévicosee.

Wir kreuzen insgesamt siebenmal den alten Kaiserjägerweg, wobei wir kurze Strecken auf ihm gehen, aber immer auf die Markierungen achten müssen, die bald wieder seitlich ins Buschwerk weisen. Nach 2–2½ Stunden Aufstieg erreichen wir den höchsten Punkt, den bewaldeten *Piazzo Alto* (1291 m; Einkehrmöglichkeit im nahen Gasthaus Albergo Monte Rovere).

Unser Weg führt vom Piazzo Alto nur kurz entlang der Teerstraße, bis nach rechts ein beschilderter Fußweg zum Monte Cimon abzweigt. Diesen jedoch noch nicht wählen, sondern erst unmittelbar dahinter den zweiten Waldweg (unbeschilderter alter Fahrweg) nach Lavarone einschlagen (gelbe Markierung).

Unter Felsabstürzen geht es leicht ansteigend durch dichten Mischwald, der sich nach Zurücklegung einer gewissen Strecke aber bald lichtet. Der Weg wird eben und fällt allmählich zu einer Wiese ab. Hier kommt ein Weg von links; wir behalten jedoch unsere Richtung bei und gehen noch 20 Minuten abwärts über die von Tannen eingesäumten Wiesenparzellen.

An einer zweiten Lichtung taucht jäh der Gipfel des Becco di Filadonna (2150 m) malerisch auf.

Bei den Wegweisern zum Rifugio Belem die gerade Richtung weiter einhalten und in kurzem Abstieg zum schön gelegenen

Auf der alten Kriegsstraße am Pasubio   (© Hubert Ringbeck)

Dorf *Slaghenaufi.* (Hier erreicht man rechts in 10 Minuten einen großen Soldatenfriedhof).

Auf Teerstraße links, weiter bergab nach *Bertoldi* (insgesamt 45 Minuten Weg). Bei Erreichen der Ortschaft gleich links zur Bushaltestelle an der *Bar Belem* nach *Carbonare.*

Man kann auch auf dem Wanderweg links der Straße nach Carbonare bis Chiesa (1172 m) wandern. Dort auf der Straße kurz rechts und dann links ab auf den Güterweg. In einer scharfen Linkskehre geradeaus und auf dem Hangweg unter den Skiliften hindurch nach *Carbonare* (1074 m; 1–1½ Stunden; Einkehr- und Unterkunftsmöglichkeiten).

In Carbonare entlang der Straße nach Rovereto an der Kirche vorbei. Noch etwa 40 Meter weiter, dann verläßt unser Weg die Straße an einer großen Rechtskehre geradeaus und führt bei einer Kapelle links auf den Weg Nr. 5. Das Teersträßchen mündet nach zwei Gabelungen in einen staubigen Fahrweg. Auf diesem hinab zu einer Brücke über den *Torrente Astico* und jenseits nach etwa 200 Metern auf einem Güterweg rechts in den Wald hinauf.

In Serpentinen aufwärts, über eine blumenreiche Lichtung und südöstlich bergansteigend zu den Weiden der *Malga Clama* (1256 m; 1 Stunde). Über den Hang können wir südwestlich durch den Wald direkt zum *Ex-Fort Cherle* aufsteigen (1445 m; ½ Stunde; südöstlich erreicht man auf dem markierten E 5 das *Albergo Ex-Fort Cherle,* Einkehr- und Unterkunftsmöglichkeit).

Weite Ausblicke über das Val d'Astico und die Hochfläche von Lavarone. – Weiter in südlicher Richtung etwa 70 Meter rechts vom Albergo Ex-Fort Cherle durch eine Wiesenmulde hinab zur Straße. Auf dieser links und nach drei Minuten rechts ab auf einen Forstweg (Schranke). Nach etwa 50 Metern auf dem links abbiegenden Pfad durch den dichten Hochwald aufwärts.

Wir passieren eine Waldlichtung mit wildwuchernden Margeriten und Glockenblumen, üppigem Löwenzahn und wilden Rosen. Bald darauf ist die Malga Pioverna Alta links oben sichtbar – wir folgen kurz dem aus dem Valle Fredda heraufführenden Almweg nach links und steigen dann rechts hangaufwärts zur Grathöhe (1732 m; 1½–2 Stunden) über dem *Coepaß.*

Überraschend weite Ausblicke zum Monte Maggio, dem gesamten Pasubio-Massiv und zu den Höhenzügen im Westen. In alle Richtungen reihen sich schier endlose Täler.

Jenseits der Grathöhe südwestlich zwischen einzelnen Tannen hinab zu den Fahrspuren in der Wiese. An einer verfallenen Hütte vorbei zu dem sichtbaren Skilift. Direkt neben der Talstation liegt das Rifugio Coe am Coepaß (1600 m; 20 Minuten; Einkehr und Unterkunft).

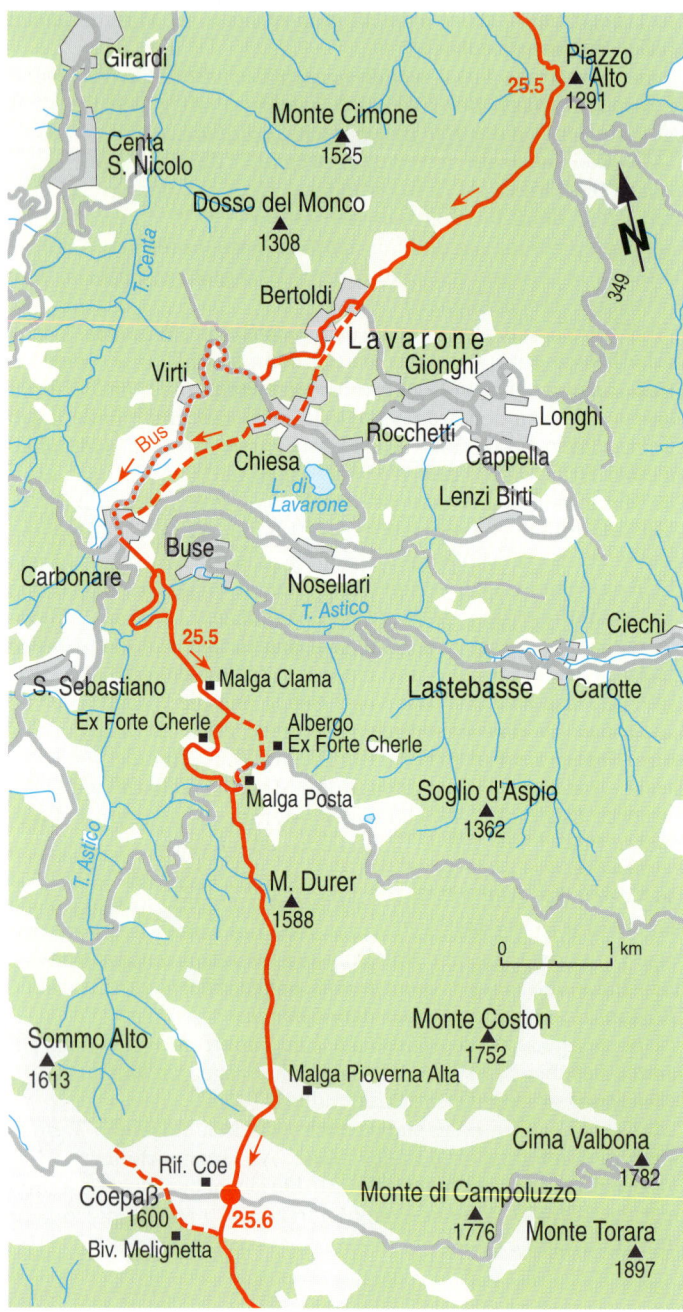

Einkehr auch im nahen Ristorante »La Stua« und Unterkunftsmöglichkeiten in der Selbstversorgerhütte Bivacco Melignetta
(1614 m; kostenlos, bitte in aufgeräumtem Zustand wieder verlassen!) wenige Minuten südwestlich. Südöstlich des Coepasses erreicht man das *Rifugio Stella d'Italia* (1536 m; 30–40 Minuten).

25.6 Rifugio Coe – Monte Maggio – Borcolapaß (Passo della Borcola) – Pasubio – Rifugio Papa

Verkehrsmöglichkeiten Gute Straße von Folgaria zum Rifugio
Coe.
Wegmarkierung Rot-weiß (-rot); rot auf Steinen in der Wiese
vom Coepaß zum Monte Maggio.
Tourenlänge 13 km.
Wanderzeit 7¹/₂–8 Stunden.
Höhenunterschiede Insgesamt 1138 m. Steiler Anstieg vom Bor-
colapaß (1207 m) zur Malga Costa (1845 m).
Wanderkarte 1:50 000 Kompass Wanderkarte Nr. 101.
Anmerkung Direkte Wegvariante zum Rifugio Papa ist ebenso
lang wie die Strecke zum Rifugio Lancia. Rifugio Papa einsamer
gelegen. Einfache Unterkunft.

Tourenbeschreibung Gleich gegenüber des Rifugio Coe in gerader Richtung über die Felder – der roten Markierung auf Steinen
in der Wiese folgen. Auf einem Hohlweg etwa 100 Meter, dann
links auf einem Waldweg leicht ansteigen. Rechts hinauf (auf das
Gipfelkreuz zuhalten) über Wiesenhangpfade zu einer auf den
Gipfel (1865 m) führenden ehemaligen *Kriegsstraße.*
  Vom *Monte Maggio* aus erleben wir eine einmalige Fernsicht:
  Nordöstlich über das Val Sugana und die Lagoraiberge hinweg
zu den schneebedeckten Gipfeln der Dolomiten. Nordwestlich
über die Brenta-Gruppe zur 3556 Meter hohen Presanella. Westlich zum Adamello (3554 m) und im Süden ahnt man hinter dem
Pasubio-Massiv die Weite des Mittelmeeres.
  Vom Gipfelkreuz ein paar Meter abwärts führt unser Weg in
südliche Richtung teils auf Felssteigen, teils auf Blumenpfaden,
entlang des Grates zum Coston dei Laghi (1873 m). Bergdohlen
begleiten uns mit wildem Gekrächze wieder an den Kavernen des
Ersten Weltkrieges vorbei, hoch über dem Terragnolotal.
  Weiter am Gratrücken zum *Monte Borcoletta* (1759 m), wo wir
unseren Weiterweg jenseits des Borcolapasses hinauf zur Malga
Costa einsehen können.

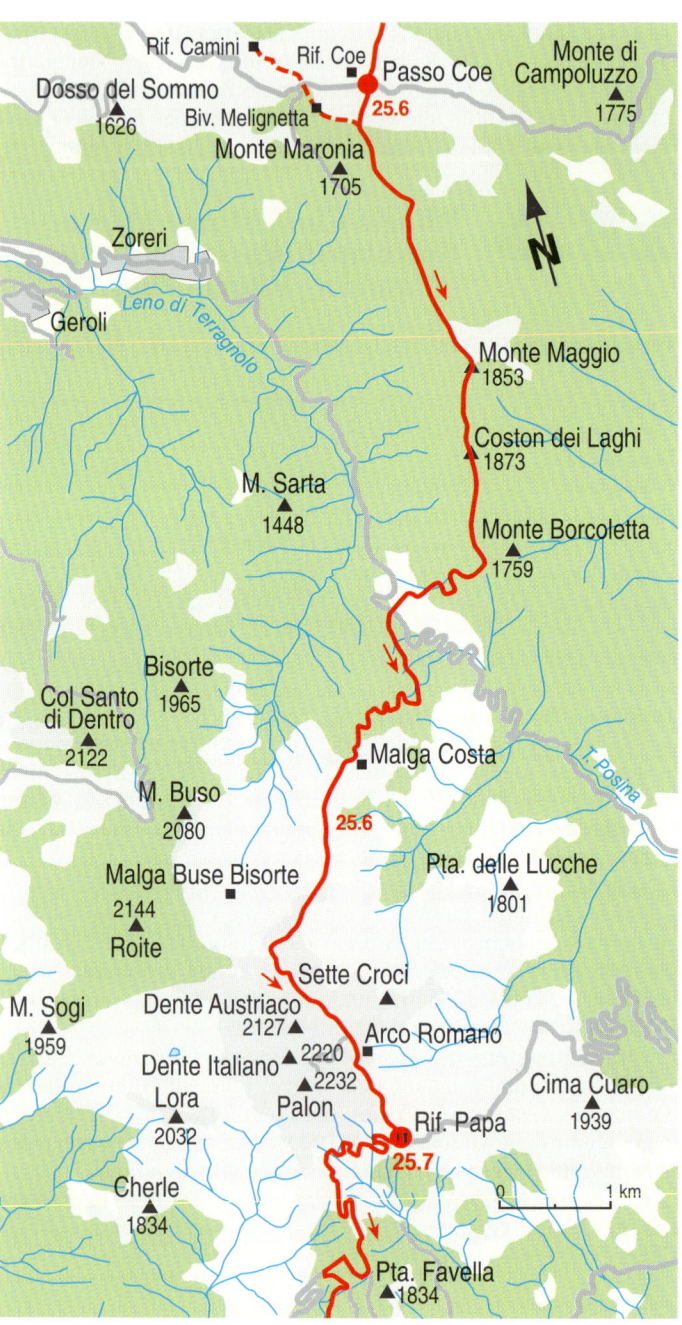

Rif. Camini
Rif. Coe
Passo Coe
25.6
Monte di Campoluzzo
▲ 1775

Dosso del Sommo
▲ 1626
Biv. Melignetta
Monte Maronia
▲ 1705

Zoreri

Leno di Terragnolo

Geroli

Monte Maggio
▲ 1853

Coston dei Laghi
▲ 1873

M. Sarta
▲ 1448

Monte Borcoletta
▲ 1759

Bisorte
▲ 1965
Col Santo di Dentro
▲ 2122

Malga Costa
25.6

M. Buso
▲ 2080

Malga Buse Bisorte
▲ 2144
Roite

Pta. delle Lucche
▲ 1801

Sette Croci
▲

M. Sogi
▲ 1959

Dente Austriaco
2127 ▲

Arco Romano
▲

Cima Cuaro
▲ 1939

Dente Italiano
▲ 2220
Lora
▲ 2032
Palon
▲ 2232

Rif. Papa
25.7

Cherle
▲ 1834

0   1 km

Pta. Favella
▲ 1834

N

Wir steigen erst südlich über einen Vorgipfel und dann am Westhang des Höhenzuges auf der Pfadspur abwärts. Rechts der jäh abbrechenden Klüfte eines Steinbruchs (Vorsicht!) geht es dann steil durch das ansonsten unwegsame Buschwerk hinab zum *Borcolapaß* (Passo della Borcola; 1206 m; 1^1/$_2$ Stunden; Einkehrmöglichkeit in der Malga Borcola rechts unterhalb der Paßhöhe; das in Kompass-Karten eingezeichnete Rifugio existiert nicht).

Von der Paßhöhe ein kurzes Stück entlang der Fahrstraße in nördlicher Richtung, bis deutliche Markierungen an der linken Hangseite aufwärts weisen. In einer Kehre geht es dann wieder in südlicher Richtung parallel zur tief unter uns nach Arsiero abfallenden Fahrstraße steil aufwärts. Auf etwa 1450 Meter Höhe wendet sich der Weg westlich und wir kommen in weit ausholenden Kehren hinauf zu den kargen Schafweiden um die verfallende *Malga Costa* (1845 m; 1^1/$_2$ Stunden).

Weiter aufwärts zu einer Hochweide über der Malga (= Alm). *Unbedingt auf die Markierungen achten, jähe Felsabstürze!* Wir überqueren dann auf gut angelegtem, nicht direkt angesetztem Pfad eine Felsschulter (hier kommen auch mal die Hände zum Einsatz!), umgehen in mehreren Bögen unwegsames Karrengelände und kommen zu einer Scharte (etwa 1950 m). Links können wir die Mulde um die Malga Buse Bisorte (1854 m) und rechts den Weiterweg zum Rifugio Lancia einsehen (siehe Tour 22).

Auf dem Weg zum Rifugio Papa wandern wir jetzt entweder direkt hinab zur *Malga Buse Bisorte* und folgen in Längsrichtung des Gebäudes der Wegspur in südlicher Richtung bis zum Querweg Nr. 120. – Dorthin gelangen wir auch kürzer: auf der linken Hanghöhe oberhalb der Malga bleiben und wegelos parallel zur unteren Route hinüber zum Weg Nr. 120 queren (30 Minuten).

Auf dem Weg Nr. 120 mit der Markierung »Rifugio Papa« nach links zu einer Weggabelung: Dort rechts, auf schmalem Geröllweg in leichtem Anstieg unter sechs Kavernen vorbei. Dann ein kurzes Stück steil aufwärts zum Weg 105, der entlang des Pasubio-Hauptgrats vom Rifugio Lancia herführt. Auf diesem links zu den »*Sette Croci*«. Dabei handelt es sich um sieben, aus Heinzen zusammengebundene Kreuze, mit Stacheldraht umwickelt und über einen Steinhaufen aufragend. Unter diesem Steinhaufen liegen italienische Soldaten, die am 23. März 1918 durch eine von den Österreichern gelegte Sprengung unter den herabstürzenden Felsmassen der Nordwand des Pasubio begraben wurden. Kein Heldenglanz ist hier zu spüren. Traurig stimmt dieses Mahnmal. Wie die Gedächtniskapelle 30 Minuten später.

Weiter unten die Aufschrift »De qui non si passa« (»Für die, die nicht zurückkehrten«). . .

Wir wandern weiter abwärts auf ausgewaschenem Fahrweg und halten uns an der Weggabelung rechts zum *Rifugio Gen. A. Papa* (1928 m; 1 Stunde; Einkehr- und Unterkunftsmöglichkeit).

25.7 Rifugio Papa – Fugazzepaß (Monte Cornetto) – Rifugio Campogrosso – Rifugio Fraccaroli – Cima Carega (– Ronchi)

Verkehrsmöglichkeiten Linienbus vom Fugazzepaß nach Rovereto. Kleinbus »Pedrinolla« von Ronchi nach Ala.

Wegmarkierung Rot-weiß (-rot); Weg Nr. 45 vom Fugazzepaß zum Monte Cornetto; Weg Nr. 7, 13 zum Rifugio Campogrosso; Weg Nr. 7 zur Cima Carega.

Tourenlänge Rifugio Papa – Fugazzepaß: Maximal 11 km; Fugazzepaß – Rifugio Campogrosso: etwa 6 km; Rifugio Campogrosso – Cima Carega: 5 km; Cima Carega – Ronchi: 8 km.

Wanderzeit Rifugio Papa – Fugazzepaß: $1^1/_2$ Stunden; Fugazzepaß – Cornettoscharte (etwa 1600 m) – Rifugio Campogrosso: $2^1/_2$ Stunden (Cornettogipfel: $1^1/_2$ Stunden zusätzlich); Rifugio Campogrosso – Rifugio Fraccaroli an der Cima Carega: 3 Stunden; Rifugio Fraccaroli – Ronchi: $2^1/_2$ Stunden.

Höhenunterschiede Rifugio Papa – Fugazzepaß: Etwa 800 m Abstieg; Fugazzepaß – Cornettoscharte – Rifugio Campogrosso:

Die »Piccolo Dolomiti« (Carega-Gruppe)   (© Veit Metzler)

Etwa 450 m An- und 150 m Abstieg (Cornettogipfel: 300 m zusätzlich); Rifugio Campogrosso – Cima Carega: 800 m Anstieg; Cima Carega – Ronchi: 1600 m Abstieg.

Wanderkarte 1:50 000 Kompass Wanderkarte Nr. 101.

Anmerkung Der Weg kann beliebig eingeteilt werden. Aufgrund der langen Tagesetappen ist es unter Umständen empfehlenswert, das Rifugio Fraccaroli an der Cima Carega als Unterkunftsmöglichkeit zu nutzen. Dann kann man die Strecke Cima Carega – Avio an einem gemütlichen »Zwischentag« bewältigen und am darauffolgenden Tag von Avio zum Monte Baldo aufsteigen.

Wissenswertes Ronchi: Bergdorf mit Weinanbau; Übernachtung im Albergo Vicentini (-Zanco).

Das Lagarinatal ist die Fortsetzung des Etschtals in südlicher Richtung. Es beginnt südlich von Trient und reicht bis zur Grenze zwischen der Provinz Trient und Verona.

Von den nach Süden zu immer mehr abfallenden Lessinischen Bergen stellt das Lagarinatal den endgültigen Übergang vom alpinen Raum zur Poebene dar: Neben mikroklimatischen Inseln mit Gardasee-ähnlicher Wirkung herrschen auf den Höhen, selbst mitten im Sommer oft empfindlich kalte Temperaturen (z. B. bei Nebel). Im ganzen gesehen ist das Klima mild und trocken.

Die berühmtesten Weine sind der Marzemino gentile, der Merlot, der Teroldego, der Trentiner Muskateller und Cabernet.

In der Mitte des Lagarinatals liegt Rovereto, die zweitgrößte Stadt im Trentino. Schon in vorgeschichtlicher Zeit soll sich hier eine Siedlung befunden haben, geschichtliche Zeugnisse gibt es erst aus der Römerzeit. Der älteste Stadtkern war um die Burg angelegt, die – im 14. Jahrhundert wieder aufgebaut – von einer Ringmauer umzogen wurde und den ganzen Ort mit einschloß.

Das untere Lagarinatal erreicht der Fernwanderer bei Ala, einer sehr alten Kleinstadt.

Nachdem die Seidenraupenzucht im Mittelalter aus Venetien im Lagarinatal Fuß faßte, gewann Ala damals schon Ansehen und Reichtum. Aus dieser wohlhabenden Zeit stammen der gut erhaltene Palast Malfatti-Azzolini und der Palast Angelini (17. Jh.) mit reich geschmücktem Portal, großem Innenhof, mehreren Loggien und Malereien aus dem 18. und 19. Jahrhundert.

Sehenswert ist auch die Kirche des San Giovanni (1751), die Wallfahrtskirche San Valentino, die aus der Barockzeit stammt, und vor allem der ausgedehnte Freskenzyklus aus dem 13. Jahrhundert in der Kirche San Pietro in Bosco. Ein Heimatmuseum führt eine ganze Epoche vor Augen.

Avio ist die südlichste Gemeinde der Provinz Trient.

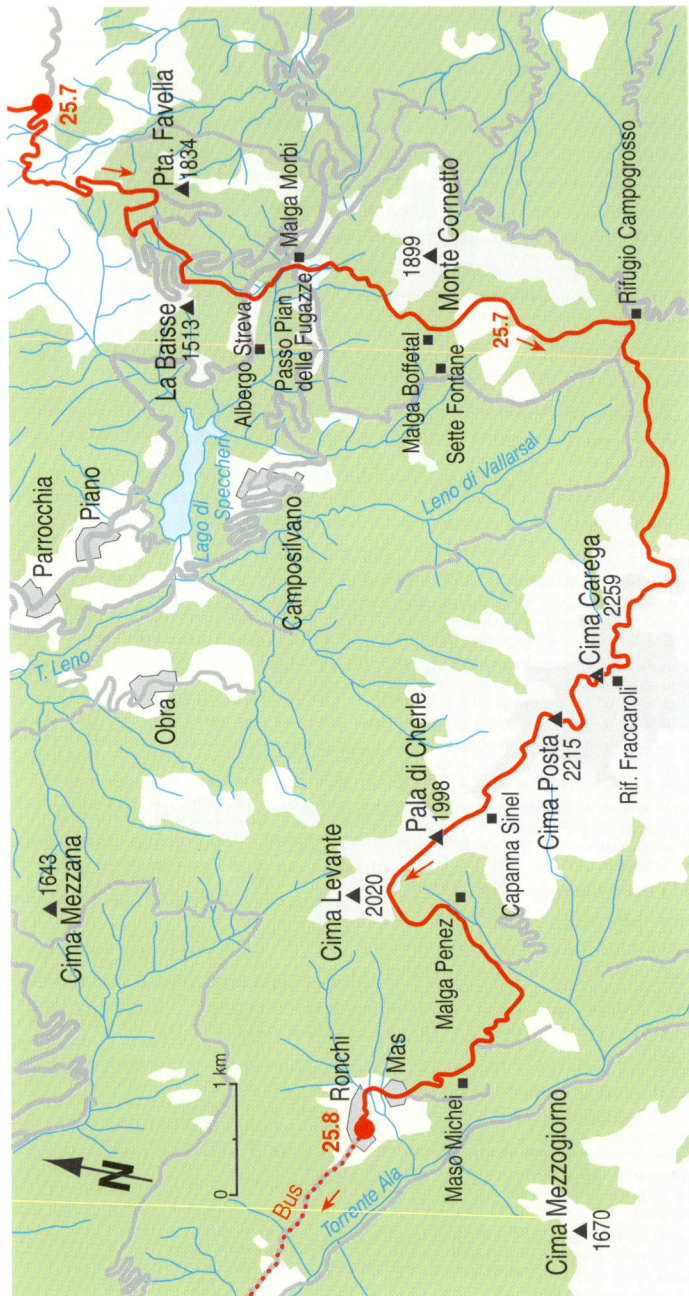

Die bereits für den Süden typischen Häuser, von winkeligen Gassen durchzogen, drängen sich an die Rebhänge bis zum benachbarten Sabbionara (Burg aus dem 10. Jahrhundert) und verleihen dem Ort eine ganz besondere Note.

Tourenbeschreibung   Auf der 11 Kilometer langen Strada degli Eroi (Straße der Helden) sehen wir die 800 Meter Höhenunterschied bis zum Fugazzepaß direkt unter uns liegen. Die Fernsicht reicht bis in die Tiefebene von Verona und Vicenza.

Wir folgen der aussichtsreichen alten Kriegsstraße durch mehrere kurze Tunnels abwärts und können nach dem Haupttunnel, der Galleria Generale d'Havet (1857 m), auf markierter Pfadspur die langen Serpentinen der Strada degli Eroi abkürzen.

Durch eine Lawinenverbauung kommen wir zur Fahrstraße Rovereto – Schio. Rechts unterhalb der Paßhöhe bietet das Albergo »Streva« (1100 m) Unterkunft, links oben am Fugazzepaß (Passo Pian delle Fugazze; 1162 m) das »Albergo il Passo«.

An der rechten Hausseite des »Albergo il Passo« vorbei leitet der Weg Nr. 45 über die Wiese zu einem Skilift – dort links auf sichtbarem Wiesenpfad zum Waldrand und auf schmalem Weg durch den Wald aufwärts zur Scharte unter dem Monte Cornetto (etwa 1600 m; 1–1½ Stunden).

Trittsichere und konditionsstarke Wanderer werden hier auf dem Weg Nr. 45 noch den Gipfel des Monte Cornetto (1899 m; 1 Stunde) »mitnehmen« – dann aber auf dem Anstiegsweg zurück zur Scharte, der ausgesetzte Steig über den Monte Baffelan zum Rifugio Campogrosso setzt Schwindelfreiheit und fast schon Kletterfertigkeiten voraus!

Ab der Scharte schlagen wir den Weg Nr. 7 zu den Sette Fontane ein, der uns steil durch Gebüsch abwärts zu den Almweiden und zur einsehbaren Malga Boffetal (1435 m) führt.

Von der Alm auf Weg Nr. 13 in südlicher Hauptrichtung fast eben durch die Weiden hinüber zum Rifugio Campogrosso (= Rifugio Toni Giuriolo; 1¼ Stunden; Einkehr- und Unterkunftsmöglichkeit; siehe auch Tour 23).

Vom *Rifugio Campogrosso* auf dem westlich zum Fugazzepaß verlaufenden *Fahrweg* etwa 150 Meter, dann auf dem bezeichneten *Weg Nr. 7* links ab. Wir wandern durch Wiesen und Wald allmählich an den Felsaufbau der »piccole dolomiti« heran. Nach knapp 30 Minuten nicht links dem Weg 105 G folgen, sondern geradeaus auf *Weg 7* weiter.

Immer mehr nähern wir uns der abweisenden Ostflanke der Cima Mosca, schwenken aber dann, an der *Boale dei Fondi* (1632 m; Achtung, nicht dem Weg 8 folgen!), nach links. Auf *Fels-*

stufen und in *Serpentinen* geht es dann steil aufwärts zum Südfuß der Cima Mosca. Zuletzt in weiten Kehren hinauf zur *Einsattelung zwischen Cima Mosca und Monte Obante, der Bocchetta dei Fondi* (2084 m; 2 Stunden).

Nicht schwindelfreien Wanderern sei empfohlen, diesem *Serpentinenweg* kurz abwärts zu folgen und dann erst dem *Wiesenhangpfad* nach rechts zur Cima Carega zu folgen. Wer hingegen einen etwas *exponierten Wandsteig* begehen kann, wandert gleich ab der *Bocchetta dei Fondi* auf dem *oberen Pfad* weiter. Man sieht dann die Cima Carega in ihrer ganzen Pracht vor sich. Am Fuß des Gipfelaufbaus, an der *Bocchetta Mosca* (2041 m), treffen beide Wege, der eine ab-, der andere ansteigend – wieder zusammen.

Gemeinsam weiter auf dem *ehemaligen Kriegsnachschubweg* (Weg 112) in weiten Kehren hinauf zum *Gipfel* der *Cima Carega* (2259 m; 1 Stunde). Etwas unterhalb des Gipfels passieren wir das *Rifugio Fraccaroli* (Cai-Hütte; 2230 m; Einkehr- und Unterkunftsmöglichkeit).

Die Aussicht über die oberitalienische Tiefebene vor uns – östlich die Adria und westlich der Gardasee – ist bei klarem Wetter einer der glanzvollen Höhepunkte des Europäischen Fernwanderweges E 5!

Der Abstieg nach *Ronchi* verläuft vom Rifugio Fraccaroli an der Ostflanke der Cima Carega in nordwestlicher Richtung abwärts. Der prächtige, nicht ausgesetzte Höhenweg Nr. 108 umgeht dann den Gipfel der Cima Posta (2215 m).

Je weiter wir uns dem *oberen Talschluß des Val di Penez* nähern, desto atemberaubender wird der Ausblick auf das 1000 Meter tiefere *Ronchital,* auf dessen gegenüberliegender Seite die Hochfläche der Lessinischen Alpen senkrecht abbricht . . .

Wir können diesen Ausblick auch vom neu errichteten Capanna Sinel (1990 m; Einkehr- und evtl. Unterkunftsmöglichkeit) aus noch ausgiebig genießen.

Auf altem *Kriegskarrenweg* quert man links unterhalb die Pala di Cherle und biegt dann vor dem Anstieg zur Cima Levante auf Pfadspur links abwärts durch das Val di Penez nach *Ronchi* (709 m; 2¹/₂ Stunden).

Hier kann entweder übernachtet werden oder man kann die Möglichkeit ergreifen, mit dem Pullmann-Bus nach Ala zu fahren, um dort zu nächtigen. (Oder von Ala aus noch weiter mit dem Bus nach Avio – Abfahrt 18.50 Uhr, dort sind ebenfalls Übernachtungsmöglichkeiten; falls jedoch der Ort überfüllt sein sollte, Übernachtung im Albergo al Molino. Wer von Avio aus dort anruft, wird abgeholt und hat den Vorteil, am anderen Tag schon 2,5 Kilometer Teerstrecke eingespart zu haben.)

25.8 Ronchi – Ala – Avio – Monte Baldo – Malcesine am Gardasee

Verkehrsmöglichkeiten   Kleinbus »Pedrinolla« von Ronchi nach Ala. Linienbus von Ala nach Avio. Seilbahn vom Monte Baldo nach Malcesine. Busverbindungen von den Orten am Gardasee nach Trient und Rovereto. Seilbahn-Fahrzeiten vorher erfragen!

Wegmarkierungen   Rot-weiß(-rot).

Tourenlänge   Etwa 11 km.

Wanderzeit   6 Stunden bis zur Bergstation der Seilbahn auf dem Monte Baldo.

Höhenunterschiede   1600 m Anstieg zur Seilbahn am Monte Baldo.

Wanderkarte   1:50 000 Kompass-Wanderkarte Nr. 101.

Anmerkung   Weitere Wandermöglichkeiten zum Gardasee siehe Tourenbeschreibung ab Albergo Alpino.

Wissenswertes   Wenn man sich vorstellt, daß das ganze Trentino während der Quartärzeit vom Etsch-, Sarca- und Gardagletscher bedeckt war, daß das Mittelmeer bis herauf zur Brenta reichte und die Gegend von Verona noch gar nicht existierte, so wird auch verständlich, daß mit dem Rückzug der Gletscher (Exaration und Erosion) der Gardasee entstanden sein muß.

Noch früher als der Gardasee existierte bereits der benachbarte, 600 Meter höher gelegene Ledrosee, der durch gewaltigen Seitendruck des Gardagletschers geformt und durch eine Moränenablagerung am Abfluß gehindert wurde. Als typisches Beispiel für die Entstehung eines Hängetals, besitzt der Ledrosee keinen Zulauf und heute auch keinen Abfluß mehr.

Die ältesten menschlichen Ansiedlungen reichen im Trentino bis in die Bronzezeit zurück: Die Pfahlbauten von Ledro sind die ältesten Zeugen menschlichen Lebens in dieser Weltecke. Fibeln aus der Zeit der Gallier, Medaillen und Spangen sowie Fibeln und Ohrringe aus der Römerzeit berichten von weiteren, schon Jahrtausende zurückliegenden Vorgängen.

Rege Handelsbeziehungen zu den venetischen und tridentinischen und zu den böhmischen Völkern der Bronzezeit werden durch zahlreiche übereinstimmende Funde bestätigt: Anstecknadeln und Äxte italienischen Ursprungs wurden in Böhmen gefunden. Bernsteinketten aus Böhmen im Ledrotal und Nonstal. Ein Bronze-Trinkbecher erinnert in seiner Form (über den Becherrand hochgezogener Henkel) an gleichgestaltete Tongefäße auf Kreta.

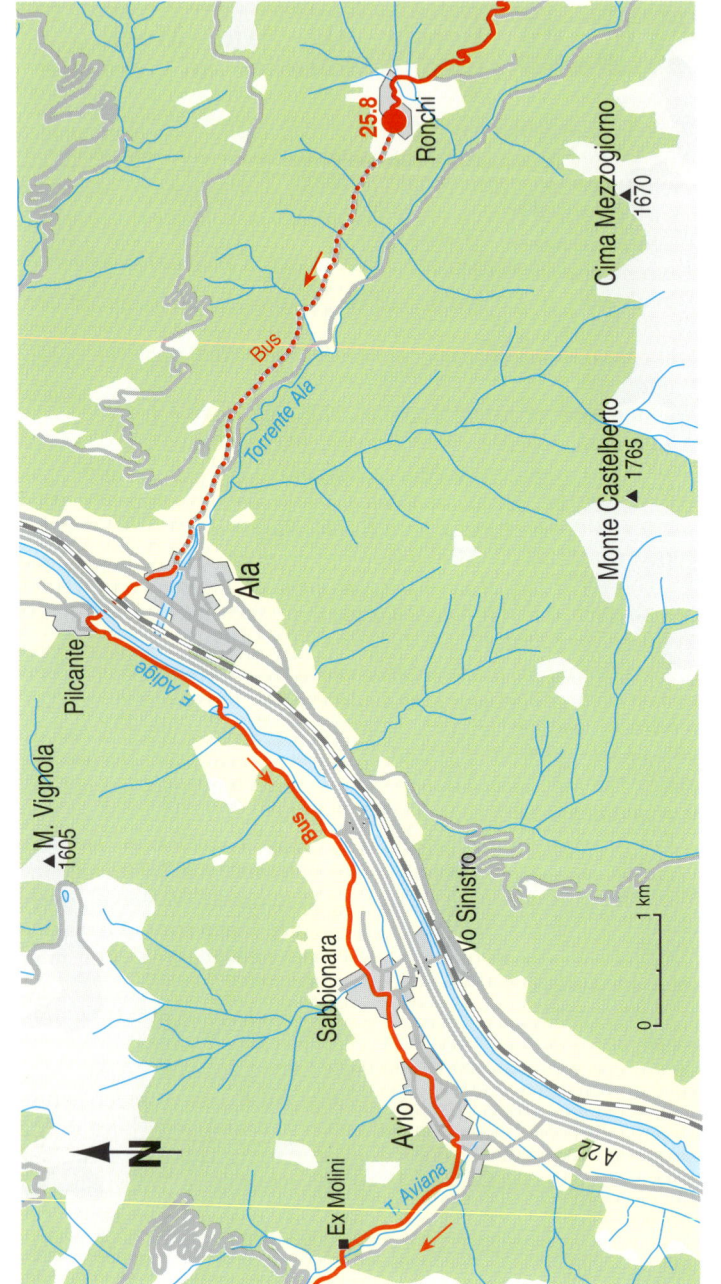

N

Cima Mezzogiorno
▲ 1670

Monte Castelberto
▲ 1765

Ronchi

25.8

Bus

Torrente Ala

Ala

Plcante

F. Adige

M. Vignola
▲ 1605

Bus

Sabbionara

Vo Sinistro

Avio

A 22

Ex Molini

T. Aviana

1 km

0

Tourenbeschreibung Von Ronchi (709 m) sind es noch etwa 6 Kilometer auf Teerstraße bergab nach Ala (183 m; Einkehr- und Unterkunftsmöglichkeiten) an der östlichen Seites der Etsch. Am besten steigt man dort in den Linienbus und erreicht nach 7,5 Kilometern *Avio* (183 m; Einkehr- und Unterkunftsmöglichkeit) an der westlichen Etschtalseite.

Vom Dorfplatz in Avio erreichen wir aufwärts in nordwestlicher Richtung durch winklige Gassen die *Strada per il Monte Baldo* – davor auf Wanderweg rechts der Straße aufwärts. Nach etwa 45 Minuten quert man nach dem Albergo ex-Molini den Bach zur Straße und verläßt diese nach etwa 600 Metern nach links an einer Straßenbrücke.

Nun durch schönen Laubwald auf gut markiertem, breitem Fußpfad in Kehren aufwärts. (Imposant ragt im Lauf des Weges die Corno Gallina, eine einzelne Felsnadel aus den steilen Felsabstürzen des Hochplateaus, das wir später, weiter oben, überqueren werden.)

Monte Baldo, Rückkehr vom Monte Altissimo   (© Klaus Puntschuh)

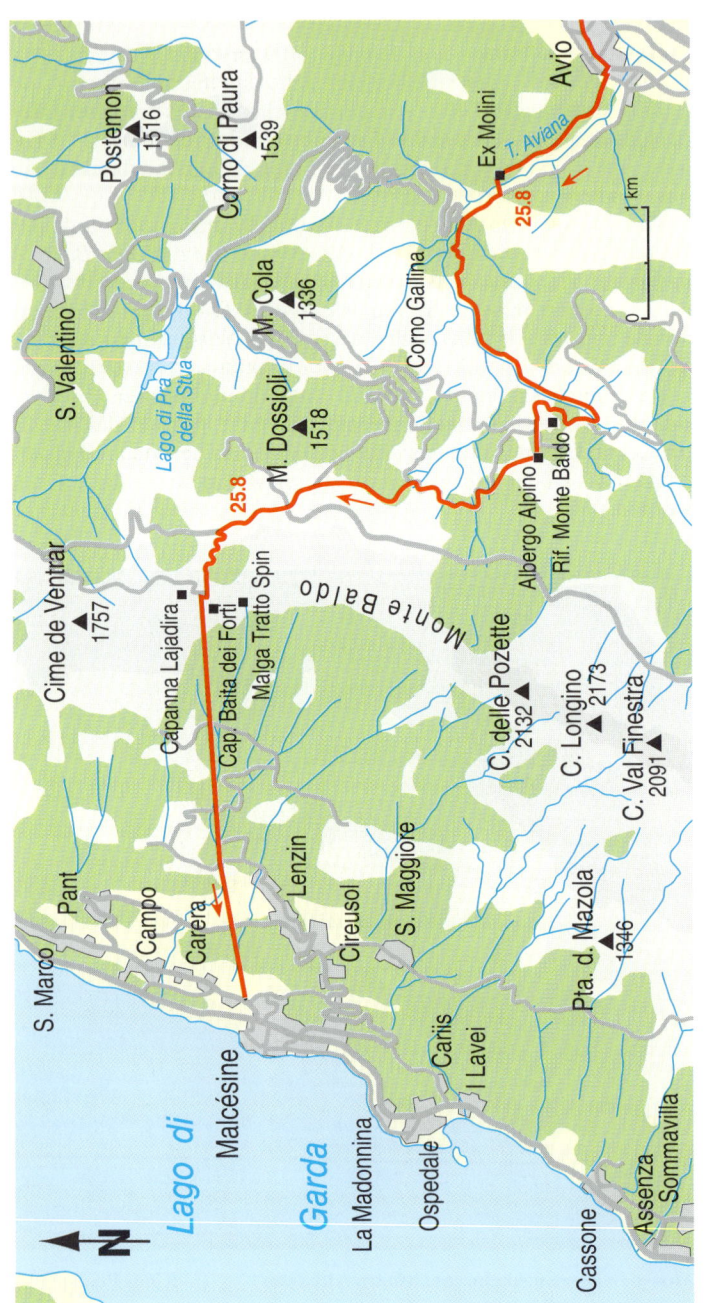

Nach etwa ³/₄ Stunde kommen wir neben einer leeren Grotte zu einem alten *Steinbrunnen* mit köstlich frischem Quellwasser.

Bald danach führt der Weg wieder ziemlich eben, durch schönen Hochwald. Eine weitere – bewaldete – Felsnadel gibt unsere vorläufige Richtung an.

Dann erreichen wir einen Felsen mit großer roter Aufschrift: *685* (Pfeil in eingeschlagener Richtung weiter). Und links weist die Schrift nach *Madonna delle Neve* (SAT Avio): Diesem Weg folgen wir im Zick-Zack bergauf. Schon bald wird es flacher, der Wald lichtet sich. Unterhalb eines Bauernhofes stoßen wir auf einen Fahrweg. Rechts auf diesem Weg am Bauernhof vorbei. Nach etwa 50 Metern kürzt links ein kleiner Fußpfad, über einen Hügel hinauf, die Route nach Colonia ab. (Ferienbungalowsiedlung).

Auf einem *Fahrweg* links (geradeaus geht's zur Kirche Madonna delle Neve) zum *Albergo Alpino* (1122 m; 1 Stunde; Einkehrmöglichkeit).

Enzianwiese auf dem Monte Baldo   (© Klaus Puntschuh)

Vom benachbarten Rifugio Monte Baldo (1100 m; Einkehr- und Unterkunftsmöglichkeit) aus könnte man in etwa 3½ Stunden auf Wanderweg 652 südwestlich zum Rifugio Telegrafo (Giovanni Pona; CAI-Hütte; 2147 m; Einkehr- und Unterkunftsmöglichkeit) auf dem Monte Baldo-Rücken aufsteigen und am nächsten Tag entweder nordwärts zur Seilbahn-Bergstation und weiter zum Rifugio Altissimo »Damiano Chiesa« (Cai-Hütte; 2078 m; 5 Stunden; Einkehr- und Unterkunftsmöglichkeit) wandern. Oder man folgt dem Abstieg nach Nago-Torbole auf dem nach Süden abfallenden Höhenrücken noch etwa 2 Stunden, bevor man ab dem Rifugio Chierego (CAI Hütte; 1911 m; Einkehrmöglichkeit) per Sessellift etwa 800 Höhenmeter hinab nach Prada Alta schwebt und von dort in etwa 1½ Stunden den Gardasee erreicht.

Unser Direktweg nach Malcesine folgt ab dem *Albergo Alpino* dem *Fußweg,* der nordwestlich einen Güterweg erreicht, der uns durch die *Weiden* der Malga Breane aufwärts leitet. Bevor der *Güterweg* wieder talwärts zieht, auf *Wanderweg* weiter bergauf zur *Malga Dossioli* (1437 m; 1½ Stunden; Einkehrmöglichkeit) an der *Monte Baldo-Fahrstraße.* Dabei erleben wir die Höhe und die Unvergleichlichkeit dieses Plateaus mit jedem Blick in die weite Ebene des Etschlandes immer beeindruckender.

Der Monte Baldo erweist sich hier für den Wanderer als eine ungemein reizvolle Verbindung der Etschlandschaft und der Lessinischen Berge mit dem Gardasee.

Auf der *Straße* weiter aufwärts (rechts das Restaurant Pra Alpesina, 1462 m), bis nach etwa 15 Minuten auf Höhe der fünf Gehöfte der Malga Tratto Spino di sotto links eine *Pfadspur* steil hangaufwärts zum *Restaurant Baita dei Forti* (1800 m; 1½ Stunden) und der *Bergstation* der *Seilbahn* nach *Malcesine* führt.

Am Endziel unserer »Adria-entfremdeten« Variante erleben wir 1800 Meter über dem tiefblauen Gardasee die Faszination der Bergwelt als vorläufig letzten Höhepunkt.

Wandern durch Olivenhaine bei Malcésine   (© Klaehne/Rasmus) ▶

Die Europäischen Fernwanderwege

E 1   Nordsee – Bodensee – Gotthard – Mittelmeer

E 2   Nordsee – Genfer See – Mittelmeer

E 3   Atlantik – Ardennen – Erzgebirge – Karpaten –
Schwarzes Meer

E 4   Gibraltar – Pyrenäen – Bodensee – Balaton – Rila –
Kreta

E 5   Atlantik – Bodensee – Alpen – Adria

E 6   Ostsee – Wachau – Adria – Ägäis

E 7   Atlantik – Mittelmeer – Gardasee –
(– Schwarzes Meer)

E 8   Irische See – Rhein – Main – Donau – Karpaten –
Rhodopen

E 9   Internationaler Küstenweg Atlantik – Nordsee –
Ostsee

E 10   Ostsee – Böhmerwald – Alpen – (– Mittelmeer)

E 11   Nordsee – Harz – Mark Brandenburg – Masuren

Europäische Wandervereinigung e. V. 1969

Geschäftsstelle: Wilhelmshöher Allee 157–159, D-34121 Kassel
Telefon +561/93 87 30, Fax +561/9 38 73 10
e-mail: dt.wanderverband@t-online.de

E 1   Nordsee – Bodensee – Gotthard – Mittelmeer

Schweden: Grövelsjön – Siljan-See – Vättern-See – Göteborg – Varberg (1130 km) • *Jütland:* Noch kein Weg Grenå – Viborg. Viborg – Vejen (159 km) • *Nordschleswig/Südjütland:* Vejen – Vojens – Flensburg (124 km) • *Südschleswig:* Flensburg – Schleswig – Kiel (135 km) • *Holstein:* Kiel – Lübeck (152 km) • *Lauenburg – Sachsenwald:* Lübeck – Hamburg (149 km) • *Westvariante: Geest:* Schleswig – Meldorf (138 km) • *Westvariante: Marschen:* Meldorf – Hamburg-Blankenese (161 km) • *Lüneburger Heide:* Hamburg – Soltau (108 km) • *Südheide – Steinhuder Meer:* Soltau – Celle – Bad Nenndorf (153 km) • *Weserbergland – Lipperland:* Bad Nenndorf – Hameln – Detmold (99 km) • *Teutoburger Wald – Eggegebirge:* Detmold – Marsberg (78 km) • *Sauerland – Rothaargebirge:* Marsberg – Siegen (144 km) • *Siegerland – Westerwald:* Siegen – Nassau (127 km) • *Taunus:* Nassau – Frankfurt/M. (113 km) • *Odenwald – Kraichgau:* Frankfurt/M. – Darmstadt – Heidelberg – Pforzheim (198 km) • *Nord- und Mittelschwarzwald:* Pforzheim – Titisee (156 km) • *Südschwarzwald – Bodensee:* Titisee – Singen – Konstanz (161 km) • *Mittelland –Zentralschweiz:* Kreuzlingen – Schwyz – Andermatt (190 km) • *St. Gotthard – Tessin:* Andermatt – Bellinzona – Lugano (120 km) • *Campo dei Fiori – Parco del Ticino:* Lugano – Pavia – Tortona (221 km) • *Ligurischer Apennin:* Tortona (– Genua) – Grondola / Montelungo (Pontremoli) (215 km) • *Tosko-Emilianischer Apennin:* Grondola / Montelungo (Pontremoli) – Crespino del Lamone (228 km) • *Tosko-Romagnolischer und Umbrischer Apennin:* Crespino del Lamone – Bocca Trabària – Castelluccio (– Norcia) (290 km)

E 2   Nordsee – Genfer See – Mittelmeer

Holländischer Zweig: Hoek van Holland – Bergen op Zoom (115 km) • *Flandrischer Zweig: Westflandern:* Oostende – Ronse/Renaix (190 km) • *Flandrischer Zweig: Ostflandern:* Ronse/Renaix – Aalst – Antwerpen (113 km) • *Kempenland – Maas:* Bergen op Zoom / Antwerpen – Maastricht – Visé (261 km) • *Ardennen – Ösling:* Visé – Spa – Diekirch (190 km) • *Sauer – Obermosel:* Diekirch – Echternach – Dudelange (134 km) • *Lothringen:* Dudelange – Metz – Gondrexange (Sarrebourg) (227 km) • *Vogesen:* Gondrexange (Sarrebourg) – Evetté-Salbert (Belfort) (267 km) • *Burgundische Pforte – Französischer Jura:* Evetté-Salbert (Belfort) – Pontarlier – Nyon (Genfer See) (300 km) • *Hochalpen: Genfer See – Mont-Blanc-Massiv:* Thonon-les-Bains – Chamonix – Landry (Bourg-St-Maurice) (171 km) • *Hochalpen: Le Vanois:* Landry (Bourg-St-Maurice) – Val d'Isere – Briançon (183 km) • *Mercantour – Seealpen:* Briançon – Nice (Nizza) (261 km)

E 3   Atlantik – Ardennen – Erzgebirge – Karpaten – Schwarzes Meer

Jakobsweg: Santiago de Compostela – Le Puy-en-Velay: *Galicien:* Santiago de Compostela – Ponferrada (218 km) • *Kastilien:* Ponferrada – León – Burgos (285 km) • *La Rioja – Navarra:* Burgos – Logroño – Pamplona (Iruñea) (223 km) • *Pyrenäen:* Pamplona (Iruñea) – Rolandspforte – Argagnon (Orthez / Pau) (162 km) • *Gascogne – Quercy:* Argagnon (Orthez / Pau) – Moissac – Cahors (337 km) • *Zentralmassiv:* Cahors – Figeac – Le Puy-en-Velay (312 km) • *Monts du Forez – Monts de la Madelaine:* Le Puy-en-Velay – Diou (Loire) (254 km) • *Morvan – Burgund:* Diou (Loire) – Bourbon-Lancy – Auxerre (258 km) • *Centre:* Auxerre – Montargis – Nemours (151 km) • *Île de France:* Nemours – Fontainebleau – Melun – Meaux (142 km) • *Picardie:* Meaux – Senlis – St-Erme-Outre (Laon / Reims) (215 km) • *Champagne – Thiérache:*

St-Erme-Outre (Laon / Reims) – Joigny-sur-Meuse (Charleville-Mézières) (112 km) • *Wallonische Ardennen (Semois):* Joigny-sur-Meuse (Charleville-Mézières) – Bouillon – Habay-la-Neuve (180 km) • *Luxemburger Ardennen (Ösling):* Habay-la-Neuve – Clervaux (Clerf) – Diekirch (138 km) • *Sauer – Obermosel – Saar:* Diekirch – Echternach – Saarburg (162 km) • *Hochwald – Hunsrück:* Saarburg – Kaub (178 km) • *Taunus:* Kaub – Butzbach (132 km) • *Wetterau – Vogelsberg:* Butzbach – Fulda (90 km) • *Rhön – Haßberge:* Fulda – Coburg (183 km) • *Frankenwald – Fichtelgebirge:* Coburg – Wunsiedel – Selb / Schirnding (196 km) • *Sächsische Variante: Vogtland – Westerzgebirge:* Selb – Oelsnitz – Annaberg-Buchholz (163 km) • *Sächsische Variante: Mittel- und Osterzgebirge:* Annaberg-Buchholz – Königstein (160 km) • *Böhmische Variante: Kaiserwald (Slavkovský Les):* Schirnding – Cheb (Eger) – Karlovy Vary (Karlsbad) (95 km) • *Böhmische Variante: Erzgebirge (Krušné hory):* Karlovy Vary (Karlsbad) – Jáchymov (Joachimsthal) – Děčín (Tetschen) (190 km) • *Sächsisch-Böhmische Schweiz– Lausitzer Gebirge (Lužicke hory):* Königstein / Děčín (Tetschen) – Liberec (Reichenberg) (149 km) • *Iser- und Riesengebirge (Jizerské hory/Góry Izerskie – Karkonosze):* Liberec (Reichenberg) – Wałbrzych (Waldenburg) (182 km) • *Eulen-Gebirge (Góry Sowie):* Wałbrzych (Waldenburg) – Lądek Zdrój (Bad Landeck) (100 km) • *Schneeberg – Altvater-Gebirge – Gesenke (Hruby/Nizky Jesenik):* Lądek-Zdrój (Bad Landeck) – Międzylesie (Mittelwalde) – Suchdol/Oder (280 km) • *Westbeskiden – Kleine Fatra:* Suchdol/Oder – Trstená (– Chochołów) (238 km) • *Podhale (Hohe Tatra) – Westbeskiden:* Chochołow – Zakopane – Krynica (131 km) • *Ostbeskiden – Magurski-Park – Čergov:* Krynica – Dukla-Paß – Prešov (264 km) • *Sowarer Gebirge (Slanské vrchy):* Prešov – Sátoraljaújhely (126 km) • *Ungarisches Theiß-Tiefland:* Sátoraljaújhely – Ártánd (– Oradea) (250 km). Noch kein Weg Ártánd-Berg Kom • *West- und Mittel-Balkan-Gebirge (Stara Planina):* (Berkovica –) Berg Kom – Schipka-Paß – Krăstec (268 km) • *Ost-Balkan-Gebirge (Stara Planina) – Schwarzes Meer:* Krăstec – Kotel – Kap Emine (– Slănčev Brjag) (221 km) • *Internationaler Weg Eisenach – Budapest (EB): Thüringer Wald (Rennsteig):* Eisenach – Neuhaus am Rennweg (110 km) • *EB: Thüringer Schiefergebirge – Vogtland:* Neuhaus am Rennweg – Saalfeld – Plauen (141 km) • *EB: Vogtland – Westerzgebirge:* Plauen – Oelsnitz – Aue – Annaberg-Buchholz (162 km) • *EB: Mittel- und Osterzgebirge:* Annaberg-Buchholz – Königstein (153 km) • Weiter wie E 3.

E 4
Gibraltar – Pyrenäen – Bodensee – Balaton – Rila – Kreta

Südvariante: Sierra Nevada: Noch kein Weg ab Gibraltar. Ventas de Zafarraya – Lacalahorra (Guadix) (250 km) • *Südvariante: Sierra de Baza – Sierra de Orce:* Lacalahorra (Guadix) – Puebla de Don Fadrique (250 km) • *Nordvariante: Provinz Córdoba (Teilstrecke):* Rute – Almenidilla (54 km) • *Murcia:* Puebla de Don Fadrique – Elda (330 km) • *Südliches Valencia:* Elda – Rebollar (Requena) (285 km) • *Nördliches Valencia:* Rebollar (Requena) – Morella – Ulldecona (285 km) • *Katalonien: Costa Dorada:* Ulldecona – Tarragona (131 km) • *Katalonisches Randgebirge – Spanische Pyrenäen:* Tarragona – Montserrat – Puigcerdá – Bourg-Madame (273 km) • *Französische Pyrenäen – Roussillon (Corbières):* Puigcerdá – Bourg-Madame – Carcassone (219 km) • *Languedoc (Montagne Noire):* Carcassone – Lodève (228 km) • *Cevennen – Plateau des Gras:* Lodève – Viviers (Montélimar) (249 km) • *Vercors:* Viviers (Montélimar) – Grenoble (215 km) • *Chartreuse – Französischer Jura:* Grenoble – Saint-Cergue (236 km) • *Schweizer Jura:* Saint-Cergue – Vallorbe – Brugg (239 km) •

Mittelland – Bodensee: Brugg – Baden – Kreuzlingen – Bregenz
(176 km) • *Vorarlberg – Allgäuer Voralpen:* (Bregenz –) Lingenau –
Sonthofen – Füssen (81 km) • *Bayerische Voralpen zwischen Lech und
Isar:* Füssen – Lenggries (151 km) • *Bayerische Voralpen zwischen Isar
und Inn:* Lenggries – Tegernsee – Brannenburg (79 km) • *Chiemgauer
Alpen – Berchtesgadener Land:* Brannenburg – Bad Reichenhall –
Salzburg (167 km) • *Salzkammergut – Höllen-Gebirge:* Salzburg –
Ebensee – Klaus a. d. Pyhrnbahn (194 km) • *Eisenwurzen – Ötscherland:*
Klaus a. d. Pyhrnbahn – Waidhofen a. d. Ybbs – Wilhelmsburg
(St. Pölten) (182 km) • *Unterberg-Massiv – Wienerwald:* Wilhelmsburg
(St. Pölten) – Wien (180 km) • *Donau-Auen – Porta Hungarica:* Wien –
Hainburg – Frauenkirchen (106 km) • *Neusiedler See – Burgenland:*
Frauenkirchen – Kőszeg (127 km) • *E 4 alpin: Westösterreich:*
(Bregenz –) Dornbirn – Scharnitz – Kufstein (550 km) • *E 4 alpin:
Mittelösterreich:* Kufstein – Spital a. Pyhrn (450 km) • *E 4 alpin:
Ostösterreich:* Spital a. Pyhrn – Mattersburg – Marzerkogel (Anschluß
E 4) (400 km) • *Kleines Ungarisches Tiefland (Kisalföld):* Kőszeg –
Sárvár – Keszthely (175 km) • *Platten-See (Balaton) – Bakony-Wald:*
Keszthely – Tapolca – Bodajk (188 km) • *Vértes-, Gerecse- und Budaer
Gebirge:* Bodajk – Dorog (Esztergom) – Budapest (156 km) • *Donau-
Knie – Cserhát-Gebirge:* Budapest – Visegrad – Mátraverebély (218 km)
• *Mátra- und Bükk-Gebirge:* Mátraverebély – Putnok (120 km) •
Aggteleker, Cserehát- und Zemplen-Gebirge: Putnok – Sátoraljaújhely
(182 km) • *Großes Ungarisches Tiefland (Alföldi):* Sátoraljaújhely –
Ártánd (– Oradea) (250 km). Noch kein Weg Ártánd – Sofia •
Südwestbulgarische Gebirgskette: Sofia – Petrovo (– Kulata – Proma-
chon) (240 km) • *Griechisch-Mazedonien:* Kulata – Promachon –
Florina (308 km) • *Vermion-Gebirge – Olymp – Meteora-Felsen:* Florina
– Litohoro – Kalambaka (400 km) • *Pindos-Gebirge:* Kalambaka –
Karpenissi – Delphi – Itea (– Egio) (480 km) • *Peloponnes:* Egio –
Tripoli – Sparta – Githion (324 km) • *Kreta:* Kastelli – Zakros (320 km)

E 5   Atlantik – Bodensee – Alpen – Adria

Bretagne: Atlantikküste – Armorika: Pointe du Raz – Douarnenez –
Lannion (276 km) • *Bretagne: Kanal-Küste (Côte de Granit Rose):*
Lannion – St-Brieuc (285 km) • *Kanalküste: Golf von St. Malo (Côte
d'Emeraude – Mont-St-Michel):* St-Brieuc – St-Malo – Avranches
(273 km) • *Normandie:* Avranches – Verneuil-sur-Avre (336 km) •
Pariser Becken – Île de France: Verneuil-sur-Avre – Dreux – Fontai-
nebleau (323 km) • *Seine – Yonne – Pays d'Othe:* Fontainebleau –
Troyes – Châtillon-sur-Seine (276 km) • *Nördliches Burgund:* Châtillon-
sur-Seine – Langres (192 km) • *Vogesen:* Langres – Remiremont –
Montreux (Belfort / Mulhouse) (249 km) • *Sundgau – Basler Jura:*
Montreux (Belfort / Mulhouse) – Reinach (Basel) – Rheinfelden
(102 km) • *Hochrhein – Bodensee:* Rheinfelden – Schaffhausen –
Kreuzlingen – Bregenz (229 km) • *Vorarlberg – Allgäuer Voralpen:*
(Bregenz –) Lingenau – Sonthofen – Oberstdorf (50 km) • *Allgäuer und
Lechtaler Alpen:* Oberstdorf – Zams (Landeck) (49 km) • *Ötztaler und
Sarntaler Alpen:* Zams (Landeck) – Timmelsjoch – Bozen (94 km) •
Südtiroler und Trentiner Dolomiten: Bozen – Lévico Terme (95 km) •
Vicentiner Alpen: Lévico Terme – Verona (122 km)

E 6   Ostsee – Wachau – Adria – Ägäis

Schweden: Norrtälje – Stockholm – Malmö (1312 km). Noch kein Weg
Kopenhagen – Høruphav • *Nordschleswig/Südjütland:* Høruphav –
Sonderburg – Flensburg (79 km) • *Südschleswig:* Flensburg – Schleswig –
Kiel (135 km) • *Holstein:* Kiel – Lübeck (152 km) • *Lauenburg:* Lübeck

– Lauenburg (108 km) • *Elbufer – Drawehn:* Lauenburg – Gifhorn
(164 km) • *Harzvorland – Oderwald:* Gifhorn – Wolfenbüttel – Goslar
(102 km) • *Harz – Eichsfeld:* Goslar – Göttingen (98 km) • *Weser –
Werra – Fulda:* Göttingen – Münden – Eschwege – Hünfeld (223 km) •
Rhön – Haßberge: Hünfeld – Coburg (183 km) • *Frankenwald –
Fichtelgebirge:* Coburg – Marktredwitz (163 km) • *Bayerische Variante:
Oberpfalz – Nördlicher Bayerischer Wald:* Marktredwitz –
Waldmünchen – Bayerisch Eisenstein (199 km) • *Böhmische Variante:*
Marktredwitz – Mariánské Lázně (Marienbad) – Bayerisch Eisenstein
(245 km) • *Bayerischer Wald – Mühlviertel:* Bayerisch Eisenstein –
Freistadt (200 km) • *Waldviertel – Wachau:* Freistadt – Karlstift – Melk
(167 km) • *Alpenvorland – Steirische Kalkalpen:* Melk – Mariazell –
Leoben (197 km) • *Zentralalpen (Gleinalpe – Koralpe):* Leoben –
Eibiswald (140 km) • *Bachergebirge (Pohorje) – Voralpen:* Eibiswald –
Radlje – Grosuplje (142 km) • *Dinarisches Gebirge (Karst):* Grosuplje –
Ilirska Bistrica – Strunjan (Koper) (160 km). Kein Weg Strunjan –
Igoumenitsa • *Epirus – West-Mazedonien:* Igoumenitsa – Ioannina –
Florina (430 km) • *Mittel- und Ost-Mazedonien:* Florina – Paranesti
(492 km) • *Thrakien:* Paranesti – Xanthi – Dikella (– Alexandroupolis)
(244 km)

E 7   Atlantik – Mittelmeer – Gardasee
(– Schwarzes Meer)

Südvariante: Portugal (Teilstrecke): Idanha – Monfortinho (79 km) •
Südvariante: Extremadura (Teilstrecke): Plasencia – Puerto Castilla
(80 km) • *Nordvariante: Castilla León (Teilstrecke):* Aldea del Obispo –
Candelario (Béjar) (156 km) • *Zentrale Kordillere:* S. Martín de
Valdeiglesias – El Escorial – Jadraque (300 km) • *Alto Tajo – Sierra de
Cuenca:* Jadraque – La Puebla de Valverde (Teruel) (300 km) • *Montes
del Maestrazgo:* La Puebla de Valverde (Teruel) – Argentera (Reus)
(440 km) • *Katalonisches Randgebirge – Spanische Pyrenäen –
Andorra:* Argentera (Reus) – Andorrà la Vella – Porté-Puymorens
(293 km) • *Französische Pyrenäen – Roussillon:* Porté-Puymorens –
Castelnaudary (175 km) • *Languedoc (Montagne Noire):* Castelnaudary
– Lodève (239 km) • *Cevennen – Garrigues:* Lodève – Tarascon (225 km)
• *Provence: Alpilles – Luberon:* Tarascon – Manosque (228 km) •
Provenzalische Alpen – Côte d'Azur: Manosque – Grasse – Menton
(305 km) • *Italienische Seealpen:* Ventimiglia – Altare (Savona)
(167 km) • *Ligurischer Apennin:* Altare – Travo (Piacenza) (188 km).
Noch kein Weg Travo – Robič • *Julische Alpen:* Robič – Kobarid –
Škofja Loka (135 km) • *Dinarisches Gebirge (Karst) – Unterkrain
(Dolenjsko) – Gorjanci:* Škofja Loka – Krško (203 km) • *Save – Drau –
Mur:* Krško – Hodoš – Bajánsenye (261 km) • *Transdanubisches
Hügelland:* Bajánsenye – Szekszard (385 km) • *Großes Ungarisches
Tiefland (Alföldi):* Szekszárd – Szeged – Nagylak (385 km). Noch keine
Weiterführung

E 8   Irische See – Rhein – Main – Donau – Karpaten –
Rhodopen

Irland: Cahirciveen – Killarney – Dublin (600 km) • *England:* Liverpool
– Manchester – Hull (272 km) • *Niederlande:* Europoort – (Hoek van
Holland –) Rotterdam – Nijmegen (234 km) • *Niederrhein – Selfkant:*
Nijmegen – Kleve – Aachen (230 km) • *Nordeifel – Kottenforst:* Aachen
– Bonn (122 km) • *Mittelrhein – Nahe:* Bonn – Koblenz – Bad
Kreuznach (171 km) • *Pfalz:* Bad Kreuznach – Worms / Speyer (155 km)
• *Nordvariante: Odenwald – Main:* Worms – Wertheim (164 km) •
Südvariante: Neckar – Odenwald: Speyer – Heidelberg –

Tauberbischofsheim (188 km) • *Tauber – Fränkischer Jura:* Wertheim –
Tauberbischofsheim – Rothenburg – Treuchtlingen (223 km) • *Altmühl –*
Donau: Treuchtlingen – Kelheim – Regensburg (142 km) • *Donau –*
Bayerischer Wald: Regensburg – Passau (201 km) • *Mühlviertel:* Passau
– Kefermarkt (127 km) • *Waldviertel (– Podyjí):* Kefermarkt – Gmünd/
NÖ – Retz (258 km) • *Weinviertel:* Retz – Wien (103 km) • *Donau-Auen*
– Porta Hungarica: Wien – Bratislava (Preßburg) (69 km) • *Kleine und*
Weiße Karpaten (Malé Karpaty, Biele Karpaty): Bratislava (Preßburg)
– Nové Mesto n. Váhom (149 km) • *Inovec-Gebirge – Strážov-Berge –*
Malá Fatra (Kleine Fatra): Nove Mesto n. Váhom – Trenčín – Krem-
nické Bane (Kremnica) (169 km) • *Große Fatra – Niedere Tatra*
(Veľká Fatra – Nízke Tatry): Kremnické Bane (Kremnica) – Telgárt
(138 km) • *Slowakisches Erzgebirge – Čergov:* Telgárt – Košice
(Kaschau) – Bardejov (203 km) • *Beskiden:* Bardejov – Dukla-Paß –
Beskiden-Paß (– Ustrzyki Górne) (262 km). Noch kein Weg Beskiden-
Paß – Borovec • *Musala – Rhodopen-Gebirge:* Borovec – Mezek
(– Svilengrad) (382 km)

E 9
Internationaler Küstenweg Atlantik – Nordsee – Ostsee

Bretagne – Atlantikküste: Lorient – le Faou (– Brest) (419 km) •
Bretagne: Pays de Léon (Teilstrecken): Brest – Portsall. Roscoff –
Morlaix (126 km) • *Bretagne: Kanal-Küste (Côte de Granit Rose):*
Morlaix – Lannion – St-Brieuc (364 km) • *Golf von St. Malo (Cote*
d'Emeraude–Mont-St-Michel): St-Brieuc – St-Malo – Avranches
(273 km) • *Golf von St-Malo (Cotentin):* Avranches – Querqueville
(– Cherbourg) (235 km) • *Seine-Bucht (Côte de Nacre – Côte Fleurie):*
(Cherbourg) – Tourlaville (– Caen) – Le Havre (417 km) • *Côte*
d'Albâtre – Côte d'Opale: Le Havre – Dieppe – Le Tréport (161 km).
Noch kein Weg Le Tréport – Pas d'Authie • *Pas de Calais:* Pas d'Authie
– Boulogne – Calais – Dunkerque (Dünkirchen) (154 km) • *Flandern:*
Dunkerque (Dünkirchen) – Oostende – Brugge (Brügge) (108 km) •
Delta-Gebiet Brugge (Brügge) – Vlissingen – Hoek van Holland
(193 km) • *Holland* Hoek van Holland – Den Haag – Den Oever
(224 km) • *Westfriesland* (Den Oever) – Zurich (Surch) – Delfzijl – Leer
(256 km) • *Ostfriesland – Jadebusen:* Leer – Wilhelmshaven – Bremer-
haven (155 km) • *Weser – Elbe:* Bremerhaven – Glückstadt – Hamburg
(191 km) • *Sachsenwald – Lauenburg:* Hamburg – Lübeck (149 km) •
Mecklenburg: Lübeck – Wismar – Rostock-Warnemünde
(168 km) • *Vorpommern:* Rostock-Warnemünde – Stralsund –
Świnoujście (Swinemünde) (266 km) • *Pommern (Pomorze):* Świnoujście
(Swinemünde) – Kołobrzeg (Kolberg) – Łeba (Leba) (321 km) •
Kaschubien – Danziger Bucht: Łeba (Leba) – Gdańsk (Danzig) –
Braniewo (Braunsberg) (335 km) • *Estland (Teilstrecken):* (86 km)

E 10   Ostsee – Böhmerwald – Alpen (– Mittelmeer)

Rügen: Kap Arkona – Saßnitz – Stralsund (138 km) • *Moränengebiet:*
Stralsund – Güstrow (in Vorbereitung, 120 km) • *Mecklenburgische*
Seenplatte: Güstrow – Fürstenberg / Rheinsberg (160 km) • *Oberhavel/*
Ruppiner Schweiz – Havelland: Fürstenberg / Rheinsberg – Potsdam
(170 km) • *Märkische Heide – Niederlausitz/Spreewald:* Potsdam –
Cottbus (215 km) • *Nieder- und Oberlausitz (Niederschlesien):* Cottbus
– Löbau (155 km) • *Lausitzer Gebirge – Böhmisches Mittelgebirge:*
Löbau – Praha (Prag) (191 km) • *Böhmen: Brdywald –Moldau:* Praha
(Prag) – České Budějovice (Budweis) (218 km) • *Böhmerwald (Šuma-*
va): (České Budějovice/Budweis –) Boršov nad Vltavou – Aigen-Schlägl
(140 km) • *Mühlviertel – Innviertel – Flachgau:* Aigen-Schlägl –

Salzburg (265 km) • **Berchtesgadener Land – Steinernes Meer:** Salzburg –
Berchtesgaden – Taxenbach (118 km) • **Hohe Tauern (Goldberggruppe)
– Reißeckgruppe:** Taxenbach – Bad Hofgastein – Spittal a. d. Drau
(136 km) • **Gailtaler Alpen – Karnische Alpen:** Spittal a. d. Drau –
Weitlanbrunn – Winnebach (Sillian / Toblach) (190 km) • **Pustertal –
Sarntaler Alpen:** Winnebach (Toblach) – Brixen – Bozen (131 km).
Noch keine Weiterführung

E 11 Nordsee – Harz – Mark Brandenburg – Masuren

Noch kein Weg Haarlem – Deventer • **Overijssel/Twente:** Deventer –
Oldenzaal (95 km) • **Bentheimer Berge – Tecklenburger Land:** Oldenzaal
– Rheine – Osnabrück (111 km) • **Wiehengebirge:** Osnabrück – Porta
Westfalica (Minden) (90 km) • **Weser- und Leinebergland:** Porta
Westfalica – Hameln – Seesen (146 km) • **Harz – östliches Harzvorland:**
Seesen – Goslar – Wernigerode – Halle/Saale (200 km) • **Saale – Elbe –
Hoher Fläming:** Halle/Saale – Dessau – Potsdam (169 km) • **Havel
–Spree – Märkische Schweiz:** Potsdam – Berlin – Frankfurt/Oder
(143 km) • **Lebuser (Lubuskie) Seengebiet – Warthe (Warta):** Słubice
(Frankfurt/O.) – Szamotuły (– Poznań/Posen) (254 km) • **Gnesener
Seengebiet – Bromberger Heide:** Poznań (Posen) – Toruń (Thorn)
(191 km) • **Drewenz (Drwęca) – Dobrzyńer und Eylauer (Iławskie)
Seengebiet:** Toruń (Thorn) – Olsztyn (Allenstein) (316 km) • **Masuren –
Augustower Heide:** Olsztyn (Allenstein) – Suwałki – Ogrodniki (430 km)

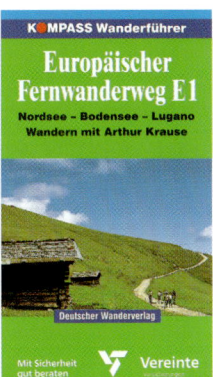

»Walking in Europe«

von *Ingemund Hägg* – Informationen über Länder, Kulturen, E-Wege und
über das Wandern; DIN A 5, nur in englischer Sprache, 5,– DM zzgl. Versand-
kosten (zu beziehen – wie alle hier aufgeführten Bücher – über die Geschäftsstelle der Europäischen Wandervereinigung e.V. in Kassel).

Deutscher Wanderverlag KOMPASS

D-73760 Ostfildern-Kemnat · Zeppelinstraße 41
Prospekte kostenlos!

Mitgliedsorganisationen:
Andorra: Federació Andorrana de Muntanyisme, Carrer Bra Riberaygua 39,
5 è, *Andorra la Vella*, Prinzipat d'Andorra • *Belgien:* S.G.R. Les Sentiers de
Grande Randonnée A.S.B.L. Chaussée Romaine 11, *B-4252 OMAL* · v.z.w.
Grote Routepaden, Van Stralenstraat 40, *B-2060 Antwerpen* • *Bulgarien:*
Bulgarischer Touristenverband, 75, Vassil Levski Blvd., *BUL-1000 Sofia* •
Dänemark: Dansk Vandrelaug, Kultorvet 7, *DK-1175 Kobenhavn* •
Deutschland: Eifelverein e.V. Düren 1888, Stürtzstr. 2-6, *D-52349 Düren* ·
Mährisch Schlesischer Sudetengebigsverein , Postfach 1335, *D-73221 Kirch-
heim/Teck* · Saarwald-Verein e.V., c/o Haus Kahn/Landratsamt, Kaiser-
Friedrich-Ring 31, *D-66740 Saarlouis* · Sauerländischer Gebirgsverein e.V.,
Hasenwinkel 4, *D-59821 Arnsberg* · Schwäbischer Albverein e.V., Hospitalstr.
21 B, *D-70174 Stuttgart* · Verband Deutscher Gebirgs- und Wandervereine
e.V., Wilhelmshöher Allee 157–159, *D-34121 Kassel* · Verein Niederrhein e.V.,
Karlsplatz 14, *D-47798 Krefeld* · Wiehengebirgsverband Weser-Ems e.V.,
Bierstr. 33–36, *D-49047 Osnabrück* · Wilhelm-Münker-Stiftung, Sandstr. 1,
D-57072 Siegen • *Estland:* Eesti Matkaliit, Raekoja Plats 18, *EST-22001
Tallinn Estland* • *Finnland:* Finnischer Fremdenverkehrsverband e.V.,
Atomintie 5c, *FIN-00370 Helsinki* 10 · Suomen Latu ry, Fabianinkatu 7,
FIN-00130 Helsinki • *Frankreich:* Fédération Francaise de la Randonnée
Pédestre, C.N.S.G.R., 14, rue Riquet, *F-75019 Paris* · Féderation du Club
Vosgien, 16, rue sainte Hélène, *F-67000 Strasbourg* · Mouvement Européen
Jeunes et Montagnes, 5, rue d´, *F-67340 Ingwiller* • *Griechenland:* Verband
der Bergsteiger-Vereine Griechenlands, 5, Milioni Str. *GR-106 73 Athina* •
Großbritannien: Countrywide Holidays Association, Miry Lane Wigan,,
GB-Lancashire WW3 4 AG · Ramblers Association, 1/5 Wandsworth Road,
GB-London SW 8 2XX, Ramblers Holidays Limited, 13,Longcroft House,
Fretherne Road, Welwyn Garden City, *GB-Hertsfordshire AL86 PQ* · Long
Distance Walkers Association Ltd., 21, Upcroft, Windsor, *GB-Berkshire SL4
3NH* • *Irland:* International Four Days Walks, Secretary, New Antrim St.,
IRL-Castlebar, Co.Mayo · The Mountaineering Council of Ireland, c/o
A.F.A.S. House of Sport, Longmile road, Wilkinstown, *IRL-Dublin 12* •
Italien: Federazione Italiana Escursionismo, Presidenze e Segretaria, Via la
Spezia 58 R, *I-16149 Genova* • *Kroatien:* Kroatischer Alpenverein, Planinski
Savez Hratske, Kozareva 22, *CRO-4100 Zagreb* • *Luxemburg:* Ministero du
Tourisme, 6, Avenue Emilie Reuter, *L-2937 Luxembourg* • *Niederlande:*
Stichting Wandelplatform-LAW, Postbus 846, *NL-3800 Amersfoort* •
Norwegen: Den Norske Turistforening, Postboks 1963, Vika, *N-0101 Oslo 1* •
Österreich: Österreichischer Alpenverein, Sektionsverband Niederösterreich,
Steinergasse 9/3/16, *A-3100 St. Pölten* · Österreichischer Alpenverein,
Sektionsverband Steiermark, Schörgelgasse 28a, *A-8010 Graz* • *Polen:* PTTK
- Polskie Towarzystwo, Turystyczno-Krajoznawcze, Zazard Glowny, ul.
Senatorska 11, *PL 00-075 Warszawa* • *Portugal:* Federacao Portuguesa de
Campismo e Caravanismo, 1v-Coronel Eduardo Gaihardo: No 240, 15-3°,
P-1170 Lisboa · Clube de Actividades de Ar-Livre, Centro Associativo do
Calheu, Parque Florestal de Monsanto, *P-1500 Lisboa* · Caminheiros da
Portéla, Urbanizacao de Portela Lote 33 4°, *P-2685 Sacavém* • *Rumänien:*
Asociato Romana de Turisme pedestru, Rumänische Wandervereinigung e.V.,
Secretariat General, Valea Calugareasca Nr. 15, Bl. Z 1 Ap. 58, sector 6, *RO-
Bukarest/Rumänien* · Tourismus- und Bergsteigerclub „ECOUL" der Univer-
sität Bukarest, Str.- Prelungirea Chencea Nr. 12, Block R-2, Sc. B. Etj. 4, Ap.
61 *RO-Bukarest/Rumänien* • *Schweden:* Svenska Turistförensingen, STF, Box
25, *S-101 20 Stockholm* • *Schweiz:* Schweizer Wanderwege, Im Hirshalm 49,
CH-4125 Riehen • *Slowenien:* Kommission für europäische Fernwanderwege
Slowenien, Planiska zveza Slovenije, Dvoržakova 9, *SLO-1000 Ljubljana* •
Slowakei: Club der Slowakischen Touristen, Junácká 6, *SK-83280 Bratislava* •
Spanien: Federacion Espagnola de Montanismo, Alberto Aguilera 3-4,
E-Madrid 15 · Federació d'Entitats Excursionistes de Catalunya, Rambla 61
1°, *E-08002 Barcelona* · Federacion Aragonesa de Montanismo, Comite
Aragonesa de Senderos, c/Albareda, 7-4°, *E-50004 Zaragoza* · Federacion
Navarra de Montana, Paulino Caballero, 13 (Casa del Deporte), *E-31002
Pamplona* · Euskal Mendiziale Federa Kundea, Apartado de Correos 142,
E-28070 Elgoibar · Federació Territorial Valenciana de Muntanyisme, Carrer
Mariá Luina, 9 Baixos 3/4 Apartat de Carreus, 3, *E-03201 ELX* • *Tschechien:*
Klub der Tschechischen Touristen, Archeologická 2256, *CZ-15500 Praha 5-
Lužiny* • *Ungarn:* Ungarische Naturfreunde, Magyar Térmèszetbarát
Szövetség, Baycsy Zsilinsky ut 31, Postafiok 483, *H-1396 Budapest*

Wandern mit offenen Augen

(Bilder entnommen aus »Der große Natur- und Landschaftsführer«, Mairs Geographischer Verlag, Stuttgart.)

a

Lärche *(männliche und weibliche Blütenzapfen)*

♀

♂

Tanne *(Zapfen, männliche und weibliche Blüten, a Zapfenspindel)*

Tannenmeise

Haubenmeise

Kiefer

Fichte

Fichtenkreuzschnabel *(Weibchen)*

Distelfink

Kreiselwespe

Bittersüßer Nachtschatten

Europäische Ameisenwespe
(Weibchen)

Wiesenglockenblume

Buche *(Fruchtbecher mit Bucheckern)*

Stieleiche *(Eicheln und männliche Blüten)*

Kuckuck

Sommerlinde *(Blüten und Früchte)*

Esche *(a Blütenstand, b Früchte)*

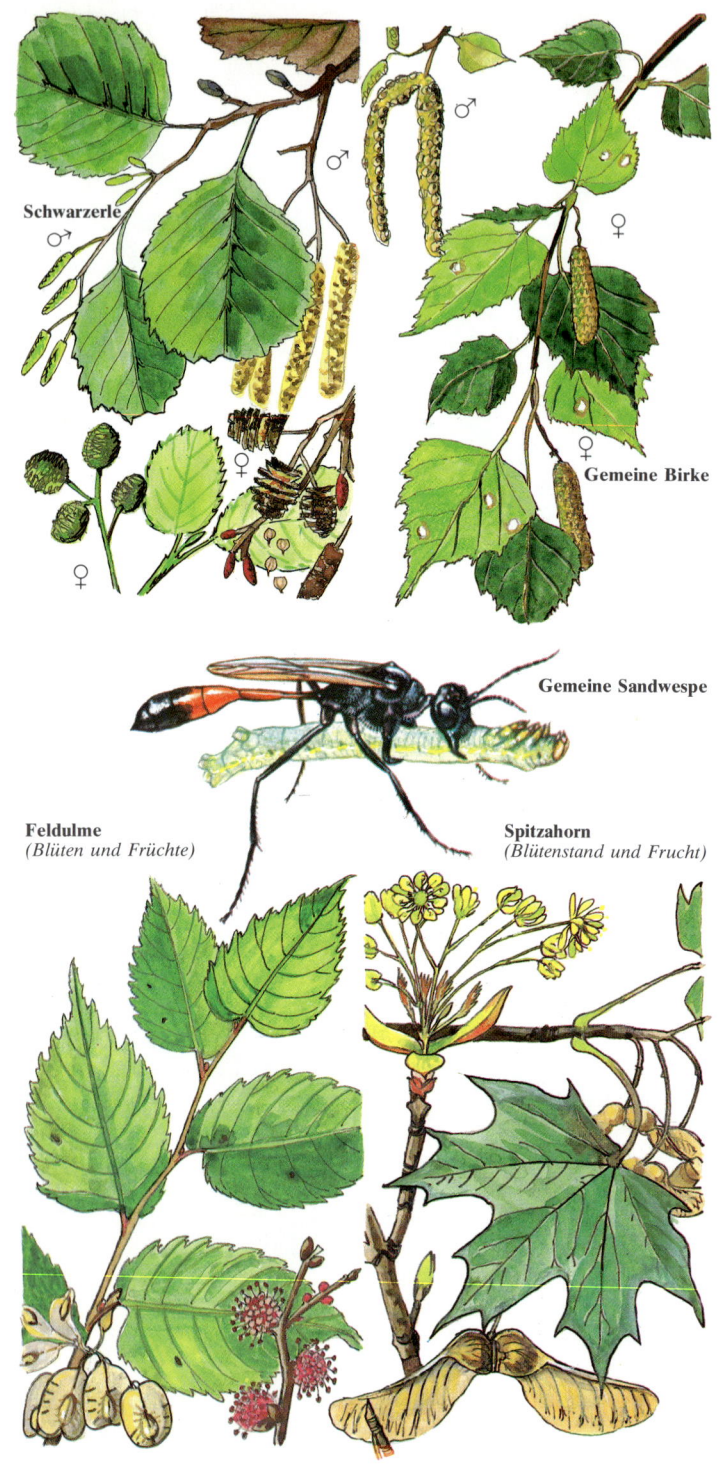

Schwarzerle

♂

♀

♀

♂

♀

Gemeine Birke

♀

Gemeine Sandwespe

Feldulme
(Blüten und Früchte)

Spitzahorn
(Blütenstand und Frucht)

Silberpappel *(weibliche und männliche Kätzchen)*

♀

♀

♂

♂

Zitterpappel
(weibliche und männliche Kätzchen)

Distelfalter

Feuergoldwespe

Silberweide
(männliche und weibliche Kätzchen)

Ohrweide
(männliche und weibliche Kätzchen)

Sanddorn

Traubenholunder
(Blüten, Früchte)

Heidelerche

Großer Feuerfalter
(Männchen)

Haselstrauch

Berberitze
(Blüten und Früchte)

Die Vogeluhr

Die Vögel des Waldes erwachen nicht alle gleichzeitig. Sie halten pünktlich ihre Zeiten ein, so daß sich eine »*Vogeluhr*« ergibt. Der Hausrotschwanz z. B. meldet sich 75 Minuten vor Sonnenaufgang zuerst; ihm folgen Singdrossel, Amsel (63 Minuten), Rotkehlchen (57 Minuten), Kuckuck (55 Minuten), Zaunkönig (48 Minuten) und Buchfink (29 Minuten). Kurz vor Sonnenaufgang kommen Zilpzalp, Specht und Kleiber. Star und Grünfink lassen sich Zeit bis nach Sonnenaufgang.

Buchfink
(Männchen)

Grünspecht
(Männchen)

Hausrotschwanz
(Männchen)

Amsel
(Männchen)

Grünfink

Rotkehlchen

Star
(Männchen in Frühjahrsfärbung)

Feldsperling

…Der größte Langschläfer unter den Vögeln ist aber – man sollte es nicht glauben – der sonst so flinke und vorlaute Sperling.

**wandern +
radwandern**

Die zuverlässigen, tausendfach bewährten Wegweiser
mit der Marke ›Kompass‹ und dem roten Punkt

Die schönsten Wanderungen

Albrandweg
Allgäu
Allgäuer Alpen
Altmühltal/
  Frankenalb Süd
Bayerischer Wald
Berchtesgadener Land
Bergisches Land
Bodensee
Dresden
Eifel (gesamt)
Eifel 1:
  Ahrgebirge/Osteifel
Eifel 2:
  Naturpark Hohes
  Venn – Eifel
Eifel 3:
  Vulkaneifel – Südeifel
Erzgebirge

Fränkische Schweiz/
  Frankenalb Nord
Großer Fränkische-
  Schweiz-Führer
Harz
Hohenlohe
Hunsrück
Lüneburger Heide
Mainwanderweg
Mark Brandenburg
Münsterland
Niederrhein
Oberbayern I/West
Oberbayern II/Ost
Oberlausitz
Oberschwaben
Odenwald
Ostseeküste/Rügen

Pfalz
Großer Pfalz-Führer
Rhön mit Vogelsberg
Saarland
Sächsische Schweiz
Sauerland
Sauerland-Höhenring
Schwäbische Alb
Schwarzwald Mitte
Schwarzwald Nord
Schwarzwald Süd
Schwarzwaldhöhenwege
Spessart
Stuttgart mit Schönbuch
Taunus
Teutoburger Wald
Thüringer Wald
VVS-Wanderführer
  Region Stuttgart

Wandern in Europa

E 1: Flensburg –
  Genua
E 5: Bodensee – Adria
Harz-Niederlande-
  Wanderweg

Kärnten
Kanarische Inseln
Osttirol
Salzburger Land
Teneriffa
Tirol

Trentino I Ost
Trentino II West
Vogesen Nord
Vogesen Süd
Vorarlberg

Freizeit Spezial

Erlebnisurlaub Allgäu
Erlebnisurlaub Bayerische Alpen
Erlebnisurlaub Bayerischer Wald
Erlebnisurlaub Bodensee
Erlebnisurlaub Chiemsee – Königssee
Erlebnisurlaub Eifel
Erlebnisurlaub Elsaß
Erlebnisurlaub Gardasee
Erlebnisurlaub Harz
Erlebnisurlaub Kärnten

Erlebnisurlaub Lüneburger Heide
Erlebnisurlaub Mosel – Nahe
Erlebnisurlaub Nordfriesland/Inseln
Erlebnisurlaub Ostfriesland/Inseln
Erlebnisurlaub Pfalz
Erlebnisurlaub Rügen
Erlebnisurlaub Schwäbische Alb
Erlebnisurlaub Schwäbischer Wald
Erlebnisurlaub Schwarzwald
Erlebnisurlaub Thüringer Wald
Erlebnisurlaub Toskana

Die schönsten Radtouren

Großer Radwanderführer Deutschland
(252 Touren, 200 Bilder, 496 Seiten)

Radeln in Europa

Wegweiser

DEUTSCHER WANDERVERLAG
Dr. Mair & Schnabel & Co. · Stuttgart

Tolle Tips für Urlaub und Freizeit

Deutscher Wanderverlag · Stuttgart